LA DIFFÉRENCIATION TERRITORIALE

L'adaptation du droit à la diversité des territoires : réalités et perspectives

Le GRALE (Groupement de Recherche sur l'Administration Locale en Europe) est un groupement d'intérêt scientifique (GIS) fondé sur un contrat pluriannuel associant plusieurs institutions ou entreprises : les universités Grenoble Alpes, Lille – CERAPS, Paris-I - Panthéon-Sorbonne, Reims-Champagne-Ardenne – CRDT et Toulon, Électricité de France, le Centre national de la fonction publique territoriale, la Mutuelle nationale territoriale et d'autres institutions ou entreprises, en fonction des projets.

Le GRALE, qui réunit une quarantaine de centres de recherches et institutions scientifiques nationales et internationales, a pour mission de promouvoir des recherches sur les collectivités locales, l'action publique territorialisée et des problèmes juridiques qui s'y rapportent. Il trouve sa raison d'être dans le réseau dense et diversifié des équipes de recherche ou associations scientifiques des diverses disciplines qu'il contribue à entretenir et à stabiliser. Ce réseau forme la base de l'Observatoire national de la décentralisation mis en place par le GRALE en 2004 en partenariat avec le ministère de l'Intérieur, et qui continue son activité de manière indépendante.

Le GRALE est également au centre d'un réseau international associant des chercheurs de plus de trente pays.

Contacts :

GRALE, Université Paris-I – Panthéon-Sorbonne, 12 place du Panthéon – Bureau 417, 75231 Paris Cédex 05 ; tél. : 33(0)1 44 78 83 87 ; mel : grale@univ.paris1.fr ; twitter : @g_grale ; site : http://grale.univ-paris1.fr.

Nicolas Kada, Directeur des publications du GRALE

Maud Lesueur, Chargée des publications

Dernières parutions dans la collection du GRALE

– A.Granero (dir.), *La France des 13 régions, une réforme aboutie ?*, 2019.

– N. Peypoch et J. Spindler (dir.), *Le tourisme hivernal. Clé de succès et de développement pour les collectivités territoriales ?*, 2019.

– P.-Y. Chicot (dir.), *Le tourisme mémoriel à l'échelle intercommunale. Politique et stratégie d'attractivité du territoire local. L'exemple de la communauté d'agglomération de Cap Excellence*, 2019.

– Ch. Chabrot (dir.), *La Métropole de Lyon : de la singularité à la modélisation ?*, 2019.

– Fl. Lerique et J.-L. Pissaloux (dir), *L'ingénierie territoriale. Quels prolongements à la réforme territoriale ?*, 2019.

Sous la direction de
Roselyne Allemand et Nadine Dantonel-Cor

LA DIFFÉRENCIATION TERRITORIALE

L'adaptation du droit à la diversité des territoires : réalités et perspectives

L'HARMATTAN

Sommaire

Partie II
DIFFÉRENCIATION DES NORMES ET DES COMPÉTENCES DES COLLECTIVITÉS TERRITORIALES

Auteur(e)s

ALLEMAND Roselyne	Professeure de droit public, Université de Reims Champagne-Ardenne, CRDT (EA3312), Membre du Conseil scientifique du GRALE
AHMED YOUSSOUF STEINMETZ Inès	Doctorante, Université de Lorraine, IRENEE
AUBEL Sabine	Docteure en droit public, Université de Lorraine
BRICAULT Jean-Michel	Maître de conférences en droit public, URCA-CRDT, Université de Reims Champagne-Ardenne
CONDURACHE Gabriela	Docteure en droit public, Université de Lille
DANTONEL-COR Nadine	Maître de conférences HDR en droit public, Faculté de droit de Metz IRENEE, Université de Lorraine
DUPÉRON Olivier	Vice-président URCA, Directeur adjoint CRDT, Maître de conférences HDR en droit public, Université de Reims Champagne-Ardenne

GERMAIN Jérôme	Maître de conférences HDR en droit public, Faculté de droit de Metz, IRENEE, Université de Lorraine
PONTIER Jean-Marie	Professeur émérite de droit public, Aix-Marseille Université
POTVIN-SOLIS Laurence	Professeure de droit public, Université Caen Normandie, Chaire européenne Jean Monnet, CRDFED
SOHNLE Jochen	Professeur de droit public, Faculté de droit de Nancy IRENEE/UL (EA 7303), Université de Lorraine
VINTZEL Céline	Maître de conférences, Université de Reims Champagne-Ardenne, CRDT (EA3312)

Mise en pages : Maud Lesueur, SG GRALE.

Remerciements

Ces actes sont tirés du colloque qui s'est déroulé le 14 novembre 2019 à l'UFR droit, de l'université de Reims Champagne-Ardenne, sur le thème de la différenciation territoriale. Ce colloque a permis de réunir deux centres de recherches du Grand-Est : d'une part, le Centre de Recherches Droit et Territoires (CRDT), de l'université de Reims Champagne-Ardenne, dirigé par le professeur Serge Pugeault, d'autre part l'Institut de Recherches sur l'Évolution de la Nation et de l'État (IRENEE), de l'université de Lorraine, représenté par le professeur Christophe Fardet.

Les organisatrices remercient chaleureusement ces différents partenaires pour leur collaboration et pour les débats fructueux qui se sont déroulés tout au long de cette journée.

Elles remercient également le groupe de recherches sur l'administration locale en Europe (GRALE), de l'université Paris-I - Panthéon-Sorbonne pour son soutien.

Elles souhaitent manifester leur reconnaissance tout particulièrement à Mme Stéphanie Ouhibi qui s'est investie dans l'organisation de cette manifestation et Mme Maud Lesueur, responsable des publications du GRALE pour ses conseils et sa disponibilité afin que cette publication puisse voir le jour dans les meilleures conditions.

Enfin, les organisatrices remercient les auteurs dont la qualité des contributions a permis la réussite de ce colloque.

Roselyne ALLEMAND
Professeure à l'université de Reims Champagne-Ardenne

Nadine DANTONEL-COR
Maître de conférences HDR à l'université de Lorraine

PROPOS INTRODUCTIFS

Roselyne ALLEMAND

Professeure de droit public
Université de Reims Champagne-Ardenne, CRDT (EA 3312)
Membre du conseil scientifique du GRALE

Ce colloque sur la différenciation territoriale s'inscrit dans le cadre d'une collaboration scientifique entre le Centre de Recherche Droit et Territoires (CRDT), de l'université de Reims Champagne-Ardenne, et l'Institut de Recherche sur l'Évolution de la Nation et de l'État (IRENEE), de l'université de Lorraine. Il fait logiquement suite à une première journée d'études relative à la contractualisation de l'action publique locale qui s'est tenue à la faculté de droit de Metz le 5 octobre 2017, les actes ont donné lieu à une publication chez l'Harmattan[1].

Nous avions pu constater lors de cette journée que le recours au contrat entre l'État et les collectivités territoriales, et entre les collectivités elles-mêmes, contribuait à la prise en compte des intérêts propres et situations particulières des différents partenaires et permettait une

1. R. ALLEMAND et N. DANTONEL-COR (dir.), *La contractualisation de l'action publique locale. Des collectivités territoriales libres ou sous contraintes ?*, Paris, L'Harmattan, coll. « GRALE », 2018, 242 p.

différenciation dans la mise en œuvre de l'action publique locale. Mais nous avions pu aussi constater la prépondérance de l'État, seul compétent pour fixer le cadre de la contractualisation.

Ce que réclament depuis plusieurs années les représentants des collectivités dont l'Association des Maires de France, l'Assemblée des Communautés de France, l'Assemblée des Départements de France, Régions de France et le Sénat, c'est une plus grande prise en compte des spécificités locales par l'État et une plus grande capacité d'action pour répondre aux besoins des territoires. La réponse du gouvernement[2] est une nouvelle étape de la décentralisation marquée par la différenciation, c'est-à-dire, la prise en compte d'un droit différent d'un territoire à l'autre. Avec un projet de loi intitulé « 3D », pour décentralisation, différenciation, déconcentration, qui sera déposé au Parlement en 2020. À cela, s'ajoute le projet de révision constitutionnelle déposé à l'Assemblée nationale le 29 août 2019. Ce dernier introduit une double possibilité de différenciation : différenciation des compétences, d'une part, en permettant que la loi puisse « prévoir que certaines collectivités territoriales exercent des compétences, en nombre limité, dont ne disposent pas l'ensemble des collectivités de la même catégorie » ; différenciation des normes applicables, d'autre part, en permettant que les collectivités territoriales ou leurs groupements puissent « déroger, pour un objet limité, aux dispositions législatives ou réglementaires qui régissent l'exercice de leurs compétences, éventuellement après une expérimentation autorisée dans les mêmes conditions ».

La loi du 2 août 2019 créant la Collectivité européenne d'Alsace constitue les prémices de cette nouvelle étape en reconnaissant une différenciation des compétences départementales. Dans ce sillage, le département de la Moselle a revendiqué un statut d'« eurodépartement » avec des compétences élargies. Cette demande a été votée à l'unanimité des conseillers départementaux le 9 mai 2019.

2. Discours de politique générale du Premier ministre au Sénat le 13 juin 2019.

Par ailleurs, à l'image du pacte girondin signé en février 2019 avec la région Bretagne, l'État entend s'appuyer sur les priorités régionales pour les futurs contrats de plan État-région qui couvriront la période 2021-2027, posant, ainsi, le principe d'un cadre « sur-mesure ».

L'ouvrage se propose d'étudier l'adaptation des droits aux territoires tant du point de vue institutionnel que du point de vue des normes et de l'exercice des compétences des collectivités territoriales.

Il s'agit de s'interroger sur les évolutions et les projets de réforme constitutionnelle et législative au regard des principes d'unité, d'égalité et de libre administration des collectivités territoriales.

La question de la différenciation telle qu'envisagée est loin de faire l'unanimité. Pour ses partisans, elle est facteur d'efficacité de l'action publique locale et de responsabilisation des élus. Elle permettrait de renforcer la décentralisation, par une approche ascendante, plus conforme au principe de subsidiarité, sans remettre en cause l'État unitaire, tout en privilégiant l'égalité réelle des territoires plutôt que l'égalité formelle. Pour ses opposants, elle remettrait en cause le modèle hérité de la Révolution française qui s'est traduit par l'unité statutaire caractérisant chacune des catégories de collectivités territoriales. En favorisant l'éparpillement institutionnel et les solutions particulières, elle participerait à la complexité du droit et contreviendrait au principe d'unité de la loi et à l'égalité des citoyens devant celle-ci.

Quoi qu'il en soit, la différenciation est déjà une réalité. Comme nous le verrons en première partie, la Constitution et la loi peuvent instituer de multiples statuts spécifiques, l'on pense à l'outre-mer, mais aussi à la Corse et à la Métropole de Lyon. À cela s'ajoute la couverture du territoire par différents EPCI à fiscalité propre. Ces divers statuts atténuent fortement l'uniformité de régime des collectivités territoriales. Faut-il aller plus loin dans la différenciation ? Ou au contraire, uniformiser certains statuts ? L'approche comparée avec nos voisins européens apporte un éclairage intéressant. L'appréhension des différenciations infraétatiques par l'Union européenne est également abordée.

La deuxième partie est consacrée à la différenciation des normes et des compétences des collectivités territoriales. La diversité institutionnelle implique une certaine diversification territoriale des normes et des compétences. Au-delà de ces différences, mise en place par le législateur, la libre administration suppose une capacité de décision des acteurs locaux qui se traduit par des choix, des différences dans l'exercice des compétences au sein d'une même catégorie de collectivités territoriales. Quelles sont les limites de cette faculté d'adaptation aux réalités locales ? Pour l'instant, les dispositifs d'adaptation, tels que l'expérimentation normative ou encore les délégations de compétences, n'ont guère été utilisés. De leur côté, l'Association des Maires de France, l'Assemblée des Départements et Régions de France souhaitent bénéficier d'un pouvoir réglementaire d'application des lois dans leur domaine de compétences.

Rapprocher l'État des territoires est également une préoccupation actuelle, la reconnaissance d'un droit dérogatoire au profit du préfet pourrait-elle y répondre ? L'exigence de sécurité juridique est-elle compatible avec la différenciation ?

Ces différentes questions alimentent les réflexions des auteurs.

Au-delà des arguments juridiques et de l'invocation de grands principes, c'est avant tout le choix d'un certain modèle d'organisation étatique qui est en jeu.

Partie I

DIFFÉRENCIATION INSTITUTIONNELLE DES COLLECTIVITÉS TERRITORIALES

LA NOTION DE DIFFÉRENCIATION TERRITORIALE

Jean-Marie PONTIER

Professeur émérite de droit public
Aix-Marseille Université

L'histoire de la vie est celle d'une différenciation progressive. Nous sommes passés d'organismes unicellulaires simples à des organismes pluricellulaires de plus en plus complexes avec des cellules ayant des fonctions différenciées. Mais ce schéma simple ne correspond peut-être pas à l'histoire de l'évolution, peut-être y a-t-il eu des retours en arrière. En ce qui concerne les sociétés humaines il y a eu également différenciation et complexification progressives, avec des retours en arrière également. L'histoire des collectivités territoriales est à la fois celle d'une différenciation et d'une uniformisation. Ce fut dans un premier temps la différenciation, que l'on a connue sous l'Ancien Régime[1], puis l'uniformisation avec la Révolution (la Convention revenant radicalement sur l'œuvre de la Constituante), et jusqu'à notre époque. Va-t-on désormais vers une nouvelle différenciation ?

1. Voir Ch. PETIT-DUTAILLIS, *Les communes françaises. Caractères et évolution des origines au XVIIIe siècle*, Albin Michel, 1947.

L'expression « différenciation territoriale » ne va pas de soi parce qu'elle ne renvoie pas à une notion univoque. Tout d'abord, elle fait référence au territoire ou aux territoires. Mais de quels territoires s'agit-il ? La notion de territoire est utilisée de manière non rigoureuse. Au sens strict, elle ne devrait s'appliquer qu'au territoire de l'État et à celui des collectivités territoriales, mais dans le discours politique la notion de territoire est appliquée de manière beaucoup plus vague à des réalités différentes. Ensuite, la différenciation territoriale peut renvoyer à un traitement différencié des territoires par l'État, et c'est ce qui s'est produit depuis bien des années à travers différentes lois. Enfin, la différenciation territoriale peut renvoyer à des décisions différenciées prises par les autorités décentralisées.

C'est dire que la différenciation territoriale est déjà une réalité dans notre pays. Il est possible d'en donner trois illustrations rapides. La première est l'illustration constitutionnelle : la Constitution reconnaît l'existence d'une pluralité de catégories de collectivités territoriales auxquelles sont appliquées des règles différenciées. Il y a en effet les collectivités territoriales de l'article 74 (les collectivités d'outre-mer), celles de l'article 73 (les départements et régions d'outre-mer) et celles de l'article 72, ces dernières étant les collectivités territoriales de droit commun, et c'est en fait pour ces dernières seules que la question de la différenciation territoriale se présente.

Une deuxième illustration, institutionnelle, est celle des établissements publics de coopération intercommunale (EPCI). Ces derniers sont l'expression d'une différenciation territoriale parce qu'il existe plusieurs sortes d'EPCI et que les transferts de compétences des communes vers les EPCI diffèrent selon le type d'EPCI, avec les transferts obligatoires (qui ne sont pas les mêmes selon les types d'EPCI), les transferts optionnels et les transferts facultatifs.

Enfin, une troisième illustration est celle des métropoles. Il n'existe pas un seul type de métropoles, mais trois ou quatre, selon les critères que l'on prend en considération. La loi du 16 décembre 2010 portant réforme des collectivités territoriales institue des métropoles, mais une seule métropole sera créée en application de cette loi, la métropole de Nice. La loi de modernisation de l'action publique (loi MAPTAM) du 27 janvier 2014 reprend, en en modifiant les dispositions applicables, les métropoles, et outre les métropoles de droit commun, elle met à part la Métropole de Lyon, qui n'est pas, comme les autres, un établissement public, mais une collectivité territoriale. La même loi prévoit enfin que, au sein des métropoles de droit commun, la métropole d'Aix-Marseille est régie par des dispositions spécifiques. Enfin, il faut mettre à part la métropole du Grand Paris soumise, comme on peut l'imaginer, à des dispositions tout à fait différentes de celles applicables aux métropoles de droit commun.

Mais si les exemples qui précèdent tendent à montrer l'existence d'une différenciation territoriale, ce n'est pas à ces formes de différenciation que l'on pense généralement lorsque l'on parle de différenciation territoriale. Celle qui est en jeu et qui doit donner lieu à une réforme constitutionnelle se présente comme une notion aux composantes plurielles (I) et comme une notion aux implications incertaines (II).

I. Une notion aux composantes plurielles

La notion de différenciation territoriale peut être appréhendée à partir de plusieurs composantes, car elle est par elle-même une notion composite et elle a des liaisons avec d'autres notions.

A. Une notion composite

La notion de différenciation territoriale est une notion composite parce que son analyse met en lumière deux dimensions sans doute liées, mais qu'il convient de distinguer, la dimension matérielle avec la question des compétences, la dimension normative.

1. La composante « compétences »

La notion de différenciation territoriale est éclairée d'abord par la notion de compétences, qui en est une composante fondamentale et qui est première dans la réflexion sur la différenciation. La différenciation territoriale ne peut être comprise qu'à partir de la notion de compétences. Les collectivités publiques ont des compétences, déterminées par la Constitution et/ou par la loi. Cela vaut tout spécialement pour les collectivités territoriales.

Cependant, des observations préliminaires sont indispensables pour éviter les confusions, car la notion de compétences peut être elle-même source de confusion. Avec le verbe « avoir » (car avec le verbe « être » la notion de compétence a un sens différent), la notion de compétences est souvent confondue avec la notion d'attributions. Or la première s'applique à des personnes morales, la seconde à des organes de ces personnes. La notion de compétences fait référence à des domaines, des matières dans lesquelles une collectivité intervient, et au pouvoir juridique non contraint de cette collectivité pour régir le domaine en question, c'est-à-dire pour prendre des décisions exécutoires.

Les compétences sont « données » aux collectivités territoriales par la Constitution et, plus encore (surtout dans la conception française) par la loi. Ces collectivités ne peuvent se prévaloir de compétences qu'elles détiendraient « naturellement », même si, historiquement, les communes (tout au moins ce qui en tenait lieu) sont antérieures à l'État. Ce dernier, seul, dispose de la compétence de la compétence, les compétences des collectivités territoriales sont déterminées par la loi.

La différenciation des compétences selon les catégories de collectivités territoriales est d'ores et déjà une réalité. On laissera de côté les métropoles puisque, sauf la Métropole de Lyon, il ne s'agit pas de collectivités territoriales, mais d'établissements publics. Mais la loi NOTRe, reprenant la solution qui avait déjà été consacrée en 2010, opère bien une différenciation des compétences entre collectivités territoriales « généralistes » en supprimant la clause de compétence générale pour les départements et les régions, et en la laissant subsister pour les communes. Le Conseil constitutionnel n'a pas considéré qu'il s'agissait là d'une atteinte à l'égalité des collectivités territoriales, il n'a pas invalidé ces dispositions.

Mais qu'en est-il d'éventuelles différenciations de compétences des collectivités territoriales au sein d'une même catégorie – entendons les collectivités de droit commun que sont les communes, les départements et les régions ? Dans son avis du 7 décembre 2017, le Conseil d'État relève que la Constitution ne prévoit pas l'adaptation des lois et règlements pour prendre en compte des « caractéristiques » ou des « contraintes particulières » qui seraient propres à l'une ou à plusieurs collectivités relevant d'une des catégories de droit commun de l'article 72. Il n'en résulte pas pour autant, déclare le Conseil d'État, que les règles applicables aux compétences des collectivités territoriales devraient être identiques pour toutes les collectivités relevant de la même catégorie. Les règles et principes constitutionnels tels qu'interprétés par le Conseil constitutionnel « n'imposent pas un cadre légal uniforme et figé aux compétences des collectivités territoriales de droit commun – bien que celles-ci soient un élément constitutif de leur statut, mais ont au contraire permis des évolutions importantes et la prise en compte de situations différentes » (§ 8 de l'avis).

2. La composante normative

Les autorités des collectivités territoriales disposent d'un pouvoir normatif par la capacité qui leur est reconnue d'édicter des actes à portée générale et impersonnelle. Toute la question est de savoir dans quel cadre ce pouvoir peut être exercé. Tout d'abord, un tel pouvoir ne présente qu'un intérêt limité (tout au moins dans notre perspective) s'il ne s'exerce que pour mettre en application une norme résultant d'une compétence nationale. Le pouvoir des autorités décentralisées ne prend véritablement sens que s'il s'applique dans le cadre des compétences reconnues aux collectivités territoriales.

Ensuite, il faut rapidement écarter un débat qui a eu lieu dans les années 1980 sur le « pouvoir réglementaire autonome » de certaines autorités locales. Des auteurs ont en effet soutenu, à la suite des lois de 1982 que, de même qu'il existe au profit du Premier ministre un pouvoir réglementaire que l'on a qualifié, un temps, d'« autonome », de même la Constitution conférerait aux collectivités territoriales un pouvoir réglementaire général et autonome pour l'application des lois relatives à la libre administration. En d'autres termes, entre la loi et les conseils élus des collectivités territoriales il n'y aurait pas de place pour un règlement émanant du gouvernement. La libre administration engloberait la libre réglementation. Cette théorie a été vivement critiquée par la plupart des auteurs, elle n'a jamais été consacrée, ni par le constituant ni par le juge constitutionnel, mais il est intéressant de la rappeler dans le cadre du débat actuel sur la différenciation territoriale.

Sur le plan du droit positif, il n'existe aucune possibilité pour les collectivités territoriales de droit commun d'adapter une norme nationale. En effet, la comparaison entre les articles 72 et 73 de la Constitution est éclairante. L'article 73 déclare que dans les départements et les régions d'outre-mer, les lois et règlements sont applicables de plein droit, mais : « Ils peuvent faire l'objet d'adaptations tenant aux caractéristiques et aux contraintes particulières de ces collectivités. » L'alinéa 2 de cet article déclare : « Ces adaptations peuvent être décidées par ces collectivités dans les matières où s'exercent leurs compétences et si elles y ont été habilitées, selon le cas, par la loi ou par le règlement. » Enfin, le troisième alinéa déclare que ces collectivités peuvent être habilitées « à fixer elles-mêmes les règles applicables sur leur territoire, dans un nombre limité de matières pouvant relever du domaine de la loi ou du règlement ». L'article 72 de la Constitution ne prévoit aucune disposition de ce genre pour les collectivités territoriales de droit commun. La seule possibilité qui leur est reconnue, mais qui mérite effectivement attention, est celle de la dérogation à titre expérimental.

Le quatrième alinéa de l'article 72, introduit par la révision constitutionnelle de 2003, prévoit en effet, avec une limite sur laquelle je vais revenir ensuite, que dans les conditions prévues par la loi organique, les collectivités territoriales ou leurs groupements peuvent, lorsque, selon le cas, la loi ou le règlement l'a prévu, « déroger à titre expérimental et pour un objet et une durée limités, aux dispositions législatives ou réglementaires qui régissent l'exercice de leurs compétences ». Ces expérimentations sont évidemment distinctes de celles prévues par l'article 37-1 de la Constitution, selon lequel « La loi et le règlement peuvent comporter, pour un objet et une durée limités, des dispositions à caractère expérimental » puisque, dans ce cas, les dispositions expérimentales sont décidées par la loi ou le règlement, tandis que dans le cas de l'article 72 ce sont les collectivités territoriales qui prennent les dispositions expérimentales.

Examinant la loi organique prévoyant les conditions de mise en œuvre de la possibilité d'expérimentation prévue par l'article 72, le Conseil constitutionnel a validé ces dispositions, en précisant toutefois que les dispositions de l'article 72 alinéa 4 de la Constitution permettent de déroger à la règle de l'article 34 de la Constitution qui définit le domaine de la loi et au principe d'égalité, mais dans un but précis : « Autoriser temporairement, dans un but expérimental, les collectivités territoriales à mettre en œuvre, dans leur ressort, des mesures dérogeant à des dispositions législatives et susceptibles d'être ultérieurement généralisées[2]. »

B. Une notion aux diverses corrélations

La notion de différenciation territoriale est liée – on serait tenté de dire « connectée » dans le langage contemporain – à d'autres notions qui, tantôt, la confortent et, tantôt, la limitent ou la freinent.

1. Les notions qui confortent l'idée de différenciation

L'exemple d'autres pays pourrait inciter à instituer l'expérimentation dans notre pays, c'est celui de pays voisins que l'on qualifie d'États régionaux, tels l'Italie ou l'Espagne. Cependant, précisément parce que ces pays n'ont ni la même histoire ni les mêmes conceptions des rapports entre l'État et les collectivités territoriales, ils ne peuvent être un exemple pertinent à prendre en considération. En revanche, il y a un principe qui va nettement dans le sens de la différenciation, c'est le principe de subsidiarité, d'autres principes, moins marqués, vont également en ce sens.

2. Décision n° 2003-478 du 30 juill. 2003.

Le principe de subsidiarité, autrefois inconnu dans notre droit (alors qu'il l'était depuis longtemps dans des pays tels que l'Allemagne) est de plus en plus souvent invoqué en France, il a donné lieu à une multitude d'études dont l'abondance contraste avec l'absence quasi totale il y a encore une cinquantaine d'années. Pour comprendre le principe de subsidiarité, et la situation très particulière qui a été la sienne jusqu'à une période récente, il faut rappeler que ce principe est d'abord un principe d'organisation de l'Église catholique.

C'est semble-t-il le pape Pie XI qui énonce le premier de manière très claire ce principe dans son encyclique *Quadragesimo anno*, de 1931. Ce principe s'applique d'abord aux relations entre l'État et les individus, pour signifier que le premier ne doit prendre en charge que ce que les seconds ne peuvent faire eux-mêmes. Il s'applique également aux relations entre les différentes collectivités qui composent l'ordre juridique : « Ce serait commettre une injustice, en même temps que troubler d'une manière très dommageable l'ordre social, que de retirer aux groupements d'ordre inférieur, pour les confier à une collectivité plus vaste et d'un rang plus élevé, les fonctions qu'ils sont en mesure de remplir eux-mêmes[3]. »

Le principe de subsidiarité a été ignoré parce qu'étant un principe de l'Église catholique. Les dirigeants républicains ne se sont jamais intéressés aux réflexions de l'Église catholique, ils les rejetaient sans les connaître. Auraient-ils connu ce principe de subsidiarité que, marqués par le principe révolutionnaire d'indivisibilité de la République et un anticléricalisme virulent, ils n'auraient pu qu'éprouver la plus grande méfiance à son égard.

Dans les années 1970, seuls quelques rares juristes s'intéressaient au principe de subsidiarité. La Commission de développement des responsabilités locales (dite aussi commission Guichard, du nom de son président) s'y est référée en donnant la définition suivante dudit principe : « Il conduit à rechercher toujours le niveau adéquat

3. *Quadragesimo anno*, Actae Apostolicae Sedis 23 (1931), p. 203, § 126.

d'exercice des compétences, un niveau supérieur n'étant appelé que dans le cas où les niveaux inférieurs ne peuvent pas exercer eux-mêmes les compétences correspondantes. L'État doit ainsi déléguer aux collectivités tous les pouvoirs qu'elles sont en mesure d'exercer[4]. »

En 1982, le rapporteur au Sénat du projet de loi adopté par l'Assemblée nationale relatif aux droits et libertés des communes, des départements et des régions avait proposé d'insérer dans un titre le principe de subsidiarité. L'Assemblée n'en voulut pas et il fallut attendre la révision constitutionnelle de 2003 pour que ce principe redevienne d'actualité. Même si, pour des raisons qui ne sont absolument pas convaincantes (la formulation adoptée aurait été plus claire soi-disant que le principe de subsidiarité, en fait c'est l'inverse) le terme de subsidiarité ne figure pas dans le texte de la réforme adoptée, c'est bien le principe de subsidiarité qui est consacré sous la formulation suivante : « Les collectivités territoriales ont vocation à prendre les décisions pour l'ensemble des compétences qui peuvent le mieux être mises en œuvre à leur échelon » (2e al. de l'art. 72). Le Conseil d'État, longtemps réticent à l'égard de ce principe, l'a adoubé et lui a donné, si l'on peut dire, sa bénédiction, manifestant même une adhésion que l'on n'aurait pas soupçonnée dans son avis du 3 mai 2018.

Le principe de subsidiarité concerne les échelons de prise de décision, pas la différenciation territoriale à un même échelon. Cependant, il ne peut que conforter l'idée de différenciation territoriale, celle-ci est un prolongement de celui-là : s'il est souhaitable que les décisions soient prises à l'échelon le plus adéquat, il est également souhaitable qu'à un même échelon, compte tenu des différences, des disparités, que l'on observe sur le territoire national, les pouvoirs de l'autorité locale puissent être différenciés.

---

4. *Vivre ensemble*, LDf, 1976, p. 97 § 16.

On a invoqué également à l'appui de la reconnaissance du principe de subsidiarité, et cela vaut à plus forte raison pour la différenciation territoriale, l'efficacité. Il paraît difficile de parler de principe d'efficacité – bien que certains l'aient fait – parce que, dans ces conditions, tout peut être principe, en revanche il est certain que la préoccupation d'efficacité est devenue essentielle dans l'organisation administrative. Le Premier ministre y a fait une référence marquée dans sa circulaire du 19 juin 2019 sur l'organisation administrative territoriale de l'État. Et l'on peut penser *a priori*, c'est tout au moins ce qu'affirment les tenants de la différenciation territoriale, que celle-ci favoriserait l'efficacité de l'action parce que les mesures prises pourraient être mieux adaptées aux besoins.

2. Les notions qui freinent ou limitent l'idée de différenciation

La reconnaissance de la différenciation territoriale en France serait une nouveauté depuis plus de deux siècles. Car si des différenciations ont été admises pour l'outre-mer, en ce qui concerne les collectivités territoriales de droit commun c'est le principe de l'uniformité qui l'a emporté, la Révolution ayant mis un terme qui paraissait définitif à la diversité de l'organisation administrative territoriale qui caractérisait l'Ancien Régime. Il n'est pas étonnant, dans ces conditions, que des réserves, voire une hostilité marquée, se soient manifestées.

Il y a une limite qui est une véritable barrière infranchissable, un butoir, c'est celle de l'impossibilité d'une différenciation « lorsque sont en cause les conditions essentielles d'exercice d'une liberté publique ou d'un droit constitutionnellement garanti ». Cette formule figure à l'alinéa 4 de l'article 72 et constitue une limite à l'expérimentation prévue par cette même disposition. Mais que veut dire cette formule ? Aucune expérimentation n'a eu lieu sur le fondement de l'article 72, le Conseil constitutionnel n'a donc pas eu à se prononcer sur le sens de cet alinéa 4.

Cependant, la formule peut être en partie éclairée par des décisions dans lesquelles le Conseil l'a utilisée. Dans une décision de 1985 portant sur la loi modifiant la loi n° 83-663 du 22 juillet 1983 et portant dispositions diverses relatives aux rapports entre l'État et les collectivités territoriales le Conseil constitutionnel déclare que les lois ordinaires ayant la même valeur juridique, aucune règle ou aucun principe de valeur constitutionnelle ne s'oppose à ce qu'une loi abroge des dispositions législatives antérieures, mais il ajoute : « Il n'en serait autrement que si cette abrogation avait pour effet de porter atteinte à l'exercice d'un droit ou d'une liberté ayant valeur constitutionnelle[5]. »

Dans une autre décision de 1994, le Conseil constitutionnel déclare, à propos de la Loi relative aux conditions de l'aide aux investissements des établissements d'enseignement privés par les collectivités territoriales : « Si le principe de libre administration des collectivités locales a valeur constitutionnelle, les dispositions que le législateur édicte ne sauraient conduire à ce que les conditions essentielles d'application d'une loi relative à l'exercice de la liberté de l'enseignement dépendent de décisions des collectivités territoriales et, ainsi, puissent ne pas être les mêmes sur l'ensemble du territoire[6]. »

Dans sa décision relative à la Loi portant nouveau statut de la Polynésie française le Conseil a déclaré : « Ni le principe de libre administration des collectivités territoriales, ni la prise en compte de l'organisation particulière de territoires d'outre-mer ne sauraient conduire à ce que les conditions essentielles de mise en œuvre des libertés publiques et, par suite, l'ensemble des garanties que celles-ci comportent dépendent des décisions de collectivités territoriales et, ainsi, puissent ne pas être les mêmes sur l'ensemble du territoire de la République[7]. »

On peut se demander également si une autre notion n'est pas de nature à s'opposer à la notion de différenciation, c'est la notion d'échelon pertinent. Cette notion n'est définie nulle part, mais il

5. Décision n° 84-185 DC 18 janv. 1985.
6. Décision n° 93-329 DC du 13 janv. 1994.
7. Décision n° 96-373 DC du 9 avr. 1996.

y est fait référence par les autorités nationales et lors des débats au Parlement relatifs aux lois de décentralisation, le thème revient régulièrement. Qu'est-ce qu'un échelon pertinent ? C'est celui qui est approprié, adapté à sa fonction. C'est aussi ce qui est cohérent, mérite d'être entendu ou retenu : on parle d'un argument pertinent. Mais en ce qui concerne les échelons territoriaux ? L'échelon territorial pertinent est celui qui est adapté à son objet, c'est-à-dire, en droit, à la fonction exercée, c'est l'échelon auquel la fonction considérée sera, peut-on penser, la mieux assurée.

Mais la détermination de l'échelon pertinent ne peut être assurée que par l'État. D'une part, en effet, donner à une collectivité territoriale la possibilité de fixer l'échelon pertinent serait lui reconnaître un pouvoir d'appréciation qu'en fait elle n'est pas en mesure d'avoir, parce que n'ayant pas assez de « recul », n'ayant pas tous les éléments d'appréciation indispensables. D'autre part, si une collectivité devait avoir ce pouvoir, ce ne pourrait être que la collectivité la plus « éloignée », la moins engagée, c'est-à-dire la région. Mais l'exercice de ce pouvoir par celle-ci équivaudrait à l'exercice d'une tutelle, prohibée par la Constitution. Ainsi l'échelon pertinent, parce qu'il renvoie à la collectivité supposée avoir le plus de recul et le plus d'objectivité, c'est-à-dire l'État, va-t-il à l'encontre de la notion de différenciation.

II. Une notion aux implications incertaines

La différenciation territoriale appliquée aux collectivités territoriales de droit commun est une nouveauté. Il est impossible de penser qu'elle est ou sera sans effets sur l'organisation administrative et au-delà. Une implication est difficile à apprécier, c'est celle qui a trait à l'égalité. Une autre implication est incertaine à la fois dans sa nature et dans les caractéristiques qu'elle peut prendre, c'est celle sur les relations entre personnes publiques.

A. Les implications sur la conception de l'égalité

Il existe en France et en droit français un principe fondamental – et fondamental à différents points de vue, aussi bien juridiques que non juridiques – le principe d'égalité. Mais ce principe connaît des variations dans son application, il n'est pas étonnant qu'il soulève également des interrogations en ce qui concerne son application aux collectivités territoriales.

1. Le principe d'égalité, un principe aux applications contrastées

Le principe d'égalité occupe une place particulière en France, sans doute plus marquée que dans d'autres pays, tels les pays anglo-saxons. C'est en effet un principe juridique, que l'on peut décliner sur plusieurs registres, mais c'est plus qu'un principe juridique, et les dimensions non juridiques retentissent sur la conception juridique de l'égalité. Ce principe s'oppose directement – on dirait dans le langage contemporain « frontalement » – à toute différenciation territoriale parce que celle-ci ne pourrait que le mettre en échec.

Au plan constitutionnel, le principe d'égalité est un des principes qui commandent, depuis la Révolution, l'organisation constitutionnelle et politique française, c'est le deuxième élément de la devise républicaine. Ce principe d'égalité a une portée très générale, il s'applique d'abord aux individus, aux citoyens, mais également aux groupes, aux collectivités locales. Le principe d'égalité a une composante idéologique, politique, et même affective (ou irrationnelle) très importante : les Français sont attachés à l'idée d'égalité d'une manière viscérale, comme l'a bien vu et écrit Tocqueville. L'égalité est un des thèmes les plus mobilisateurs sur le plan politique, c'est un principe quasi sacré.

C'est au nom de l'égalité comme de la rationalité que les révolutionnaires uniformisent le statut des communautés en instituant un seul statut, celui de commune. Jusqu'à notre époque, pratiquement, l'égalité statutaire sera conçue de manière absolue : des différences existaient déjà en 1789 entre les communes, ces différences se sont accusées avec l'industrialisation, l'urbanisation, l'exode rural. Et cependant, jusqu'à une date récente le législateur s'est refusé à prévoir et à instituer un statut différencié selon que les communes étaient des communes urbaines ou des communes rurales, de petites ou de grandes communes.

L'égalité entre les collectivités territoriales découle de la Constitution elle-même. Elle n'est pas explicitement affirmée en tant que telle, mais elle découle de l'interdiction faite par le texte constitutionnel à l'égard de toute collectivité d'exercer une tutelle sur d'autres collectivités. Si aucune collectivité ne peut l'emporter sur une autre, si elle ne peut exercer de contrôle sur une autre, c'est parce que toutes sont situées sur le même plan. La jurisprudence constitutionnelle avait conforté l'impérativité du respect du principe d'égalité à travers le principe qu'il avait posé de l'unité catégorielle : toutes les collectivités appartenant à une même catégorie doivent être soumises aux mêmes règles. C'est également au nom de cette égalité que le Conseil constitutionnel avait rendu une décision interprétée comme excluant la possibilité d'une collectivité-chef de file.

Mais si le principe est tranché, les applications sont nuancées parce que la notion d'égalité est une notion protéiforme, polymorphe, qui soulève en permanence de nouvelles questions. Affirmé abruptement le principe d'égalité n'a pas grande signification, si ce n'est comme slogan. Appliqué à des situations concrètes il appelle des interprétations diversifiées. Le Conseil d'État comme le Conseil constitutionnel ont développé toute une jurisprudence qui se ramène à la formule suivante : « Le principe d'égalité ne s'oppose, ni à ce que le législateur règle de façon différente des situations différentes, ni à ce qu'il déroge à l'égalité pour des raisons d'intérêt général, pourvu que dans l'un et l'autre cas, la différence de traitement qui en résulte soit en rapport direct avec l'objet de la loi qui l'établit. »

Par conséquent, de même que le juge administratif a élaboré une jurisprudence très nuancée sur les différences de traitement acceptables sans faire échec au principe d'égalité, de même le juge constitutionnel a validé des lois qui introduisaient des distinctions entre les collectivités territoriales, et même au sein d'une même catégorie de collectivités, en considérant que certaines d'entre elles présentaient des particularités les plaçant dans des situations différentes.

Il a ainsi admis que les communes urbaines de la région d'Île-de-France présentaient des traits spécifiques, notamment quant aux charges qu'elles supportaient, ceci justifiant l'adoption par le législateur d'un mécanisme intercommunal de redistribution des ressources[8], ou encore que l'obligation de construction de logements sociaux pouvait ne pas s'appliquer à des communes non urbanisées, ou isolées, ou de petite taille[9]. Similairement, la création des établissements publics de coopération intercommunale (EPCI), qui comportent plusieurs types, a pour effet que les communes disposent, selon l'importance des transferts à l'EPCI, de compétences différenciées[10].

Le Conseil d'État, de son côté, a admis que des critères démographiques ou sociaux pouvaient se combiner avec un critère géographique pour imposer, dans l'exercice de leurs compétences, des obligations particulières à certaines communes et non à d'autres. Il en est ainsi des obligations imposées à des communes touristiques situées en zone de montagne[11].

2. La conciliation entre l'égalité et la différenciation

Si des différences existent déjà entre collectivités, y compris des collectivités faisant partie d'une même catégorie parmi les collectivités territoriales de droit commun, en quoi la différenciation territoriale annoncée serait-elle différente ? Il existe une différence essentielle. Jusqu'à présent, les différenciations étaient décidées par le législateur, éventuellement le pouvoir réglementaire. Avec la différenciation territoriale si, naturellement, il incomberait au législateur de prévoir la possibilité de telles différenciations, ce seraient les collectivités territoriales qui décideraient elles-mêmes. Et si la reconnaissance d'un

8. Cons. const. 6 mai 1991, décision n° 91-291 DC.
9. Cons. const. 7 déc. 2000, décision n° 2000-436.
10. Décision n° 2010-618 DC du 9 déc. 2010 ; décision n° 2013-303 QPC du 26 avr. 2013 ; décision n° 2013-687 du 23 janv. 2014.
11. CE Assemblée générale et commission permanente, avis n° 391883 des 8 et 13 sept. 2016.

pouvoir de différenciation peut être admise sans trop de difficulté au profit des autorités représentant l'État, il n'en est plus de même lorsqu'il s'agit des collectivités territoriales. Comment le principe d'égalité devant la loi de tous les citoyens pourrait-il être maintenu si des collectivités territoriales se voient reconnaître la possibilité d'y porter atteinte ?

En ce qui concerne les compétences si, au sein d'une même catégorie de collectivités territoriales, des différenciations sont possibles constitutionnellement, et ont déjà été apportées, il reste la question de l'étendue de la différenciation. Car il est tout aussi clair, sur le plan juridique, que la différenciation qui irait jusqu'au point de priver une catégorie de collectivités de toute compétence serait inconstitutionnelle. Le Conseil constitutionnel a déjà eu l'occasion de préciser en effet que la libre administration impliquait qu'une catégorie de collectivités doit disposer de compétences effectives. En d'autres termes, il ne serait pas possible, par ce biais, et indirectement, de faire disparaître de fait les départements en les privant de leurs compétences.

L'attribution de compétences différenciées à des collectivités territoriales d'une même catégorie devrait, pour respecter les exigences constitutionnelles, et selon l'avis du Conseil d'État du 7 décembre 2017, répondre aux garanties suivantes : en premier lieu, pour préserver le principe de l'unicité de statut d'une même catégorie, « la loi devrait identifier les compétences précises, et en nombre limité, qui, pour des raisons d'intérêt général ou de différence de situation, pourraient faire l'objet d'un transfert ». En deuxième lieu, ne pourraient être autorisées les modifications de compétences susceptibles de mettre en cause les conditions essentielles d'exercice d'une liberté publique ou d'un droit constitutionnellement garanti. En troisième lieu, pour justifier de raisons d'intérêt général ou d'une différence de situation, permettant de déroger aux règles de compétence, « le transfert de compétences envisagé devrait être de nature à permettre que les compétences en cause soient attribuées à l'échelon propre à permettre une mise en œuvre meilleure et plus efficace, au meilleur coût, conformément au deuxième alinéa de l'article 72 de la Constitution, qui a donné une portée normative au principe de subsidiarité ». En quatrième lieu, l'accord des collectivités entre lesquelles s'opérerait le transfert des compétences serait nécessaire, à la fois pour que le transfert soit conforme au principe de libre administration et pour assurer la réussite de l'opération. En cinquième lieu, « les transferts de compétences ayant pour conséquence d'accroître les charges des collectivités territoriales ou de leurs groupements ouvriraient droit à une compensation financière dans les conditions fixées par la loi ».

B. Les implications sur les relations entre les collectivités publiques

La notion de différenciation territoriale implique nécessairement des changements, qui peuvent être importants, entre les collectivités publiques. Ces changements concernent les relations entre les collectivités territoriales, mais également, et au-delà, les relations entre l'État et les collectivités territoriales.

1. Les relations entre les collectivités territoriales

La reconnaissance de la différenciation territoriale, si tel doit être le cas, ne va pas intervenir dans un cadre vide, mais qui est déjà occupé par toute une série d'instruments administratifs, de mécanismes juridiques, qui seront obligatoirement affectés, « impactés » dirait-on volontiers de nos jours, par cette nouvelle situation. Ces mécanismes sont particulièrement destinés à établir ou développer une coordination entre les collectivités territoriales.

Parmi les questions qui se posent figure celle de l'avenir de la notion de collectivité-chef de file. Cette notion a été difficilement consacrée, puisque, dans un premier temps, le Conseil constitutionnel s'y était montré hostile, considérant qu'elle était de nature à entraîner une tutelle d'une collectivité sur d'autres. Finalement, cette notion a pu être consacrée par le législateur dans la loi NOTRe. Elle correspond à une réelle nécessité, elle a une véritable utilité, même si son contenu demeure flou et discuté. Mais qu'adviendra-t-il de cette notion avec la différenciation territoriale ? On risque de rencontrer des situations dans lesquelles une collectivité aura obtenu la possibilité de disposer ou d'exercer des compétences différentes de celles des autres collectivités et si, parmi ces dernières, l'une est collectivité-chef de file, comment cette fonction pourra-t-elle être exercée par cette collectivité ? Ou bien cette fonction de collectivité-chef de file est-elle destinée à dépérir dans ce nouveau cadre ?

Une autre interrogation porte sur la multiplicité de schémas applicables aux interventions des collectivités territoriales. Le principe des schémas est tout à fait compréhensible compte tenu, à la fois, de la pluralité de personnes publiques et privées susceptibles d'intervenir dans un domaine et de la multiplicité des possibilités d'intervention. Les schémas introduisent, ou cherchent à introduire, une certaine cohérence dans toutes ces interventions. Mais ces schémas, d'une part sont pluriels, en ce sens qu'il existe une pluralité de schémas en fonction des matières, d'autre part, sont établis par des collectivités différentes selon les schémas. Que vont devenir ces schémas dans le cadre d'une différenciation territoriale ? En particulier, on peut facilement imaginer une commune d'une certaine importance ou un département demander à bénéficier de cette différenciation. Dans ce cas, quel pourra être le rôle de la région, qui s'est vu reconnaître par la loi NOTRe un rôle important en matière de coordination des politiques publiques ?

Une autre question, encore plus cruciale, découle du développement, voire de la prolifération, de la contractualisation. L'État a encouragé la contractualisation, il la pratique lui-même à grande échelle avec les collectivités territoriales. Celles-ci ont été invitées à procéder de même entre elles. La contractualisation est apparue comme une solution non seulement satisfaisante, mais séduisante au problème de la pluralité de collectivités territoriales et à la complexité de la répartition des compétences et des responsabilités. On trouve aujourd'hui de la contractualisation dans tous les domaines. La contractualisation est devenue un mode normal de relations entre les collectivités territoriales.

Cette contractualisation ne peut pas ne pas être affectée par la différenciation territoriale. Si une collectivité obtient la possibilité de déroger à des lois ou règlements, dans les conditions fixées par la loi, et qu'elle est engagée dans une contractualisation – ce qui est pratiquement le cas de toutes les collectivités aujourd'hui, la contractualisation étant au surplus multiple – que deviendront ces engagements, la collectivité qui a obtenu une extension de compétences pourra-t-elle, au titre de cette habilitation, intervenir éventuellement en contradiction avec cette contractualisation ?

2. Les relations entre l'État et les collectivités territoriales

Les relations entre l'État et les collectivités territoriales, après avoir été des relations unilatérales et descendantes, sont devenues des relations largement contractualisées et relativement équilibrées, ou moins déséquilibrées qu'elles ne l'étaient auparavant. La contractualisation est devenue, là également, et sur une demande à la fois de l'État et des collectivités territoriales, des relations contractualisées, même si cette contractualisation ne consiste que rarement en l'existence de véritables contrats. Cette contractualisation va-t-elle être affectée par la différenciation territoriale ? On peut penser qu'à l'égard des collectivités bénéficiaires de cette différenciation la contractualisation ne pourra que s'accentuer, parce qu'elle sera encore plus indispensable qu'avant. Mais qu'en sera-t-il à l'égard des autres collectivités territoriales appartenant à la même catégorie ? L'État sera-t-il tenté de privilégier les collectivités bénéficiaires de la différenciation ou au contraire cherchera-t-il à modifier ses relations avec les collectivités demeurant dans le cadre commun ?

Cette question renvoie à une autre, relative aux contrôles. Quels seront les contrôles exercés sur les collectivités bénéficiaires de la différenciation territoriale ? Va-t-on demeurer dans le cadre du contrôle classique ou va-t-on mettre en place un contrôle spécifique ? Chacun sait que le contrôle classique, le contrôle de légalité exercé par le représentant de l'État, comporte des failles énormes (c'est un parlementaire qui, dans un rapport, a parlé de « passoire »), dans un certain nombre de cas il n'est plus assuré véritablement.

Les gouvernants en sont si conscients qu'ils ont demandé aux préfets de privilégier certains types de contrôles de préférence à d'autres, ce qui est un aveu d'échec d'un contrôle dont le Conseil constitutionnel avait déclaré, en 1982, qu'il était essentiel au maintien d'un État démocratique décentralisé en affirmant que les prérogatives de l'État énoncées à l'article 72 « ne peuvent être ni restreintes, ni privées d'effet, même temporairement »[12]. Les collectivités territoriales bénéficiaires de la différenciation territoriale feront-elles l'objet d'une attention particulière de la part de ce contrôle ?

Une autre question est soulevée indirectement par les réformes susceptibles d'intervenir, c'est celle de l'intérêt général. Lorsque l'on parle de l'intérêt général, on pense d'abord à l'État, aux finalités de son action, à la notion de service public qui a longtemps été une expression privilégiée de la poursuite de l'intérêt général. Les collectivités locales étaient certes considérées comme poursuivant un intérêt public, mais c'était un intérêt public second et subordonné à celui de l'État. Progressivement, avec les progrès de la décentralisation, le juge administratif a admis que l'intérêt public local était un intérêt public que poursuivaient légitimement les collectivités territoriales.

Mais en cas de conflit entre un intérêt public local et l'intérêt public national, et bien qu'il n'y ait pas eu de décision de principe sur cette question, l'intérêt national l'emportait sur l'intérêt local parce qu'il était sous-entendu qu'il lui était supérieur. La différenciation territoriale repose la question de la solution à adopter en cas de conflits entre ces deux intérêts publics. Si une collectivité territoriale peut constitutionnellement et légalement bénéficier d'une extension de compétence, en cas d'opposition avec un intérêt de l'État lors de la mise en œuvre de cette compétence, l'intérêt public national l'emportera-t-il toujours sur l'intérêt local dont il a été reconnu par le législateur qu'il pouvait légitimement être poursuivi ?

12. Décision nº 82-137 du 25 févr. 1982.

CONSÉCRATION DE LA DIFFÉRENCIATION TERRITORIALE, UNE INFLUENCE DES STATUTS CONSTITUTIONNELS DES COLLECTIVITÉS D'OUTRE-MER

Inès AHMED YOUSSOUF STEINMETZ

Doctorante
Université de Lorraine, IRENEE

Le sujet de l'influence des statuts des collectivités d'outre-mer entre dans l'histoire avec la tenue de deux colloques en 2011, le premier organisé par le Sénat s'intitulant « Outre-mer et devise républicaine », le second coorganisé par le CERAL, de l'université de Paris 13, et le CRPLC, de l'université des Antilles et de la Guyane, avait pour objectif la prise en compte de l'écho de l'outre-mer dans la République. Notre présentation va dans la continuité de ces réflexions, car il semble qu'aujourd'hui, comme le confirmait J. Chirac en mars 2000 pour les collectivités d'outre-mer que « les statuts uniformes ont vécu »[1] pour les collectivités de droit commun et qu'il est désormais temps « d'évoluer vers un statut différencié, en quelque sorte un statut

---

1. J. CHIRAC, Discours en Martinique durant sa visite du 9 au 11 mars 2000. En ligne : *http://outremers360.com/politique/quand-en-2000-jacques-chirac-parlait-deja-de-statut-differencie-sur-mesure-pour-chaque-collectivite-doutre-mer/* [consulté le 7 avril 2020].

sur mesure ». Cette suppression du traitement uniforme des collectivités en France nous fait penser que « nos illusions les plus chères se défont. Quelque chose ne tient plus dans l'ordre des certitudes »[2].

En effet, depuis quelques années, la République décentralisée a connu une série de modifications qui ont instauré de profonds mouvements et mutations juridiques. Notamment la réforme de la carte des régions[3] qui a engendré des tensions politiques et culturelles et des « résistances séculaires des identités territoriales » face à la fabrique « par le haut » du territoire français[4]. Mais c'était aussi l'occasion pour certains territoires de profiter de la nouvelle donne économique mondiale en réclamant plus de libertés locales. Et puisque la décentralisation est un « thème de revendication »[5] permanent, ces revendications se sont soldées par une volonté politique de renforcement et d'approfondissement de la décentralisation par la multiplication des statuts territoriaux « sur mesure »[6] comme le démontrent les dernières lois[7].

---

2. P. LEGENDRE, « Postface. "Le Roman de l'État français" » *in Annuaire des collectivités locales*, tome I, Litec, 1981, p. 693-700.

3. Voir Y. LUCHAIRE, « La réforme territoriale issue des lois récentes », *Revue générale des collectivités territoriales* 2015-03, n° 56, p. 3-45 ; M. VERPEAUX, « La réforme territoriale ou la bataille des régions », *La Semaine juridique Administrations et Collectivités territoriales (JCP A)* 2014-09, n° 38-39, p. 2265.

4. R. PASQUIER et A. COLE, « La fabrique des espaces régionaux en France », *in* T. KERNALEGENN et R. PASQUIER (dir.), *30 ans de démocratie régionale*, Berger-Levraut, 2018, p. 86.

5. J.-M. PONTIER, *L'État et les collectivités territoriales. La répartition des compétences*, Paris, LGDJ, 1978, p. 23. Selon l'auteur, la décentralisation juridique est doublée d'un concept politique puisqu'elle demeure un thème de revendication.

6. R. PASQUIER, « Crise économique et différenciation territoriale. Les régions et les métropoles dans la décentralisation française », *Revue internationale de politique comparée* 2016, vol. 23, n° 3, p. 327-353.

7. Voir loi n° 2010-1563 du 16 déc. 2010 de réforme des collectivités territoriales, *JO* 17 déc. 2010 ; Loi n° 2014-58 du 27 janvier 2014 de modernisation de l'action publique territoriale et d'affirmation des métropoles, *JO* 28 janv. 2014 ; Loi n° 2015-29 du 16 janvier 2015 relative à la délimitation des régions, aux élections régionales

Ceci explique encore une fois l'inscription de la différenciation pour les collectivités de droit commun dans la Constitution, car cette dernière fait « "remonter" la décentralisation dans l'ordre des priorités et des protections juridiques »[8]. Ainsi, l'actuel projet de révision constitutionnelle incorpore deux nouveaux alinéas à l'article 72 de la Constitution consacrant une « différenciation des compétences » et une « différenciation des normes »[9], ce qui dénote une volonté du constituant d'acter solennellement cet état de fait et témoigne de la place conséquente du local dans le travail de réécriture de la Constitution[10].

Rien d'étonnant à cela, car le territoire, « symbole de puissance »[11], est à la fois « un obstacle à l'exercice du pouvoir, mais aussi la première garantie des libertés »[12]. Par conséquent, avec cette consécration d'un droit à un traitement différencié des collectivités

et départementales et modifiant le calendrier électoral ; Loi n° 2015-991 du 7 août 2015 portant nouvelle organisation territoriale de la République. Sans oublier le dernier projet de loi « 3D » : décentralisation, différenciation, déconcentration.

8. J. CAILLOSSE, *Les « mises en scène » juridiques de la décentralisation. Sur la question du territoire en droit public français*, Paris, LGDJ Lextenso éditions, coll. « Droit et Société », 2009, p. 175.

9. J.-R. CAZENEUVE et A. VIALA, *Rapport d'information fait au nom de la délégation aux collectivités territoriales et à la décentralisation en conclusion des travaux du groupe de travail sur les possibilités ouvertes par l'inscription dans la Constitution d'un droit de différenciation*, en ligne : *http://www.assemblee-nationale.fr/15/rap-info/i1687.asp*.

10. J. CAILLOSSE, « Remarques sur le traitement constitutionnel du "local" », *in* P.-Y. CHICOT, R. ETIEN et P. TEISSERENC (dir.), *L'influence des régimes juridiques des collectivités territoriales d'outre-mer sur l'évolution de l'État français*, Paris, Cujas, coll. « Actes et études », 2013, p. 30.

11. A. LANZA, *L'expression constitutionnelle de l'administration française : contribution à l'étude des constantes constitutionnelles*, Paris, Librairie générale de droit et de jurisprudence, 1984, 936 p.

12. Dans ce cadre, il est conçu comme « une localisation de l'action des organes administratifs » pour plus d'efficacité et une meilleure « maîtrise de l'espace national », voir C. EISENMANN, « Les fonctions des circonscriptions territoriales dans l'organisation de l'administration », *in Mélanges Waline*, LGDJ, 1974, p. 416.

territoriales, il s'agirait de faire de la Constitution un réceptacle des revendications territoriales en phase avec les réalités des territoires français[13]. Ce qui, à première vue, symbolise une rupture avec le récit territorial jacobin qui s'était construit contre les différenciations ou les particularismes territoriaux et obéirait à la volonté de prise en compte du territoire et de rendre le droit « plus concret »[14].

Néanmoins, la Constitutionnalisation de la différenciation territoriale n'est pas nouvelle puisqu'elle fait partie de la grande rupture de la réforme constitutionnelle du 28 mars 2003 avec la généralisation et l'évolution des particularismes déjà en vigueur sur certains territoires d'outre-mer[15] afin de tenir compte de leurs particularités économiques, sociales et culturelles. À l'arrivée, une orientation vers des statuts « à la carte » et pouvant se concrétiser par des aménagements à l'intérieur et à l'extérieur de chaque catégorie. Ce qui fait de l'outre-mer « un véritable laboratoire d'idées pour les évolutions constitutionnelles »[16] des statuts des collectivités territoriales métropolitains. C'est-à-dire un lieu où s'effectue un travail en équipe[17] et la poursuite de l'expérience dont les résultats vont être « analysés et systématisés dans un schéma intellectuel »[18].

---

13. Le but recherché est une légitimité par la territorialisation de la norme.

14. La différenciation, comme la territorialisation, obéirait à une volonté d'adaptation à la proximité et aux conditions réelles des administrations. En ce sens, voir Y. MADIOT, « Vers une "territorialisation" du droit », *RFDA* 1995, p. 946-951.

15. Loi const. n° 2003-276 du 28 mars 2003 relative à l'organisation décentralisée de la République, *JO* 29 mars 2003.

16. B. STIRN, « L'Outre-mer dans la République », intervention dans le cadre du colloque organisé au Sénat par le Cercle pour l'excellence des originaires de l'Outre-mer « Outre-mer et devise républicaine », CE 29 avr. 2011, p. 12.

17. *Dictionnaire de l'Académie française*, disponible en ligne : *https://academie.atilf.fr/9/consulter/laboratoire?page=1* [consulté le 12 sept. 2019].

18. A. DELBLOND, « Outre-mer : Laboratoire des réformes régionales dans l'hexagone » *in* R. WAKOTE (dir.), *Les nouvelles compétences régionales : quel(s) renforcement(s), quelle(s) orientations*, Paris, L'Harmattan, coll. « GRALE », 2017, p. 103-126.

Par conséquent, l'outre-mer, à l'avant-garde de la différenciation, a été vue comme un « modèle », d'où notre interrogation sur l'influence de ses statuts différenciés et son inspiration pour la définition d'une différenciation territoriale pour les collectivités de droit commun.

Cette approche voudrait un dépassement de l'approche « centre-périphérie », et tel Usbek dans *Lettres persanes*, nous invite à changer de perspective avec un « regard étranger », à rebours de l'idée selon laquelle les collectivités d'outre-mer seraient des collectivités « secondaires »[19], mais plutôt les voir sous un « angle positif [...] et expérimental »[20].

D'emblée, il s'agit de souligner le fait que l'outre-mer est un véritable laboratoire d'idée en matière de différenciation de par sa diversité statuaire (I) et de plus, relativiser cette influence des statuts des collectivités situés outre-mer (II) compte tenu des facteurs qui influent sur les fondements et les mises en œuvre[21] de ces différenciations.

I. *La diversité des statuts constitutionnels de l'outre-mer : véritable « laboratoire d'idées » pour la différenciation territoriale*

Cette catégorie a été longtemps caractérisée par l'application stricte du principe de l'assimilation, la révision constitutionnelle du 28 mars 2003 venant remodeler les institutions ultramarines, d'une part en

19. Voir L. FAVOREU et A. ROUX, « La libre administration des collectivités territoriales est-elle une liberté fondamentale ? » *Cahiers du Conseil constitutionnel* mai 2002, n° 12, p. 8. Disponible aussi sous le lien : *https://www.conseil-Constitutionnel.fr/nouveaux-cahiers-du-conseil-Constitutionnel/la-libre-administration-des-collectivites-territoriales-est-elle-une-liberte-fondamentale* [consulté le 7 déc. 2019].

20. P. ETIEN, « Analyse juridique d'ensemble – Rapport introductif », *in* P.-Y. CHICOT, R. ETIEN et P. TEISSERENC (dir.), *L'influence des régimes juridiques des collectivités territoriales d'outre-mer sur l'évolution de l'État français*, Paris, Cujas, coll. « Actes et études », 2013, p. 8.

21. A. SUPIOT, « Les juridictions du travail – Avant-propos », *in* G. H. CAMERLYNCK (dir.), *Traité de droit du travail*, tome IX, Paris, Dalloz, 1987, p. V.

les nommant expressément[22] et d'autre part en précisant leurs cadre et modalités. Conséquence d'une multiplicité statuaire au sein de chaque catégorie pouvant « servir de laboratoire d'idées pour l'évolution constitutionnelle des rapports entre l'État et les collectivités territoriales » en métropole.

A. La grande possibilité d'adaptation dans l'outre-mer de droit commun

Les collectivités de l'article 73 ont longtemps été caractérisées par la rigueur de leur identité législative. En effet, la Constitution du 27 octobre 1946[23] donne une base constitutionnelle à la loi « départementalisation » du 19 mars 1946[24] portée par Aimé Césaire pour les « quatre vieilles colonies » françaises. L'article 73 de la Constitution annonçait donc que : « Le régime législatif des départements d'outre-mer est le même que celui des départements métropolitains, sauf exceptions déterminées par la loi. » Cette assertion témoigne de la volonté rigoureuse d'implanter le droit commun dans l'outre-mer. La Constitution du 4 octobre 1958[25] n'y changera rien si ce n'est une possibilité d'adaptation eu égard à leur « situation particulière »

22. D'après l'article 72-3 al. 2 de la Constitution : « La Guadeloupe, la Guyane, la Martinique, La Réunion, Mayotte, Saint-Barthélemy, Saint-Martin, Saint-Pierre-et-Miquelon, les îles Wallis-et-Futuna et la Polynésie française sont régis par l'article 73 pour les départements et les régions d'outre-mer et pour les collectivités territoriales créées en application du dernier alinéa de l'article 73, et par l'article 74 pour les autres collectivités. »

23. La section I du titre VIII relative à « l'Union française » comprenait un article 6 proclamant que : « L'Union française est formée, d'une part, de la République française qui comprend la France métropolitaine, les départements et territoires d'outre-mer, d'autre part, des territoires et États associés. »

24. Loi nº 46-451 du 19 mars 1946 tendant au classement comme départements français de la Guadeloupe, de la Martinique, de La Réunion et de la Guyane française.

25. A. Roux, « L'évolution du statut constitutionnel des départements d'outre-mer », *in* J.-M. Pontier et D. Guignard (dir.), *Constitution et collectivités territoriales. Réflexions sur le 60ᵉ anniversaire de la Constitution*, Paris, LexisNexis, 2019, p. 207-222.

interprétée de manière très restrictive par le Conseil constitutionnel. Dans sa décision du 2 décembre 1982[26], le Conseil a considéré contraire à la Constitution un texte de loi portant adaptation de la loi du 2 mars 1982 qui devait créer des régions monodépartementales dans les « quatre vieilles » afin d'éviter la superposition d'un conseil régional et d'un conseil général sur ces territoires. Il a surtout rappelé que l'« organisation particulière » était réservée aux collectivités de l'article 74. La seconde décision concernait la consultation mahoraise à propos de « L'accord sur l'avenir de Mayotte ». Le Conseil constitutionnel reprend *in extenso* son interprétation de 1982[27] et déclare que les dispositions de la Loi d'orientation pour l'outre-mer[28] outrepassaient les limites fixées par l'article 73 de la Constitution. Ainsi pour le Conseil constitutionnel, malgré l'absence de l'« unité dans le texte constitutionnel » et la « possibilité d'adaptation » pour les départements d'outre-mer, l'unité restait la ligne force et s'exprimait à travers la notion de l'indivisibilité qui restait « l'essence même de l'unité, le signe de son ineffectivité et de sa durée »[29], mais aussi « la garantie du maintien et de la permanence de son unité, la projection de cette dernière dans l'avenir »[30].

26. Cons. const. 2 déc. 1982, n° 82-147 DC, consid. 4.
27. Cons. const. 7 déc. 2000, n° 2000-435 DC, *Loi d'orientation pour l'outre-mer*, consid. 4 et 10. Voir M. VERPEAUX, « Les voies de la diversité ultramarine », *in* J.-M. PONTIER et D. GUIGNARD (dir.), *Constitution et collectivités territoriales. Réflexions sur le 60e anniversaire de la Constitution*, Paris, LexisNexis, 2019, p. 199.
28. Loi 2000-1207du 13 déc. 2000 d'orientation pour l'outre-mer, *JO* 14 déc. 2000, p. 19760.
29. R. DEBBASCH, « L'indivisibilité de la République », *in* B. MATHIEU et M. VERPEAUX (dir.), *La République en droit français*, Economica, coll. « Droit public positif », p. 75.
30. *Loc. cit.*

Cette interprétation « asséchante »[31] de l'article 73 de la Constitution ne permet pas une recherche de diversité; la mise en place des régions dans les départements d'outre-mer interviendra dans la révision constitutionnelle de 2003 qui déclare que : « Dans les départements et les régions d'outre-mer, les lois et règlements sont applicables de plein droit. Ils peuvent faire l'objet d'adaptations tenant aux caractéristiques et contraintes particulières de ces collectivités »[32] et affirment l'intégration des départements et régions d'outre-mer (DROM) et le principe de l'identité législative tempérée de possibilité d'adaptation. D'après l'alinéa 2 de l'article 73, ces adaptations et les « règles applicables sur leur territoire » peuvent être décidées par ces derniers sous condition d'être habilités par la loi ou le règlement et dans « un nombre limité de matières »[33]. Cette intervention précisée à l'alinéa 3 de l'article 73 est assortie de limites : d'une part, le nombre des matières pouvant être adaptées est limité. La Réunion est exclue de la possibilité de disposer d'un pouvoir normatif dans les domaines relevant de la loi[34], d'autre part elles ne doivent pas porter atteinte ni à l'exercice d'une liberté publique ni à un droit constitutionnellement reconnu. Le dernier alinéa de l'article 73 prévoit deux possibilités d'évolution « intercatégorielle ». Soit par « la création par la loi d'une collectivité se substituant à un département et à une région d'outre-mer » ou par « l'institution d'une assemblée délibérante unique pour ces deux collectivités qui ne peut intervenir sans qu'ait été recueilli, selon les formes prévues

31. O. GOHIN, « L'évolution des départements d'outre-mer vers un statut de collectivités spécifiques », *in* J.-Y. FABERON et J.-F. AUBY (dir.), *L'évolution du statut de département d'outre-mer*, PUAM, 1999, p. 198.

32. Cette assertion est issue de la réécriture de l'article 73 nouveau.

33. Voir l'al. 3 de la Constitution en vigueur, en ligne : *https://www.conseil-Constitutionnel.fr/le-bloc-de-Constitutionnalite/texte-integral-de-la-Constitution-du-4-octobre-1958-en-vigueur* [consulté le 7 déc. 2019].

34. Voir décision n° 2003-474 DC du 17 juill. 2003 concernant la loi de programme pour l'outre-mer. Disponible en ligne : *https://www.conseil-Constitutionnel.fr/decision/2003/2003474DC.htm* [consultée le 7 déc. 2019].

au second alinéa de l'article 72-4, le consentement des électeurs inscrits dans le ressort de ces collectivités ». Cette flexibilité d'un principe d'« assimilation-adaptation »[35] sur le plan matériel et formel entraînera l'éclatement de l'unité des « quatre vieilles » en s'orientant vers du « sur-mesure » pour chacune d'entre elles afin de tenir compte de leurs « caractéristiques et contraintes ». Ces évolutions sont soumises à la procédure de l'article 72-4 alinéa 2 afin d'éviter les erreurs du passé. Il est aussi prévu la possibilité d'évolution « extra-catégorielle », c'est-à-dire du passage des DROM aux collectivités de l'article 74 ou vice et versa comme prévu par l'article 72-4 de la Constitution. Dans ce cas, le gouvernement propose le changement de statut « pendant la durée des sessions », ensuite, le Président consulte les électeurs ou la partie intéressée par la question et enfin le Parlement est saisi pour changer le statut par une loi organique. Cette dernière est contrôlée par le Conseil constitutionnel.

La flexibilité et l'innovation du principe de l'identité législative élargie sur le plan matériel et formel font éclater l'unité des « quatre vieilles » et les orientent vers un statut spécifique et une législation propre à chacune afin de tenir compte de leurs « caractéristiques et contraintes ». Ce qui donne :

– deux collectivités territoriales uniques : la Martinique et la Guyane, dirigées par une assemblée unique. Ce statut est une évolution possible pour la Guadeloupe ;
– La Réunion exclue par amendements parlementaires est caractérisée par un immobilisme statuaire, et ;
– Mayotte, à rebours des autres collectivités, ayant évité le régime de l'article 74, a fait le choix de la départementalisation avec une adaptation plus grande du fait de la prédominance du droit musulman.

35. P. Etien, « Analyse juridique d'ensemble – Rapport introductif », *in* P.-Y. Chicot, R. Etien et P. Teisserenc (dir.), *L'influence des régimes juridiques des collectivités territoriales d'outre-mer sur l'évolution de l'État français*, Paris, Cujas, coll. « Actes et études », 2013, p. 8.

Enfin, peuvent être placées dans cette catégorie des collectivités d'outre-mer régies par le principe d'assimilation, sauf pour les matières qui relèvent de la loi organique statuaire. Saint-Barthélemy et Saint-Martin sont devenus des collectivités d'outre-mer grâce à la procédure de l'article 72-4 al. 2 suite à la consultation des populations concernées. Saint-Martin a été créé par la loi organique du 21 février 2007[36] en collectivité d'outre-mer, elle ne dispose pas de communes et son administration est assurée par un préfet. L'île de Saint-Barthélemy est créée par la loi organique du 21 février 2007[37]. Quant à l'archipel de Saint-Pierre-et-Miquelon, il a été érigé en collectivité d'outre-mer avec la réforme constitutionnelle et la loi organique du 21 février 2007.

Si cette première catégorie du régime d'assimilation présente une grande diversité statutaire, les collectivités d'outre-mer à spécialité législative vont encore plus loin dans l'association de « l'ordre républicain et des ordres juridiques singuliers »[38].

B. L'autonomie-indépendance des collectivités à spécialité législative altérant la République indivisible

Les collectivités visées dans cette catégorie sont des anciens territoires d'outre-mer (TOM) créés pour la première fois par la Constitution du 27 octobre 1946. À la rédaction de la Constitution de la Ve République, les TOM, trop nombreux[39], ont eu par déli-

36. Loi n° 2007-223 portant dispositions statutaires et institutionnelles relatives à l'outre-mer et complétée par la loi du même jour n° 2007-224.

37. *Ibid.*

38. P.-Y. CHICOT, « Le droit constitutionnel des outre-mer : entre continuité normative et discontinuité normative », *in* J.-M. PONTIER et D. GUIGNARD (dir.), *Constitution et collectivités territoriales* : *Réflexions sur le 60e anniversaire de la Constitution*, Paris, LexisNexis, 2019, p. 223.

39. Les TOM, trop nombreux, étaient régis par des dispositions qui, de par leur caractère trop général, ne permettaient pas de les dissocier des départements d'outre-mer. En ce sens, voir T. MICHALON, « La République française, une fédération qui s'ignore ? », *RDP*, 1982, p. 636.

bération de leurs assemblées territoriales le choix d'adhérer à la future communauté ou d'accéder à l'indépendance. Pour ceux qui sont restés dans la communauté, l'article 76 de la Constitution dans sa rédaction initiale énonçait trois choix : conserver leur statut, devenir des départements d'outre-mer ou des États membres de la communauté. Certains TOM ont manifesté le choix de garder leur statut[40], parmi eux, la Polynésie française et la Nouvelle-Calédonie. Initialement, ces collectivités bénéficiaient d'une large autonomie. L'article 74 dans sa rédaction de 1946 déclarait que : « Les territoires d'outre-mer sont dotés d'un statut particulier tenant compte de leurs intérêts propres dans l'ensemble des intérêts de la République. » Donc, en étant soumis à certaines exigences constitutionnelles et vu le contexte d'après-guerre et d'attente[41], les TOM étaient « les plus perméables aux particularismes »[42]. Ce que va confirmer le nouvel article 74 dans sa rédaction de 1958 en déclarant toujours que : « Les territoires d'outre-mer de la République ont une organisation particulière tenant compte de leurs intérêts propres dans l'ensemble des intérêts de la République. Cette organisation est définie et modifiée par la loi après consultation de l'assemblée territoriale intéressée. » Cela induit une non-homogénéité[43] des statuts des territoires d'outre-mer qui seront par la suite dotés « de la personnalité morale et de

40. Depuis, la Côte française des Afars et des Issas et les Comores ont accédé à l'indépendance.

41. A. AGNIEL, « L'expérience statutaire de la Nouvelle-Calédonie ou de l'étude du mouvement du yo-yo au service de l'évolution institutionnelle d'un territoire d'outre-mer », *in* J.-Y. FABERON (dir.), *L'évolution des liens de la France avec ses collectivités périphériques*, LDf, coll. « Les études de La Documentation française », 1997, p. 43.

42. F. WEBERT, « Unité de l'État et diversité régionale en droit constitutionnel français », Thèse, Université Nancy 2, 1997, p. 158.

43. A. ROUX, « Point de vue français sur le droit des collectivités périphériques », *in* P. BON (dir.), *Études de droit constitutionnel des collectivités périphériques franco-portugais*, Economica, PUAM, 1992, p. 222.

l'autonomie administrative et financière »[44] comme il a été rappelé par la loi nº 61-814 du 29 juillet 1961 accordant le statut de territoire d'outre-mer aux îles Wallis-et-Futuna qui ont intégré cette catégorie des TOM après la Constitution de 1958. Aussi, le second alinéa donne compétence au législateur pour déterminer cette « organisation particulière », avec l'obligation de consulter l'assemblée territoriale concernée. Le changement d'organisation ne posait aucune contrainte constitutionnelle[45], car se faisait par voix législative ordinaire. La révision constitutionnelle du 25 juin 1992 changera pourtant la donne en prévoyant un mécanisme de garantie par la nécessité d'une loi organique pour modifier le statut des territoires d'outre-mer[46].

Les statuts des TOM seront modifiés, car l'article 72 alinéa 2 fait référence aux collectivités d'outre-mer (COM) et la Nouvelle-Calédonie devient une collectivité de nature particulière. Les COM (Polynésie française et Wallis-et-Futuna) régis par l'article 74 et par le principe de spécialité bénéficient d'un « statut particulier qui tient compte des intérêts propres de chacune d'elles au sein de la République ». Avec cette mention, il s'agit de leur accorder une organisation particulière compte tenu de leur spécificité géographique et culturelle, tout en rappelant l'attachement de ces territoires à la République : c'est « l'unité dans la diversité »[47]. Ce statut

---

44. Loi nº 61-814 du 29 juillet 1961 conférant aux îles Wallis-et-Futuna le statut de territoire d'outre-mer.

45. Cette définition de statuts avec « un minimum des contraintes constitutionnelles » a été soulignée par J.-F. Auby : J.-F. AUBY, « Le statut de la France périphérique », *AJDA* 1989, p. 349.

46. Loi constitutionnelle nº 92-554 du 25 juin 1992, *JORF* 26 juin 1992, p. 8406. Disponible en ligne : *https://www.conseil-Constitutionnel.fr/les-revisions-Constitutionnelles/loi-Constitutionnelle-n-92-554-du-25-juin-1992* [consultée le 10 déc. 2019].

47. M. VERPEAUX, « L'unité et la diversité dans la République », *Les Nouveaux Cahiers du Conseil constitutionnel* 2014, vol. 42, nº 1, p. 7-16.

d'autonomie doit être défini par une loi organique « adoptée après avis de l'assemblée délibérante » qui doit nécessairement contenir les éléments suivants :

> « Les conditions dans lesquelles les lois et règlements y sont applicables ;
> – les compétences de cette collectivité ;
> – les règles d'organisation et de fonctionnement des institutions de la collectivité et le régime électoral de son assemblée délibérante ;
> – les conditions dans lesquelles les lois et ses institutions sont consultées (sur les projets et propositions de loi et les projets d'ordonnance ou de décret comportant des dispositions particulières à la collectivité, ainsi que sur la ratification ou l'approbation d'engagements internationaux conclus dans les matières relevant de sa compétence). »

Sans oublier qu'il est rattaché à leur « statut d'autonomie » des conditions dans lesquelles ces COM disposent des pouvoirs plus étendus. Notamment les modalités de saisine du Conseil constitutionnel et de contrôle par le Conseil d'État, la possibilité de disposer de certaines prérogatives « justifiées par les nécessités locales » et la capacité à intervenir dans domaines régaliens de l'État[48]. L'article 74-1 de la Constitution fixe les conditions de recours aux ordonnances. Les statuts de deux COM, ici concernés, sont opposés. Les îles Wallis-et-Futuna bénéficient d'une autonomie administrative et financière conférée par la loi du 29 juillet 1961[49] avec un statut « proche de l'administration directe » qui peut provoquer un malaise eu égard à la libre administration des collectivités territoriales et cela même s'il est reconnu par la République pour ces îles, une organisation coutumière. Quant à la Polynésie, elle bénéficie d'une autonomie poussée en application de la loi organique du 27 février 2004[50] qui

48. Cons. const. 12 févr. 2004, n° 2004-490 DC, *Rec.*, p. 41.
49. L. 61-814 du 29 juill. 1961.
50. L. 2004-192 du 27 févr. 2004 complétée par la loi ordinaire 2004-193 de la même date.

dispose en son article 1er que « la Polynésie se gouverne librement et démocratiquement par ses représentants élus » et que son autonomie est amenée à évoluer. D'ailleurs, les « pseudo- »[51] lois du pays concurrencent l'article 34 de la Constitution par l'éventualité du recours juridictionnel au Conseil d'État qui contrôle « non seulement la règle de droit »[52], mais aussi « l'exactitude matérielle des faits, l'erreur manifeste d'appréciation et le détournement des pouvoirs »[53], et par la possibilité de voter des lois propres dont le champ d'application est défini par rapport à l'article 34 de la Constitution. Ces lois du pays induisent un partage du pouvoir législatif[54].

La Nouvelle-Calédonie est régie par le titre XVIII dont le professeur Carcassonne affirmait qu'il ne s'agit pas d'une « disposition constitutionnelle particulière », mais d'une Constitution dans la Constitution[55]. En effet, la Nouvelle-Calédonie fonctionne comme une autorité administrative et parlementaire, elle est ainsi écartée puisqu'évoluant vers l'indépendance, car la libre détermination des peuples est reconnue dans le préambule de la Constitution, à l'article 53 de la Constitution et par le Conseil constitutionnel[56].

---

51. Voir C. GINDRE DAVID, *Essai sur la loi du pays calédonienne. La dualité de la source législative dans l'État français*, Paris, L'Harmattan, coll. « GRALE », 2008, p. 508.
52. R. KELLER, « Le recours juridictionnel spécifique de la "loi du pays" », *in* M. DEBENE et J.-P. PASTOREL (dir.), *La « loi du pays » en Polynésie française*, Paris, L'Harmattan, coll. « Portes océanes », 2011, p. 76.
53. *Loc. cit.*
54. Y. BRARD, « Nouvelle-Calédonie et Polynésie française : Les lois du pays – De la spécialité législative au partage du pouvoir législatif » disponible en ligne sous ce lien : *https://www.wgtn.ac.nz/law/research/publications/about-nzacl/publications/special-issues/hors-serie-volume-i,-2001/Brard.pdf* [consulté le 10 déc. 2019].
55. G. CARCASSONNE et M. GUILLAUME, *La Constitution*, Paris, Seuil, 2017, p. 382.
56. F. LUCHAIRE, « La France d'outre-mer et la République », ENA, *Revue française d'administration publique* 2007, nº 123, p. 399-408.

Ainsi, avec sa diversité statuaire, les articles 73 et 74 concernant l'outre-mer apparaissent comme « d'authentiques machineries juridiques à produire de la différenciation »[57] et font évoluer *de facto* la décentralisation pour s'adapter au « défi de permanence »[58] du droit d'outre-mer[59]. Ce dernier fait évoluer et transfigurer le « carcan »[60] de la République indivisible surtout avec leurs statuts dans l'Union européenne[61]. Toutefois, cette influence doit être relativisée.

II. Les limites à l'influence de la diversité des collectivités situées outre-mer sur la différenciation territoriale des collectivités territoriales de droit commun

Même si l'outre-mer apparaît comme le niveau maximum de l'approfondissement de la décentralisation française en France et peut inspirer la différenciation territoriale en métropole, son influence est d'une part limitée par les facteurs induisant ces différenciations

57. J. CAILLOSSE, « Remarques sur le traitement constitutionnel du "local" », *in* P.-Y. CHICOT, R. ETIEN et P. TEISSERENC (dir.), *L'influence des régimes juridiques des collectivités territoriales d'outre-mer sur l'évolution de l'État français*, Paris, Cujas, coll. « Actes et études », 2013, p. 40.
58. D. CUSTOS, « Droit d'outre-mer, le défi de la permanence », *ibid.*, p. 45-58.
59. Anciennement appelé « droit colonial », ce droit sera rebaptisé officiellement « droit d'outre-mer » en 1954 dans les programmes de licence et de doctorat. Mais le professeur F. Luchaire conseillera cette dernière expression dès 1946. Voir Fl. RENUCCI, « La "décolonisation doctrinale" ou la naissance du droit d'outre-mer (1945-début des années 1960) », *Revue d'Histoire des Sciences Humaines*, *« Décolonisation et sciences humaines »*, vol. 24, n° 1, p. 61-76.
60. Le principe unitaire et l'indivisibilité de la République peuvent être considérés comme des principes enfermant la décentralisation française et son éventuel approfondissement. D'où l'utilisation du terme « carcan ». Voir D. DE VIGAN, *Les loyautés*, JC Lattès, coll. « Littérature française », 2018, 208 p.
61. I. VESTRIS, « l'influence des statuts des collectivités situées outre-mer vis-à-vis de l'Union européenne sur le droit français relatif à l'outre-mer » *in* P.-Y. CHICOT, R. ETIEN et P. TEISSERENC (dir.), *L'influence des régimes juridiques des collectivités territoriales d'outre-mer sur l'évolution de l'État français*, Paris, Cujas, coll. « Actes et études », 2013, p. 135-150.

territoriales (A) et d'autre part par la différenciation territoriale de droit commun qui reste dans la continuité du paradigme des « arrangements locaux » (B).

A. Une différence des fondements à la base de la différenciation territoriale relativisant son influence

La diversité dans les collectivités situées outre-mer a été nécessaire ou utile à plusieurs égards. Sans nous étendre sur l'ensemble de ces facteurs, attardons-nous sur les principaux. D'abord, elle est liée à l'histoire de l'outre-mer elle-même. À l'origine, les colonies étaient régies par un droit différent, loin des préoccupations démocratiques et égalitaires en cours dans la métropole, ces contrées lointaines apparaissaient comme des « chasses gardées économiques »[62]. C'est ce qui a justifié des revendications égalitaires et de décolonisation avec l'essor de l'idéologie du « droit des peuples à disposer d'eux-mêmes »[63]. Ainsi, la Constitution du 27 octobre 1946 annonce dans son préambule la fin du « système colonial fondé sur l'arbitraire » et la garantie des droits et libertés proclamés. Mais malgré une « possibilité d'exception », le Conseil constitutionnel suivant la philosophie de Boissy d'Anglas, se cantonnait dans une interprétation

62. Voir J.-Y. FABERON, « La France et son outre-mer : un même droit ou un droit différent? », *Pouvoirs – « L'outre-mer »* avr. 2005, n° 113, p. 5-21. En ce qui concerne le caractère économique de la colonisation, certains libéraux français vont soutenir la colonisation pour sa disponibilité des matières premières et l'importance du commerce colonial. Ainsi plusieurs revues comme le *Journal des Économistes*, *L'Économiste français*, la *Revue des Deux Mondes*, le *Journal des débats* publiaient régulièrement des articles sur la situation dans les colonies. Dans ce sens voir C. ALAIN, « L'analyse économique de la question coloniale en France (1870-1914) », *Revue d'économie politique* 2013, vol. 123, n° 1, p. 51-82; L'œuvre majeure restant celui de LEROY-BEAULIEU, *De la colonisation chez les peuples modernes*, 2e éd. (revue, corrigée et augmentée), Paris, Librairie Guillaumin et Cie, 1882, 659 p.

63. J.-F. AUBY, *Droit des collectivités périphériques*, Paris, PUF, 1992, p. 24.

« assimilatrice » dans ses décisions et l'égalité des droits ne sera effective que beaucoup plus tard et encre aujourd'hui les questions de l'égalité réelle.

Ensuite, il fallait tenir compte du facteur anthropologique. En effet, la culture créole est un *mix* entre culture occidentale et culture africaine. Même si les traits de la culture occidentale, avec « la socialisation par l'échange sur le marché » induisant une rationalité économique[64], adoucissent les rapports, les grands traits de la culture africaine s'y retrouvent. Ainsi, la culture créole serait rétive à la conception politico-médiatique du « pouvoir unitariste »[65] et adhérerait plutôt à une conception « plurale du pouvoir », la primauté de l'aîné, sur « les croyances et l'invisible ». Par conséquent, l'évocation permanente d'éléments naturels comme l'« insularité et l'éloignement » seraient réducteurs et nieraient que la particularité des institutions en outre-mer est liée aux particularités des sociétés dont elles dérivent[66]. Mais les « codes »[67] d'une société malgré ses transgressions continueront à régir les relations sociales et à « peser » sur elle. Enfin, la différenciation outremarine est un moyen de lutte contre les problèmes socio-économiques et le chômage endémique. Les éléments que nous venons de décliner démontrent la singularité de l'outre-mer et impliquent l'exception à l'égalité dans des situations

64. M. WEBER, *Économie et société*, Paris, Plon, coll. « Pocket », 1995, p. 154.
65. À ce titre, voir T. MICHALON, *L'Outre-mer français : évolution institutionnelle et affirmations identitaires*, Paris, L'Harmattan, coll. « GRALE », p. 119-128.
66. En ce qui concerne le lien entre les institutions et la société, il faut se référer à l'œuvre du professeur M. HAURIOU, *Précis de droit administratif*, 6e éd., Sirey, 1907, p. 15-23 ; Y. TANGUY, « L'institution dans l'œuvre d'Hauriou. Actualité d'une doctrine », *Revue du droit public et de la science politique en France et à l'étranger*, 107, 1991, p. 61-79.
67. J. CHEVALLIER, *Institutions politiques*, Paris, LGDJ, coll. « Systèmes », 1996, p. 18-20.

différentes[68]. Or, la différenciation territoriale de l'article 72 intervient dans un contexte de revendications « gilets jaunes » et de recherche d'efficacité où il faut repenser les dépenses de l'État. D'abord, le contexte de revendication fait revenir le Président de la République sur ses déclarations de garantie de « stabilité institutionnelle »[69] promises aux élus. Cela intervient à la suite des demandes de proximité et le besoin de prise en compte des réalités locales. Ce qui apparaît comme une « révolution » du gouvernement Macron, du moins les futurs sédiments[70] de son quinquennat. Une partie de la doctrine la traitait déjà comme la nouvelle manière de remettre en marche la décentralisation incrémentale[71]. La « différenciation des compétences » était de mise depuis la suppression de la clause générale de compétence pour les départements et les régions. Pourtant, le Conseil constitutionnel n'a pas considéré cette suppression comme une atteinte au principe d'égalité ni de libre administration[72]. En ce

---

68. Cons. const. 12 juill. 1979, nº 79-107 DC, consid. 4, *Loi relative à certains ouvrages reliant les voies nationales ou départementales*. Cette exception a été rappelée par le Conseil d'État : CE. Ass. 13 déc. 1968, *Fédération nationale des élus républicains*, *Rec.*, nº 644 ; *Actual. jur.* 1969, p. 33.

69. Déclaration du Président au 100ᵉ congrès des Maires de France, le 23 nov. 2017, disponible sur ce lien : *https://www.elysee.fr/emmanuel-macron/2017/11/23/discours-du-president-de-la-republique-emmanuel-macron-au-100-congres-des-maires-de-france.*

70. Le professeur Guiselin, en empruntant le raisonnement du Doyen Vedel, explique que chaque mandat présidentiel apporte son « tribut en matière de démocratie locale », du général De Gaule à Macron : E.-P. GUISELIN, « Le quinquennat du président Macron et la décentralisation : inflexions ou "Révolution" ? », *JCP A* 22 juill. 2019, nº 29, p. 2223.

71. Dans ce sens, voir B. REMOND, « *La région, une France d'avenir* », *Les cahiers de l'Institut de la décentralisation*, nº 3-2006 ; V. DE BRIANT, « Vers un droit institutionnel local », *Pouvoirs locaux*, nº 93-2012.

72. Le Conseil constitutionnel a estimé que cette suppression ne privait pas les départements « d'attributions effectives », voir Cons. const. 16 sept. 2016, nº 2016-565 QPC 2016.579, *Assemblée des départements de France*, et les observations de J.-D. DREYFUS, « La clause générale de compétence générale des départements n'est pas protégée par la Constitution », *AJ Collectivités Territoriales* 2016, p. 579,

qui concerne la différenciation des compétences au sein d'une même catégorie, elle ne peut être la même que pour les collectivités de droit commun d'outre-mer et encore moins de celle de l'article 74. D'abord, le Conseil d'État dans son avis du 7 décembre 2017[73] indique les limites de la modulation des compétences qui ne peut prétendre à une adaptation compte tenu des « caractéristiques » et « des contraintes particulières » résultant en outre-mer au vu de « l'insularité et de l'éloignement géographique »[74]. Ensuite, le rapport d'information « sur les possibilités ouvertes par l'inscription dans la Constitution d'un droit à la différenciation » énumère le respect de certaines exigences juridiques[75], il est clair que cette réforme constitutionnelle n'échappe[76] pas aux tabous de la décentralisation française, comme nous le verrons plus tard.

---

et les observations d'A. DURANTHON, « À propos d'un cheval de Troie : le Conseil constitutionnel et la suppression de la clause de compétence générale », *Constitutions* 2016, p. 677.

73. CE avis 7 déc. 2017, nº 393651 : *JCP A* 2018, act. 236 ; M.-C. DE MONTECLER, « Différenciation territoriale : le oui, mais du Conseil d'État », *Dalloz actualité* 6 mars 2018.

74. Dans ce cadre, voir H. PAULIAT, « Différenciation territoriale : les limites posées par le Conseil d'État », *JCP A* 30 avr. 2018, nº 17, p. 2138.

75. Ces exigences sont : l'indivisibilité de la nation, les principes de l'article 72, le « nombre limité » des compétences attribuées dans le cadre de la différenciation et les exigences constitutionnelles (voir le *Rapport d'information fait au nom de la délégation aux collectivités territoriales et à la décentralisation : « En conclusion des travaux du groupe de travail sur les possibilités ouvertes par l'inscription dans la Constitution d'un droit à la différenciation »*, enregistré à la présidence de l'Ass. nat. le 14 févr. 2019).

76. N. KADA (dir.), *Les tabous de la décentralisation*, Paris, Berger-Levraut, 2015, 398 p.

Le deuxième élément qui fonde cette territorialisation est sûrement la recherche de l'efficacité[77]. Si cette efficacité de prime abord apparaît la mieux adaptée pour vivre au « temps des citoyens »[78], au plus des réalités, c'est aussi une notion qui renvoie au « rendement » lié à l'organisation territoriale[79] suite au phénomène de resserrement de la croissance autour des grandes zones métropolitaines et de la concurrence entre elles[80]. Elle obéirait donc à ce que l'on appelle une « rationalité économique »[81] ou la « gouvernance par le nombre »[82], qui influe et remodèle le droit administratif et en particulier la décentralisation dont elle modifie les finalités. Pour en prendre les mesures, il suffit de regarder les figures nouvelles du service public condamné à servir la compétitivité. C'est ce que le professeur Caillosse appelle une « surdétermination économique du

77. Circulaire du 12 juin 2019 relative à la mise en œuvre de la réforme de l'organisation territoriale de l'État, disponible sur *Légifrance* : *https://www.legifrance.gouv.fr/affichTexte.do?cidTexte=JORFTEXT000038599066&categorieLien=id.*

78. R. Monory, « Préface », *in* P. Richard (dir.), *Le Temps des citoyens. Pour une démocratie décentralisée*, Paris, PUF, coll. « Politique d'aujourd'hui », 1995, p. 9.

79. M. Magras, « Différenciation territoriale et outre-mer » *in* J.-B. Auby et O. Renaudie, *Réforme territoriale et différenciation(s)*, Paris, Berger-Levraut, 2015, p. 101.

80. R. Pasquier, « Les régions dans la réforme territoriale : vers un fédéralisme à la française ? » *in Mélanges en l'honneur de Gérard Marcou*, Paris, IRJS éditions, 2017, p. 330.

81. A. Duranthon, « L'influence du néo-libéralisme sur les modalités d'exercice des compétences » *in* M. Douence (dir.), *L'exercice des compétences locales entre rationalisation et créativité*, L'Harmattan, 2018.

82. A. Supiot, *La gouvernance par les nombres. Cours au Collège de France*, Fayard, 2015, 520 p.

droit »[83]. Mais cette néolibéralisation du droit des collectivités n'est pas nouvelle[84] et sera sûrement le « nouveau prisme, qui emmène avec lui une représentation du local renouvelée »[85].

Toutefois, cette différenciation territoriale est imprégnée d'une autre réalité bien française et poursuit le paradigme de l'État l'unitaire.

B. Une différenciation métropolitaine poursuivant le paradigme de l'État unitaire français

Quoique polysémique[86], la notion de paradigme est un « ensemble de valeurs, de croyances »[87] qui orienteraient le sujet qui nous intéresse ici. Lors de la présentation de son « pacte girondin », le Président soutenait qu'il fallait « adapter notre organisation collective entre l'État et les régions, rompre avec une vision jacobine. Tous les territoires n'ont pas les mêmes atouts »[88]. Ces propos prétendent au dépassement de l'œuvre des Capétiens et l'apparition d'une nouvelle manière de penser le local en rupture avec la « matrice centralisatrice pluriséculaire »[89]. Pour réaliser ce vœu, encore faut-il que la décentralisation soit pleinement effective et acceptée. En tout cas, cette

83. J. CAILLOSSE, *L'État du droit administratif*, Paris, LGDJ, coll. « Droit et société », 2017, 380 p.

84. J.-A. MAZÈRES et S. REGOURD, « Du modèle communautaire et territorial au modèle fonctionnel de l'entreprise » *in* M. BOURJOL (dir.), *La commune, l'État et le droit. Bicentenaire de la Révolution et marché unique européen*, LGDJ, 1990, p. 292.

85. A. DURANTHON, « L'influence du néo-libéralisme sur les modalités d'exercice des compétences », *op. cit.*, p. 24.

86. Kuhn révèle l'avoir utilisé dans vingt-deux sens différents. T. KUHN, *La structure des révolutions scientifiques*, Flammarion, coll. « Champs », 1983, p. 237.

87. *Loc. cit.*

88. *Ouest-France*, « Le pacte girondin », publié le 21 juin 2018, disponible sous ce lien : *https://www.ouest-france.fr/bretagne/le-pacte-girondin-du-president-macron-5838436.*

89. G. GUIHEUX, « Le lien décentralisation/Réforme de l'État : les modalités de la confrontation entre l'unité et la décentralisation de l'État », *Revue juridique de l'Ouest* 2004-3, p. 329-341.

nouvelle réforme ne renverse pas les « totems »[90] : elle ne modifie pas le principe de non-tutelle d'une collectivité sur une autre[91] tout comme elle ne donne pas une nouvelle lecture du pouvoir réglementaire[92]. Autrement dit, elle ne met pas en place les conditions nécessaires pour une véritable transmutation comme celle voulue dans la Constitution espagnole par exemple, qui, tout en affirmant le caractère unitaire, reconnaît l'autonomie des régions[93]. Aussi, elle n'affirme pas une nouvelle manière d'articuler les compétences entre l'État et les collectivités territoriales. L'avenir de la différenciation se revèle incertain, tout comme l'a été l'expérimentation prévue à l'article 72 alinéa 3[94] et la subsidiarité qui a été considérée comme une « notion d'origine étrangère »[95]. Ainsi, tout semble traduire que la République n'a pas cessé d'être unitaire et indivisible. Même si l'unité n'apparaît plus dans la Constitution française, elle continue à structurer le paysage législatif français et apparaît comme un gage de stabilité. Elle se traduit à travers l'indivisibilité dont elle « est l'essence même »[96] et décline toute une série de principes organisant l'État français. Par conséquent, la décentralisation s'inscrit dans ce cadre unitaire tout en traduisant le souci de reconnaître « des libertés

90. V. DE BRIANT, « Le droit à la différenciation territoriale : entre totems et tabous », *AJ collectivités territoriales* 2018, p. 233.

91. Disposition de l'article 72 al. 5 de la Constitution.

92. J.-B. AUBY, *La décentralisation et le droit*, *op. cit.*, p. 24.

93. L'article 2 de la Constitution espagnole affirme que : « La Constitution est fondée sur l'unité indissoluble de la nation espagnole, patrie commune et indivisible de tous les Espagnols. Elle reconnaît et garantit le droit à l'autonomie des nationalités et des régions qui la composent et la solidarité entre elles. »

94. Les modalités d'application de cette expérimentation sont précisées par les articles LO 113-1 et LO 113-7 du CGCT.

95. A. DELCAMP, « Droit constitutionnel et Droit administratif. Principe de subsidiarité et décentralisation », *RFDC*, 1995, p. 611 ; Voir aussi l'excellent ouvrage d'A. DURANTHON, *Subsidiarité et collectivités territoriales*, Dalloz, coll. « Bibliothèque parlementaire et constitutionnelle », 2017, 1014 p.

96. R. DEBBASCH et A. ROUX, « L'indivisibilité de la République », *op. cit.*, p. 75.

et responsabilités locales »[97]. Plus qu'une technique administrative, la décentralisation se veut être également un programme politique sinon, comme l'affirmait le doyen Hauriou, la centralisation suffirait et serait moins coûteuse. Elle est aussi un concept politique dans lequel toute réforme de décentralisation s'inscrit dans le cadre d'une « semi-décentralisation »[98]. Cette différenciation territoriale de droit commun n'y échappe pas et traduit le nouveau décor de l'État centralisé, mais qui porte le consensus afin de concilier l'exigence unitaire et la prise en compte des besoins locaux. C'est le nouveau mode d'organisation de la structure locale qui fait suite au mouvement législatif relatif au développement des statuts particuliers des collectivités territoriales.

Un État centraliste est obligé de composer avec les collectivités locales, par l'arrangement. Cette notion, comme l'a expliqué le professeur Caillosse[99], a deux sens, l'un vertueux, l'autre plus problématique. Le premier sens appartient à un champ sémantique valorisé de registre à la mode comme la concertation et la contractualisation. Ces procédés s'inscrivent dans la recherche du consensus et l'accord de tous les membres afin de concilier les exigences de l'État et celles des collectivités locales qui parfois peuvent diverger tout en étant légitimes de part et d'autre[100]. L'autre sens est plus problématique puisqu'il relève du marchandage et de la compromission. C'est dans ce sens que s'inscrit la différenciation territoriale. Dans ce contexte, il n'y a que les grandes collectivités déjà autonomes, qui seront valorisées au détriment des petites collectivités. C'est ce qui se remarque dans les découpages des régions ou la création de

97. B. PLESSIX, *Droit administratif général*, LexisNexis, coll. « Manuel », 2016, p. 284.

98. Ch. EISENMANN, « Centralisation et décentralisation. Principe d'une théorie », *Revue du droit public et de la science politique en France et à l'étranger*, 1947 ; Ch. EISENMANN, *Centralisation et décentralisation*, LGDJ, 1948, p. 17.

99. Intervention du professeur Caillosse lors de la 11e édition du colloque « Les rendez-vous du local à Sciences Po », le 28 mai 2019.

100. J. BEACHLER, « Essai de définition du consensus », *Pouvoirs* 1978, n° 5, p. 22.

la Collectivité européenne d'Alsace. Cela va accentuer les inégalités entre ces dernières et elle peut aussi jouer en faveur de l'État en mettant en avant la décentralisation fonctionnelle[101].

En tout état de cause, avec la consécration de la différenciation pour les collectivités de droit commun, la Constitution est plus que jamais « la Constitution des possibles » et cette diversité de statut ne peut qu'orienter la décentralisation vers un renforcement du rôle des collectivités territoriales, tout en accentuant les inégalités entre ces dernières, et en créant plus de complexité.

101. J.-M. Pontier, « L'État et la cohésion des territoires », *AJDA*, 2019, p. 1439.

LA DIFFÉRENCIATION DANS LES STATUTS LÉGISLATIFS DES COLLECTIVITÉS TERRITORIALES : LE CHOIX DE LA PLASTICITÉ DE L'ORGANISATION DÉCENTRALISÉE DE LA RÉPUBLIQUE

Olivier DUPÉRON

Vice-président URCA, Directeur adjoint CRDT
Maître de conférences HDR en droit public
Université de Reims Champagne-Ardenne

Le droit à la différenciation est dans toutes les têtes et sur toutes les lèvres de celles et ceux qui travaillent sur les collectivités territoriales depuis quelques années[1]. Il interroge l'organisation de l'État, de la République, indivisible, mais dont on sait que cela ne signifie pas l'uniformité, y compris pour les catégories de collectivités territoriales. De façon évidente, le droit à la différence pose aussi la question de la conception de l'égalité. Pour les collectivités territoriales, il s'agit de sujets essentiels dont les racines sont bien antérieures à 2017 et aux projets présentés par l'actuel exécutif, nous y reviendrons.

1. Voir pour une perception d'ensemble de la question, le *Rapport d'information fait au nom de la délégation aux collectivités territoriales et à la décentralisation, en conclusion des travaux du groupe de travail sur les possibilités ouvertes par l'inscription dans la Constitution d'un droit à la différenciation*, par MM. J.-R. CAZENEUVE et A. VIALA, corapporteurs, Députés, Ass. nat., n° 1687, enregistré à la présidence le 14 févr. 2019.

Notre propos va se concentrer sur la dimension institutionnelle, celle qui ressort des statuts législatifs des collectivités territoriales, la dimension constitutionnelle, avec le traitement de l'outre-mer, étant abordée par ailleurs dans cet ouvrage. La question des compétences ne sera pas non plus au cœur de ces développements, puisqu'elle sera elle aussi traitée par la suite. Toutefois, il n'est pas possible de totalement l'exclure, car les enjeux sont évidemment liés et imbriqués.

Déjà donc, la différenciation territoriale n'est pas une nouveauté, ni en matière institutionnelle ni en matière de compétences. Et avant de poser un droit *à* la différenciation, il est loisible d'identifier un droit *de* la différenciation. Le Conseil d'État l'a rappelé dans son avis du 7 décembre 2017[2]. La différenciation concerne aujourd'hui l'ensemble des outre-mer, les collectivités à statut particulier, tous les établissements publics de coopération intercommunale (EPCI), différents les uns des autres, les métropoles renforçant ces distinctions, et même la région Île-de-France. Pour reprendre la formule de Vincent de Briant, on peut dire qu'« en cela, le "droit à la différenciation" évoqué ne brise aucun tabou ni ne renverse aucun totem, qu'ils soient constitutionnels ou administratifs »[3].

On peut ajouter que lorsque l'on se replonge dans quelques commentaires doctrinaux un peu plus anciens, on retrouve le terme de « différenciation », utilisé par exemple par Jean-François Flauss, en 1997 lorsqu'il étudiait la jurisprudence du Conseil constitutionnel relative au principe d'égalité[4], laquelle reconnaissait, de manière très

---

2. CE avis 7 déc. 2017, n° 393651, *Avis sur la différenciation des compétences des collectivités territoriales relevant d'une même catégorie et des règles relatives à l'exercice de ces compétences*.

3. V. de Briant, « Le droit à la différenciation territoriale : entre totems et tabous », *AJCT* 2018, p. 233.

4. J.-F. Flauss, « Le principe constitutionnel de l'unité législative dans le droit des libertés publiques », *LPA* 4 avr. 1997, n° 41, p. 4.

claire par des décisions des années 1980 et 1990[5], que ce principe n'interdisait pas l'existence de régimes institutionnels particuliers établis par la loi, légitimés par des éléments de « particularisme » (géographique, historique, culturel) ou par une « situation spécifique » (Corse, outre-mer).

De manière encore plus répandue, bon nombre de commentaires au moment de l'acte II de la décentralisation, en 2003-2004, ont évoqué aussi « le processus de différenciation des catégories de collectivités territoriales françaises »[6]. Un ouvrage récent porte, lui, sur « le principe d'unité des catégories de collectivités territoriales remis en question », notamment à la suite de cet épisode de l'acte II[7].

Cela veut-il dire qu'il n'y aurait pas de sujet aujourd'hui ou pas d'actualité du sujet ? Il nous semble que si, pour deux raisons au moins : 1. D'abord parce que l'on propose d'inscrire le droit à la différenciation dans la Constitution[8] et, même si cela vise d'abord l'exercice

5. Voir Décision n° 82-138 DC du 25 févr. 1982, *Loi portant statut particulier de la région de Corse* ; Décision n° 82-149 DC du 28 déc. 1982, *Loi relative à l'organisation administrative de Paris, Marseille, Lyon et des établissements publics de coopération intercommunale* ; Décision n° 85-196 DC du 8 août 1985, *Loi sur l'évolution de la Nouvelle-Calédonie* ; Décision n° 91-290 DC du 9 mai 1991, *Loi portant statut de la collectivité territoriale de Corse*. Cette dernière sera reprise *infra*.

6. On trouve cette phrase dans un article de B. FLAMAND-LÉVY, « Nouvelle décentralisation et forme unitaire de l'État », *RFDA* 2004, p. 59, l'auteure allant jusqu'à se demander si ce processus n'est pas à rapprocher des divers statuts des régions italiennes ou des communautés espagnoles, avec des différences essentielles toutefois.

7. J.-C. CERVANTÈS, *Le principe d'unité des catégories de collectivités territoriales en question*, Paris, L'Harmattan, 2019, 252 p.

8. Le projet de loi constitutionnelle a été présenté au Conseil des ministres du 28 août 2019 par Mme Nicole Belloubet, garde des Sceaux, ministre de la Justice. Il est vrai que si le Conseil d'État, dans son avis précité, a identifié les possibilités existantes de différenciation, ce n'est pas sans en marquer également les limites et en faisant apparaître ce qu'Arnaud Coutant qualifie de « doutes » quant à l'application d'une telle différenciation (A. COUTANT, « Avis rendus par le Conseil d'État concernant les collectivités territoriales – Rapport 2018 du Conseil pour l'année 2017 », *in* collectif GIS-GRALE, *Droit et gestion des collectivités territoriales 2019*, Paris,

des compétences des collectivités territoriales et les normes qui les accompagnent, ça n'est pas sans signification ni sans lien avec les statuts, renvoyant à ce que Jean-Marie Pontier a appelé « l'accentuation des distinctions territoriales », posant même la question ou affirmant « la dévalorisation de la notion de collectivité territoriale »[9] ; 2. Ensuite, parce que le législateur a multiplié ces dernières années et notamment ces derniers mois, les statuts différents (ne disons pas ici nécessairement *particuliers*) : de la Corse à l'Alsace (il en sera beaucoup question), en passant par la coopération intercommunale, les communes nouvelles et maintenant les communes-communautés.

La mise en œuvre de la différenciation territoriale statutaire est en marche et nous utilisons ici le terme de « plasticité » de l'organisation décentralisée de la République, en considérant qu'il s'agit du choix opéré aujourd'hui, mais encore une fois un aujourd'hui qui ne date pas de 2017 seulement. Si on en prend la définition, la plasticité vise ce qui est souple, modifiable, malléable[10]. En sciences dures, il s'agit d'étudier les propriétés d'un solide dans le domaine des déformations permanentes, pour expliquer et prévoir le comportement de ce solide. Notre solide, c'est le territoire et, au gré des réformes institutionnelles, il est soumis à des adaptations et transformations multiples.

Du point de vue des techniques législatives appliquées, nous pouvons distinguer entre, d'une part, la création de collectivités à statut particulier, pour lesquelles nous parlerons d'une différenciation « assumée » puisque c'est leur objet même de les organiser différemment des autres; puis, d'autre part, il sera question de la

---

Le Moniteur, 2019, p. 615). En l'état du droit, toute différenciation doit être justifiée par des motifs d'intérêt général ou ayant trait à la différence de situation (voir *supra* jurisprudence du Conseil constitutionnel), les différences ne sont possibles que si elles sont identifiées précisément par la loi en étant limitées, sans porter atteinte à l'exercice d'une liberté publique ou d'un droit constitutionnellement garanti et en aboutissant à une mise en œuvre plus efficace au nom de la subsidiarité.

9. J.-M. Pontier, « L'État et la cohésion des territoires », *AJDA* 2019, p. 1439.

10. Voir *Dictionnaire Larousse*.

différenciation sans statut particulier, au sens des catégories prévues par la Constitution, ce qui peut traduire la construction d'une indivisibilité territoriale « souple » de la République et *in fine* pose la question de l'organisation et de la conception de l'État lui-même.

I. Les collectivités à statut particulier ou la différenciation institutionnelle « assumée »

En premier lieu, il convient de revenir sur cette notion et sur sa consécration constitutionnelle. Ensuite, nous reviendrons sur l'extension récente de cette catégorie des collectivités à statut particulier, hors outre-mer.

A. La notion de collectivité à statut particulier

On sait que c'est la révision du 28 mars 2003[11] qui a introduit à la liste des collectivités territoriales contenue à l'article 72 de la Constitution celles qui sont « à statut particulier », aux côtés des communes, départements, régions et collectivités d'outre-mer régies par l'article 74[12].

L'apparition de cette notion était toutefois antérieure et l'existence même de collectivités à statut dérogatoire est quasiment consubstantielle à la formation du droit des collectivités territoriales. On songe notamment au statut spécial de Paris, en raison de sa qualité de siège des pouvoirs publics, mais aussi des circonstances historiques, dont la répression de la commune de Paris en 1871 qui a eu comme conséquence institutionnelle, comme l'ont écrit Michel Verpeaux

11. Loi constitutionnelle n° 2003-276 du 28 mars 2003, *JO* 29 mars 2003, p. 5568.
12. Art. 72, al. 1 : « Les collectivités territoriales de la République sont les communes, les départements, les régions, les collectivités à statut particulier et les collectivités d'outre-mer régies par l'article 74. Toute autre collectivité territoriale est créée par la loi, le cas échéant en lieu et place d'une ou de plusieurs collectivités mentionnées au présent alinéa. »

et Pierre Bodineau que « les gouvernements qui suivront M. Thiers garderont le sentiment profond que Paris ne saurait disposer des libertés des autres communes »[13].

Après que la loi du 31 décembre 1975[14] ait fait de Paris à la fois une commune et un département et lui ait redonné un maire, la loi du 31 décembre 1982[15] relative à l'organisation de Paris, Lyon et Marseille a découpé ces communes en arrondissements et le Conseil constitutionnel n'a rien trouvé à redire à cette différenciation communale (décentralisation imparfaite à l'intérieur des trois villes, selon Bertrand Faure, les arrondissements ne possédant pas la personnalité morale et ne se voyant pas dotés de compétences propres suffisamment significatives)[16], puisqu'« aucun principe ou règle de valeur constitutionnelle n'interdit au législateur d'instituer des divisions administratives au sein des communes ni (même) d'instituer des organes élus autres que le conseil municipal et le maire »[17]. Conclusion du Conseil constitutionnel en 1982 : déroger au droit commun de l'organisation communale ne méconnaît pas la Constitution ; on en voit aujourd'hui d'autres illustrations, nous y reviendrons.

L'affirmation de la notion de collectivité à statut particulier, avant 2003, on la doit toutefois surtout à la Corse et à la loi du 13 mai 1991 portant statut de la collectivité territoriale de Corse[18], se substituant à la région de Corse de 1982, elle-même d'ailleurs connaissant

---

13. M. VERPEAUX et P. BODINEAU, *Histoire de la décentralisation*, Paris, PUF, coll. « Que sais-je ? », 1993, 128 p.

14. Loi n° 75-1331 du 31 déc. 1975 portant réforme du régime administratif de la ville de Paris, *JO* 3 janv. 1976, p. 143.

15. Loi n° 82-1169 du 31 déc. 1982 relative à l'organisation administrative de Paris, Marseille, Lyon et des établissements publics de coopération intercommunale, *JO* 1er janv. 1983, p. 3.

16. B. FAURE, *Droit des collectivités territoriales*, Paris, Dalloz, coll. « Précis », 3e éd., 2014, p. 333.

17. Décision 82-149 DC, précitée.

18. Loi n° 91-428 du 13 mai 1991 portant statut de la collectivité territoriale de Corse, *JO* 14 mai 1991, p. 6313.

quelques règles spécifiques par rapport aux autres régions, qui permettaient déjà au législateur de viser le « statut particulier de la région de Corse »[19]. L'histoire institutionnelle de l'île est extrêmement riche et intéressante et on ne peut pas la retracer en détail ici. Il importe juste de rappeler que la loi de 1991, avant celles qui ont suivi jusqu'à la loi NOTRe[20] et la création de la collectivité de Corse, collectivité unique depuis le 1er janvier 2018, issue de la fusion de la collectivité territoriale de Corse avec les deux conseils départementaux de Haute-Corse et de Corse-du-Sud ; la loi de 1991, donc, revoyait les compétences de la collectivité, en lien avec les conseils généraux qui existaient alors, et sur le plan institutionnel, elle organisait une séparation originale et qui perdure entre l'assemblée délibérante et le conseil exécutif (les deux ayant leur président), avec un régime électoral reposant sur une circonscription unique.

Le Conseil constitutionnel, dans son importante décision du 9 mai 1991[21], a expliqué alors « qu'en érigeant la Corse en collectivité territoriale *à statut particulier* et en la substituant à la région de Corse, sans pour autant mettre en cause l'existence des deux départements créés sur le territoire de Corse, le législateur a entendu prendre en compte les caractères spécifiques de ce dernier ». Et, un peu plus tôt dans sa décision, que la Constitution (qui indiquait alors seulement à l'article 72 que « toute autre collectivité est créée par la loi ») « ne fait pas obstacle à ce que le législateur, crée une nouvelle catégorie de collectivité territoriale, même ne comprenant qu'une unité, et la dote d'un statut spécifique ».

L'extension de la liste de l'article 72 en 2003 a donc consacré cette lecture et il est coutume de dire qu'une collectivité à statut particulier est une collectivité qui n'est ni une commune, ni un département, ni

19. Loi nº 82-214 du 2 mars 1982 portant statut particulier de la région de Corse : organisation administrative, *JO* 3 mars 1982, p. 748.
20. Loi nº 2015-991 du 7 août 2015 portant nouvelle organisation territoriale de la République (art. 30), *JO* 8 août 2015, p. 13705.
21. Décision 91-290 DC, précitée.

une région. Depuis 2018, la Corse illustre de manière plus évidente encore cette formule. On sait par ailleurs que d'autres territoires se sont vus dotés aussi depuis, de collectivités à statut particulier, en France métropolitaine.

B. L'extension des collectivités à statut particulier

Cette différenciation statutaire assumée, on l'observe en effet de façon très explicite, pour la métropole du grand Lyon et pour la ville de Paris, dans le prolongement de ce qui a été dit précédemment pour la deuxième.

Dans les deux cas, les références sont directes : 1. Issu de la loi MAPTAM de 2014[22], l'article L. 3611-1 du Code général des collectivités territoriales (CGCT) dispose clairement qu'« il est créé une collectivité à statut particulier, au sens de l'article 72 de la Constitution, dénommée "Métropole de Lyon" en lieu et place de la communauté urbaine de Lyon et, dans les limites territoriales précédemment reconnues à celles-ci, du département du Rhône ». Cela n'a pas besoin d'être développé ici, on sait que c'est ce qui fait la différence aujourd'hui entre cette métropole, depuis le 1er janvier 2015, et toutes les autres : elle est la seule à avoir entraîné la disparition d'une collectivité sur son territoire : le conseil départemental du Rhône. Ce qu'il faut noter dès maintenant, c'est qu'il s'agit d'un statut particulier qui ne fait qu'accentuer une autre différenciation, celle qui traverse l'intercommunalité et qui sera abordée dans le paragraphe suivant; 2. Concernant la ville de Paris, avec une rédaction très comparable, c'est désormais l'article L. 2512-1 du CGCT, issu de la loi du 28 février 2017[23], qui indique qu'« il est créé une collectivité à statut particulier, au sens de l'article 72 de la Constitution,

---

22. Loi n° 2014-58 du 27 janv. 2014 de modernisation de l'action publique territoriale et d'affirmation des métropoles, *JO* 28 janv. 2014, p. 1562.
23. Loi n° 2017-257 du 28 févr. 2017 relative au statut de Paris et à l'aménagement métropolitain, *JO* 1er mars 2017, texte n° 2.

dénommée "Ville de Paris" en lieu et place de la commune de Paris et du département de Paris », sorte de fiction juridique qui existait depuis 1975.

On peut relever que dans les deux cas, ces collectivités sont donc instituées « en lieu et place » de deux entités préexistantes, ce qui correspond à l'une des possibilités laissées par la Constitution au législateur de créer « toute autre collectivité ». Elles sont donc issues de fusions d'anciennes personnes morales de niveaux différents et, pour les habitants concernés, ces collectivités nouvelles ont pour effet d'enlever une couche à leur mille-feuille. Elles exercent toutes les compétences qui étaient autrefois dévolues aux deux collectivités auxquelles elles se substituent et elles traduisent ainsi une volonté de simplification de l'organisation administrative.

Institutionnellement, ces créations accroissent en revanche les différenciations statutaires parmi les collectivités territoriales françaises et cela n'a rien d'extraordinaire puisque c'est l'objet même de cette catégorie. Ce qui doit être creusé maintenant est que cette même différenciation accentuée peut aussi se réaliser sans en passer par les collectivités à statut particulier.

II. La différenciation sans statut particulier ou la construction d'une indivisibilité « souple » de la République

En premier lieu, et le Conseil d'État l'a souligné dans son avis du 7 décembre 2017, le développement de la coopération intercommunale, en particulier depuis les années 1990, est un facteur d'accélération de la différenciation dans l'organisation locale française, étant donné les principes et les mécanismes sur lesquels cette coopération repose. Au regard des dernières évolutions législatives, on peut penser que l'on va vers un renforcement de cette dimension. Ensuite, il faut se pencher sur le statut de la Collectivité européenne d'Alsace, aux compétences fixées par la loi du 2 août 2019[24] et qui entrera en application le 1er janvier 2021, car ce cas très particulier est peut-être annonciateur de nouvelles réflexions.

A. Vers un renforcement de l'organisation locale différenciée

Avant même d'évoquer l'intercommunalité, il faut souligner que l'absence d'unité au sein d'une même catégorie de collectivité territoriale est parfaitement illustrée par la commune.

Nous avons précédemment rappelé les spécificités de Paris, Lyon et Marseille et le CGCT contient, dans le livre cinquième de la partie consacrée à la commune, plusieurs dispositions particulières applicables aux communes des départements des Hauts-de-Seine, de la Seine-Saint-Denis et du Val-de-Marne, aux communes de la région d'Île-de-France (liées à des spécificités de la région et de ces départements eux-mêmes) ; aux communes des départements de la Moselle, du Bas-Rhin et du Haut-Rhin (droit communal local) et aux communes de Corse et d'outre-mer (essentiellement des dispositions financières).

Surtout, le régime de la commune nouvelle, introduit par la loi du 16 décembre 2010[25], rendu plus attractif en 2015, pour des communes « fortes et vivantes »[26], et de nouveau modifié récemment, avec la loi dite « Gatel »[27] du 1er août 2019[28], accroît les distinctions entre

---

24. Loi n° 2019-816 du 2 août 2019 relative aux compétences de la Collectivité européenne d'Alsace, *JO* 3 août 2019, texte n° 1.
25. Loi n° 2010-1563 du 16 déc. 2010 de réforme des collectivités territoriales, *JO* 17 déc. 2010, p. 22146. Le chapitre III du titre II de la loi (consacré à « l'adaptation des structures à la diversité des territoires ») traite des communes nouvelles.
26. Loi n° 2015-292 du 16 mars 2015 relative à l'amélioration du régime de la commune nouvelle, pour des communes fortes et vivantes, *JO* 17 mars 2015, p. 4921.
27. Françoise Gatel, sénatrice d'Ille-et-Vilaine, a déposé au Sénat la proposition de loi en question.
28. Loi n° 2019-809 du 1er août 2019 visant à adapter l'organisation des communes nouvelles à la diversité des territoires, *JO* 2 août 2019, texte n° 1. On notera qu'après les avoir créées en 2010 au nom de la « diversité des territoires », on adapte désormais

les communes, d'autant qu'un nombre significatif de territoires ont choisi cette évolution, faisant passer le nombre de communes françaises sous la barre des 35 000 (34 838 au 1er mars 2019).

En matière de différenciation statutaire, ces communes possèdent des conseils municipaux composés de manière dérogatoire, de façon provisoire, mais un provisoire allongé par la loi Gatel[29], elles peuvent comprendre des communes déléguées, des maires délégués[30], une « conférence du maire et des maires délégués » et des obligations particulières selon le nombre d'habitants (site cinéraire[31], centre médico-social scolaire[32], bilan des émissions de gaz à effet de serre[33]).

Plus spécifique encore, la loi prévoit qu'une commune nouvelle créée sur l'ensemble du périmètre d'un ou plusieurs EPCI à fiscalité propre peut choisir de ne pas adhérer à un nouvel EPCI à fiscalité propre, tout en bénéficiant des mêmes droits et obligations que cet EPCI. Elle peut ainsi exercer aussi bien des compétences communales qu'intercommunales. La décision doit être prise à la majorité

---

leur organisation pour le même motif, illustration du sur-mesure territorial qui sera de nouveau abordé par la suite.

29. Initialement, au cours de la période transitoire, entre le 1er et le 2e renouvellement, le conseil municipal devait être composé d'un nombre d'élus correspondant à celui de la « strate démographique supérieure ». Dans certains cas, on se serait retrouvé avec une chute considérable du nombre de conseillers municipaux. La loi Gatel adoucit cette transition en permettant d'avoir un nombre de conseillers municipaux équivalent au tiers des élus du conseil municipal de départ (lui-même issu de l'addition des conseils municipaux des communes anciennes). L'Assemblée nationale a simplement instauré un plafond de 69 élus, pour éviter des instances délibératives trop surchargées, ce qu'elles seront déjà.

30. Là encore, la loi du 1er août 2019 accroît la liberté des communes nouvelles d'adapter leur organisation, en permettant au conseil municipal de la commune nouvelle, après accord du maire délégué et éventuellement du conseil de la commune déléguée, de supprimer tout ou partie des communes déléguées ou des annexes (art. 7 et 10).

31. Au-delà de 2 000 hab.

32. Au-delà de 5 000 hab.

33. Au-delà de 50 000 hab.

des 2/3 des conseils municipaux des communes membres des mêmes EPCI, représentant plus des 2/3 de la population totale. C'est le statut de « commune-communauté », nouveau régime qui va intensifier la différenciation locale, degré ultime de l'intégration communautaire qui va jusqu'à faire disparaître la communauté pour la transformer en commune. La chrysalide devient papillon et c'est finalement une illustration littérale de l'« achèvement de l'intercommunalité » que le législateur visait en 2010[34], mais comme une sorte de pied de nez de l'histoire, puisqu'ici, il s'agit ni plus ni moins que de recréer une possibilité de commune isolée, autre différenciation.

Quant à la « vraie » intercommunalité, outre qu'il faut quand même rappeler qu'elle ne se réalise pas à travers des collectivités territoriales, mais des établissements publics (hors Métropole de Lyon, voir *supra*), les réformes successives ont abouti à une incontestable différenciation territoriale, dont se réjouissait par exemple Nicolas Kada, dans un article à la *Revue du droit public* dès 2015[35], en soulignant que « le droit de l'intercommunalité semble néanmoins préférer la complexité à la simplicité », le législateur semblant ainsi trouver « dans le “sur-mesure” territorial un moyen d'échapper à la conception traditionnelle de la décentralisation ». Le résultat est connu : statuts d'EPCI différents selon les territoires et les choix locaux, répartition des compétences différentes au sein d'une même catégorie d'EPCI, accords locaux possibles (encadrés toutefois) pour la composition des conseils communautaires, jeux de délégations multiples et schémas très variables d'organisation des services. Si on y ajoute, depuis 2014, le caractère très hétérogène du phénomène de métropolisation, avec des métropoles de statuts différents et des

---

34. Le chapitre II du titre III de la loi du 16 déc. 2010, consacré au développement et à la simplification de l'intercommunalité, était intitulé : « Achèvement et rationalisation de la carte de l'intercommunalité. »

35. N. Kada, « L'intercommunalité sous les feux de la rampe », *RDP* 2015, n° 5, p. 1187 : « S'il faut incontestablement se réjouir de cette différenciation territoriale qui en résulte […]. »

distinctions accrues avec les espaces non métropolitains, le local est aujourd'hui institutionnellement fragmenté, sous l'effet des lois successives. La recherche de la meilleure adaptation locale prime, mais se pose la question de la perception et de la compréhension de toutes ces subtilités par les citoyens/habitants.

La dernière loi dite « Engagement et Proximité », promulguée à la fin de l'année 2019[36], semble vouloir répondre à certaines inquiétudes, du côté des communes et des maires en particulier. Elle ne créera sans doute pas plus de visibilité, en augmentant encore le panel des choix (et donc des différences) possibles : maintenir ou scinder certains EPCI, transférer ou pas des compétences, adapter la gouvernance, etc. Le titre Ier de la loi se donne pour ambition de « conforter chaque maire dans son intercommunalité ». Les chapitres qui le composent annoncent de futures discussions sur les pactes de gouvernance (chap. I), les compétences (chap. II) et sur les périmètres des intercommunalités (chap. III). La liberté recherchée augure sans doute et plus que jamais d'une intercommunalité à la carte, modèle qui tend à être proposé et retenu pour d'autres niveaux territoriaux.

B. La Collectivité européenne d'Alsace, un statut adapté pour un territoire différent

La loi du 2 août 2019 relative aux compétences de la Collectivité européenne d'Alsace dispose à son article 1er, qu'« à compter du 1er janvier 2021, les départements du Bas-Rhin et du Haut-Rhin sont

36. Loi n° 2019-1461 du 27 déc. 2019 relative à l'engagement dans la vie locale et à la proximité de l'action publique, *JO* 28 déc. 2019, texte n° 1.

regroupés sous le nom de "Collectivité européenne d'Alsace" », reprenant en cela les termes du décret du 27 février 2019[37], pris en application de l'article L. 3114-1 du CGCT[38].

La création de cette nouvelle collectivité pose de multiples questions. Il convient de revenir sur le contexte et sur les enjeux de ce « désir d'Alsace », sur le contenu de la loi et la nature de cette collectivité, et au regard des réflexions sur la différenciation, on peut s'arrêter sur les perspectives qu'elle ouvre, entre cas particulier ou au contraire annonciateur d'évolutions futures.

Le contexte est bien évidemment celui des conséquences pour ce territoire de la réforme des régions conduite entre 2014 et 2016, avec la création par la loi du 16 janvier 2015[39] de la région Grand-Est, contre la volonté de l'ancienne région Alsace et malgré l'hostilité d'une partie importante de la population alsacienne. En 2018, un rapport sur l'avenir institutionnel de l'Alsace a été remis au gouvernement par le préfet Jean-Luc Marx[40] et il présentait quatre pistes d'évolution, de la coopération interdépartementale à la constitution d'un syndicat mixte, pour en arriver aux deux hypothèses d'un grand département unique ou d'une collectivité à statut particulier. Il faut rappeler aussi qu'en avril 2013, le référendum organisé pour la constitution d'une collectivité territoriale unique en Alsace, par

37. Décret n° 2019-142 du 27 févr. 2019 portant regroupement des départements du Bas-Rhin et du Haut-Rhin, *JO* 28 févr. 2019, texte n° 53.

38. L'article prévoit la possibilité, pour plusieurs départements formant, dans la même région, un territoire d'un seul tenant, de demander leur regroupement en un seul département, par délibérations concordantes de leurs conseils départementaux, adoptées à la majorité des trois cinquièmes des suffrages exprimés. Le regroupement est décidé par décret en Conseil d'État.

39. Loi n° 2015-29 du 16 janv. 2015 relative à la délimitation des régions, aux élections régionales et départementales et modifiant le calendrier électoral, *JO* 17 janv. 2015, p. 777.

40. Préfet de la Région Grand Est, Préfet du Bas-Rhin, *Rapport au Premier ministre, Mission Alsace Grand Est*, Strasbourg, 15 juin 2018, 139 p.

fusion de l'ex-région et des deux départements, s'était soldé par un échec, avec un rejet des électeurs du Haut-Rhin[41] et un oui avec une très faible participation dans le Bas-Rhin[42].

La Collectivité européenne d'Alsace se présente donc comme une solution intermédiaire : première réapparition institutionnelle d'une ancienne région disparue au 1er janvier 2016, mais sans remettre en cause son appartenance à la région Grand-Est ; autrement dit, une collectivité qui est moins qu'une région, mais dont on peut déjà dire qu'elle est plus qu'un département de droit commun.

Sur le terrain de la justification, l'Alsace constitue (avec la Moselle) un territoire historiquement, culturellement, juridiquement, différent, puisqu'un droit d'Alsace-Moselle subsiste depuis la loi du 1er juin 1924 mettant en vigueur la législation civile française dans les départements du Bas-Rhin, du Haut-Rhin et de la Moselle[43]. Son article 7 dressait ainsi la liste des lois locales qui devaient continuer à être appliquées et qui sont encore en vigueur dans les trois départements. Dans sa décision QPC du 5 août 2011, *Société Somodia (Interdiction du travail le dimanche en Alsace-Moselle)*[44], le Conseil constitutionnel a d'ailleurs reconnu au maintien de ces dispositions la valeur d'un principe fondamental reconnu par les lois de la République ayant valeur constitutionnelle. Pour ce faire, il s'est fondé notamment sur cette loi du 1er juin 1924. Dans le cas de ce « droit local », c'est donc bien le législateur français qui est à l'origine de cette diversité et qui l'organise, bénéficiant d'une reconnaissance constitutionnelle.

S'agissant de sa nature, la Collectivité européenne d'Alsace se présente comme un nouveau département. La procédure suivie est celle qui prévoit la possibilité pour plusieurs départements d'une même région, formant un territoire d'un seul tenant, de former un nouveau

41. 55,74 % de non, pour une participation de 37,18 %.
42. 67,53 % de oui, pour une participation de 35,11 %.
43. Loi du 1er juin 1924 mettant en vigueur la législation civile française dans les départements du Bas-Rhin, du Haut-Rhin et de la Moselle, *JO* 3 juin 1924, p. 5026.
44. Décision nº 2011-157 QPC du 5 août 2011.

département. Les dispositions, notamment électorales, sont celles relatives aux départements et d'ailleurs, dans son article 11, la loi évoque bien « le conseil départemental d'Alsace » et les « conseillers départementaux de la Collectivité européenne d'Alsace, dénommés conseillers d'Alsace »[45].

Il ne faut cependant pas passer trop rapidement sur cette question et opérer trois remarques :

– Le rapport Marx, comme les débats parlementaires, avec des amendements qui ont été déposés en ce sens[46], montrent que le choix aurait pu être celui d'une collectivité à statut particulier. Le schéma aurait été différent des modèles parisiens, lyonnais pour la métropole ou même corse aujourd'hui, avec une fusion horizontale et non verticale de collectivités, sans allégement des strates pour les habitants donc, mais il était possible. Il a été écarté pour des raisons essentiellement politiques, pour ne pas faire de l'Alsace une entité isolée au sein du Grand-Est et avec peut-être même vocation à en sortir. La Collectivité européenne d'Alsace se présente donc comme une solution de compromis, défendue comme telle sur le terrain politique, pour ménager aussi les autres départements du Grand-Est.

---

45. Art. 11 (extraits) : « I. – Jusqu'au prochain renouvellement des conseils départementaux, le conseil départemental d'Alsace est composé de l'ensemble des conseillers départementaux du Bas-Rhin et du Haut-Rhin.
Le président est élu dès la première séance de l'assemblée suivant la création de la Collectivité européenne d'Alsace, dans les conditions prévues à l'article L. 3122-1 du Code général des collectivités territoriales.
II. – Les conseillers départementaux de la Collectivité européenne d'Alsace, dénommés conseillers d'Alsace, sont élus, à compter du prochain renouvellement général, dans chacun des cantons des départements du Bas-Rhin et du Haut-Rhin. »

46. Notamment par le député de Haute-Corse, Jean-Félix Acquaviva ; la presse locale s'est largement fait l'écho de ces débats, voir par exemple *Dernières Nouvelles d'Alsace*, « Le peuple alsacien, le statut particulier et les bisbilles politiques », 25 juin 2019.

– Dans son avis du 21 février 2019 sur le projet de loi[47], le Conseil d'État avait substitué (comme il l'avait fait dans le projet de décret) à la dénomination « Collectivité européenne d'Alsace » celle de « département d'Alsace », « qui correspond à la catégorie dont relève cette nouvelle collectivité et prend appui sur la dimension géographique et historique de ce territoire ». Pourquoi ? Parce que, selon le Conseil d'État, « le nom conféré à une collectivité doit permettre de déterminer clairement » sa catégorie d'appartenance. Or, le nom de Collectivité européenne d'Alsace (et c'est bien celui qui a été retenu) « est susceptible d'engendrer une double méprise sur la nature juridique » de la collectivité : avec la notion justement de collectivité à statut particulier, alors que cela n'est pas la portée du texte ; puis avec une dimension européenne, « qui pourrait au demeurant valoir pour toute autre collectivité de la République » et qui semble évoquer à tort un statut extraterritorial au nouveau département.

– Dernière remarque : la Collectivité européenne d'Alsace possédera des compétences supplémentaires par rapport aux autres départements (en matière de tourisme, de routes, de bilinguisme, de coopération transfrontalière) et, pour cette raison, certains évoquent à son sujet un futur département *sui generis*.

La philosophie de ce qui a été réalisé pour l'Alsace a été clairement résumée en février 2019 par la ministre de la Cohésion des territoires et des Relations avec les collectivités territoriales, Jacqueline Gourault : ce projet correspond à la méthode d'un « État "facilitateur de coopérations volontaires" dont la République a besoin », selon elle. « Notre démarche est celle du "cousu main" au service des

47. CE avis 21 févr. 2019, n° 396789, *Avis sur un projet de loi relatif aux compétences de la collectivité européenne d'Alsace.*

territoires », a indiqué la ministre[48], reprenant une formule déjà utilisée par le Premier ministre à la suite de sa rencontre avec les élus d'Alsace, le 29 octobre 2018[49].

Et si le cousu main alsacien se transformait en prêt-à-porter transposable ? Déjà, lors de l'examen du projet de loi, le Sénat avait inséré dans le texte un nouvel article L. 3431-1-A du CGCT, qui n'a finalement pas été retenu, après le passage devant l'Assemblée nationale, qui prévoyait que « tout ou partie des compétences et prérogatives attribuées par le présent chapitre à la Collectivité européenne d'Alsace le sont également à tous les départements de métropole et d'outre-mer qui en font la demande. La demande du conseil départemental est transmise au représentant de l'État dans le département, qui la transmet sans délai au ministre chargé des Collectivités territoriales »[50]. L'idée était donc, sur le terrain des compétences, de permettre une extension de la dérogation alsacienne. Et en effet, d'autres territoires sont transfrontaliers ou disposent d'une identité culturelle forte : les départements bretons, le Nord, les départements savoyards, les Pyrénées-Atlantiques, la Moselle justement, etc. En s'appuyant sur le droit à la différenciation territoriale, le conseil départemental de Moselle, sur proposition de son président Patrick Weiten, a demandé, le 9 mai 2019 (à l'occasion de la Journée de l'Europe), que ce département devienne un « eurodépartement », dans le sillage des Alsaciens, avec des compétences élargies.

Il ne faut pas oublier que l'article 72 de la Constitution indique que les collectivités sont les communes, départements, régions, collectivités à statut particulier et collectivités d'outre-mer ; mais que « toute autre collectivité est créée par la loi, le cas échéant en lieu et

---

48. Déclaration consultable, sur le site *cohesion-territoires.gouv.fr*, article publié le 6 févr. 2019.
49. Déclaration du Premier ministre publiée le 28 oct. 2018 sur le site *gouvernement.fr*.
50. Voir Sénat, n° 88, 4 avr. 2019, *Projet de loi relatif aux compétences de la Collectivité européenne d'Alsace*, adopté en première lecture.

place » des précédentes. Maintenant qu'il en existe au moins une, le législateur n'a-t-il pas ouvert la voie à l'émergence d'un nouveau type de collectivité : la collectivité européenne ?

***

*

En conclusion de cette présentation, il est évident que la différenciation dans les statuts législatifs des collectivités territoriales s'intensifie en France, depuis de nombreuses années et avec une accélération notable récente. Derrière les débats juridiques se pose la question de l'efficacité, économique, sociale, démocratique, de l'organisation territoriale. L'archipel français, évoqué par Jérôme Fourquet[51], comprend un volet institutionnel et on s'éloigne toujours plus de cette vision unitaire héritée de la Révolution, lorsqu'il s'agissait d'éviter l'« anarchie administrative », la centralisation jacobine ayant pour dessein de sauver la France[52]. On en est plus là et le XXIe siècle est peut-être celui des adaptations territoriales multiples, des solutions institutionnelles innovantes pour les territoires, dont certaines restent à inventer, car ce qui renforce les unes peut affaiblir les autres et la différenciation territoriale peut être une source de concurrence accrue entre les collectivités, une « notion ambiguë », donc, pour reprendre la formule de Jean-Marie Pontier[53].

51. J. FOURQUET, *L'archipel français, naissance d'une nation multiple et divisée*, Paris, Seuil, 2019, 379 p.

52. Voir les travaux des historiens de la Révolution française des XIXe et début du XXe siècles, Aulard ou MAthiez, évoqués (entre autres) dans l'article de Y. FAUCHOIS, consacré à la « Centralisation » *in* F. FURET et M. OZOUF, *Dictionnaire critique de la Révolution française*, Paris, Flammarion, 1988, p. 653-663.

53. *AJDA* 2019, précité : « La différenciation territoriale est une notion ambiguë, en ce sens que si elle va dans le sens de l'autonomie des collectivités territoriales, elle est également un facteur d'affaiblissement pour bien d'autres. En effet, seules certaines collectivités seraient ou seront en mesure d'en profiter, ce sont des collectivités qui, déjà, actuellement, peuvent agir de manière autonome, sans avoir à attendre d'aides

Derrière ces réflexions, c'est bien sûr aussi la question de l'organisation et de la conception de l'État qui se pose. Se renforce-t-il du fait de la fragmentation territoriale qu'il orchestre lui-même ou au contraire entérine-t-il son incapacité à diffuser un modèle cohérent et homogène partout, au-delà des particularismes locaux ? Nicolas Kada et Vincent Aubelle, dans leur plaidoyer « pour une nouvelle décentralisation de la République »[54], estiment que le droit des exceptions remet en cause l'unité de la République et que « la différenciation telle qu'elle est mise en œuvre n'est pas très éloignée de la pratique de la loi pour soi », invitant l'État à « penser la décentralisation ». C'est sans doute à une transformation profonde de cet État que nous assistons depuis quelque temps maintenant et le modèle administratif du futur proche reste à inventer. La différenciation territoriale est un élément qui peut trouver sa place dans un nouveau pacte à construire entre l'État et les collectivités territoriales, elle ne saurait tenir lieu d'unique réponse à des questionnements multiples.

---

de l'État. Cette différenciation territoriale va, dans la plupart des cas, mettre en valeur quelques collectivités et, par contrecoup, dévaloriser les autres collectivités qui ne pourront agir de même. »

54. V. AUBELLE et N. KADA, *Pour une nouvelle décentralisation de la République*, Paris, Éditions de la Fondation Jean Jaurès, 2019, 69 p.

LA DIFFÉRENCIATION DES COLLECTIVITÉS TERRITORIALES DANS UNE PERSPECTIVE DE DROIT COMPARÉ

Jochen SOHNLE

Professeur de droit public
Faculté de droit de Nancy, IRENEE/UL (EA 7303)
Université de Lorraine

La présente étude s'intéressera aux collectivités territoriales en tant qu'entités locales infraétatiques, non investies de pouvoir législatif, mais dotées de la personnalité juridique, jouissant de compétences, tâches, fonctions ou pouvoirs[1] propres, exercés dans une circons-

1. Ces termes seront confondus. Le choix varie d'un système juridique à un autre.
– compétence : par exemple, Code général des collectivités territoriales (CGCT), France, art. L. 1111-2 ; Ley reguladora de las Bases del Régimen Local (LBRL), 1985, Espagne, art. 7 et 12.
– tâche : par exemple, Constitution du canton de Genève, 2012, art. 133 ; Loi communale du Bade-Wurtemberg (*Gemeindeordnung für Baden-Württemberg* – GO-BW), 2000, §§1 et 2 ; loi communale de la Bavière (GO-Bay), 1998, art. 9 ; Loi communale de la Rhénanie-du-Nord-Westphalie (GO-NRW), 1994, §§3 et 4 (*Aufgaben*).
– fonction : par exemple, Testo unico delle leggi sull'ordinamento degli enti locali (TUEL), 2000, Italie, art. 1(3).
– pouvoir : par exemple, Constitution italienne, 1947, art. 114 (*poteri e funzioni*) ; LBRL, art. 4. ; Local Government Act (LGA) 2000, Angleterre, s. 2 ; Consolidated Laws of New York, General Municipal (GMU-NY), État de New York, art. 5 (*powers*).

cription territoriale déterminée et disposant d'une représentation élue au suffrage universel. Cette définition exclut du champ de la thématique, en les reléguant à un niveau d'intérêt seulement médiat, les entités territoriales autonomes dotées du pouvoir législatif (telles les régions italiennes, les communautés autonomes espagnoles et certaines entités britanniques comme l'Écosse), les États fédérés (comme les États des États-Unis d'Amérique, les cantons suisses, les *Länder* allemands ou les régions et communautés belges)[2] ainsi que les États souverains.

La collectivité présente partout en Europe est la commune. Elle existe aussi sur d'autres continents, là où cette figure a été exportée. Elle est le prototype duquel dérivent les autres catégories de collectivités territoriales. En langue anglaise on utilise traditionnellement le terme de *local authority*[3]. Sous l'impulsion du Conseil de l'Europe, l'expression générique de « collectivités et autorités territoriales » a été créée[4]. Le droit contemporain des collectivités territoriales est initié en France à l'époque révolutionnaire qui fait table rase des privilèges locaux traditionnels et établit durablement dans ce pays

---

2. Il arrive que les régions autonomes et les États fédérés soient assimilés aux collectivités et autorités locales, notamment en matière de coopération transfrontalière (comp. Accord sur la coopération transfrontalière entre les collectivités territoriales et organismes publics locaux, Karlsruhe, 23 janv. 1996, France, Allemagne, Luxembourg, Suisse, art. 2(2)) ou dans le cadre du Comité des Régions de l'Union européenne (UE), voir TFUE, art. 305 en combinaison avec décision 2014/930/UE du Conseil et décision (UE) 2015/116 du Conseil portant nomination des membres du Comité des Régions pour la période du 26 janv. 2015 au 25 janv. 2020.

3. Le critère ancien d'opposition entre collectivité territoriale et *local authority*, qui était la présence ou non d'une formule générale de compétence, n'est plus pertinent. J. SOHNLE, « L'autonomie de l'échelon régional au Royaume-Uni et en Belgique : La diversité tracée par le droit », *in* R. WAKOTE (dir.), *Les nouvelles compétences régionales : Quel(s) renforcement(s), quelle(s) orientation(s) ?*, L'Harmattan, Paris, 2017, p. 141-168 (144).

4. Convention-cadre européenne sur la coopération transfrontalière des collectivités ou autorités territoriales, Madrid, 21 mai 1980, art. 2(2). Voir aussi le rapport explicatif sur cette disposition.

une organisation uniforme[5], conformément aux préceptes du rationalisme. De nos jours, il existe ainsi un noyau dur commun à toutes les collectivités de la même catégorie par rapport auquel des exceptions se présentent comme des anomalies juridiques.

Dans ce contexte, la différenciation territoriale se conçoit comme le décalage juridique d'une collectivité par rapport au droit commun de sa catégorie (commune, collectivité intermédiaire). Cela suppose la présence d'une situation dite normale, recherchée en France où le goût de l'uniformité en matière d'organisation territoriale continue à rester dominant. En revanche, dans un système juridique diversifié où chaque collectivité peut obtenir individuellement une autonomie locale à la carte (c'est traditionnellement la tendance aux États-Unis), la question de la différenciation ne se pose pas. Entre ces deux extrêmes, qui oscillent entre uniformité et diversité, la présente étude comparative sera menée en partant de la conception française[6] du droit des collectivités territoriales. Les systèmes juridiques suivants seront appréhendés, tous occidentaux et donc idéologiquement proches : États-Unis d'Amérique, Allemagne, Belgique, Suisse, Italie, Espagne, Royaume-Uni (Angleterre), Monaco et Andorre. Quant à la traduction des concepts juridiques, trois méthodes seront utilisées : la traduction littérale (par exemple, *mayor*, angl. = maire ; *Kreis*, all. = cercle[7]), la traduction fonctionnelle (*council leader*, angl.

5. Le décret du 14 déc. 1789 relatif à la constitution des municipalités organise les communes de la même manière. L'uniformité s'applique largement puisque le décret du 22 déc. 1789 dispose dans son article 7 : « Il y aura une municipalité en chaque ville ou paroisse ou communauté de campagne. »

6. Sur la perspective nécessairement adoptée en méthodologie du droit comparé, J. SOHNLE, « Simple faisceau de méthodes ou science juridique à part entière ? La contribution de la philosophie des formes symboliques d'Ernst Cassirer à la nature du droit comparé », *in* R. BAUMERT, A. GESLIN (dir.), *Langues et langages juridiques*, coll. « Fondation Varenne », Paris [en cours de publication].

7. Le terme français de « cercle » se trouve dans les documents officiels des forces militaires françaises d'occupation en Allemagne, par exemple, arrêté (*Verfügung*) n° 10 de l'Administrateur général organisant la délégation supérieure du Wurtemberg,

= maire ; *combined authority*, angl. = EPCI) ou le maintien du terme étranger original, assorti le cas échéant d'une première explication (*Land*, all. = État fédéré en Allemagne et en Autriche).

Dans un premier temps, il est intéressant de donner un aperçu des différentes situations différenciées par rapport à la norme générale. Il conviendra de structurer cette démarche par recours à certaines causes susceptibles de justifier la différenciation territoriale (I). Dans un second temps, l'articulation des différentes situations mérite d'être approfondie. On verra donc de plus près les manières possibles de la différenciation territoriale en droit comparé (II).

I. Les causes possibles de la différenciation territoriale en droit comparé

Sans prétention d'exhaustivité, on peut expliquer la différenciation territoriale par des causes accidentelles, donc plutôt aléatoires (A), et par des causes rationnelles (B).

A. Les causes accidentelles

Ces causes sont liées tantôt aux accidents de terrain (accidents géographiques) (1), tantôt aux accidents de l'histoire (2).

1. Les accidents de terrain

Les accidents de terrain pertinents sur le plan juridique, et susceptibles de justifier un traitement différencié résultent essentiellement de la situation montagnarde ou insulaire des collectivités. Deux États étudiés sont quasiment entièrement couverts de montagnes : l'Italie (à l'exception de la plaine du Pô et de certaines zones côtières) et

---

Journal officiel du Commandement en chef français en Allemagne/Amtsblatt des Französischen Oberkommandos in Deutschland, Première année, n° 4, 11 oct. 1945, p. 22-23. La doctrine comparatiste ancienne utilise aussi ce terme, par exemple, H. DE FERRON, *Institutions municipales et provinciales comparées*, Paris, F. Alcan, 1884, p. 194 (à propos du cercle en Prusse). Par conséquent, le terme français d'arrondissement devrait être réservé à la traduction du concept allemand de « *Bezirk* » (bien qu'il soit vrai que les deux termes, *Kreis* et *Bezirk*, font appel à l'image du rond).

l'Espagne (à l'exception notamment de la vallée du Guadalquivir). Avec leurs espaces côtiers et maritimes importants, ils présentent aussi de nombreuses situations insulaires.

En Italie, les communautés de montagne (*comunità montane*) et les communautés insulaires ou archipélagiques (*comunità isolane o di arcipelago*)[8] entrent comme groupements dans la catégorie d'entité locale (*ente locale*) qui vise à la fois les collectivités de base (commune et province), qualifiées de communautés locales (*comunità locali*, TUEL, art. 3(1)), et d'autres regroupements[9] (TUEL, art. 2(1))[10]. La communauté de montagne, formule existante presque sur la totalité du territoire italien[11], se présente comme un établissement public de coopération intercommunale (TUEL, art. 27 et 28). En raison de sa quasi-généralisation sur le territoire, la différenciation se constate paradoxalement plutôt à propos de communes qui n'ont pas pu rejoindre une telle communauté.

En Espagne, chacune des îles des deux archipels (Baléares, Canaries) jouit, indépendamment de sa taille, d'un statut de collectivité territoriale (*entidad local territorial*, LBRL art. 3(1c) et art. 41), au même titre notamment que les provinces de la péninsule. Quant à l'impact de la montagne, il se ressent sur le plan de l'organisation juridique notamment par le fait que des hameaux séparés du noyau

---

8. Le statut de cette catégorie d'EPCI, à l'exception des îles de Sardaigne et de Sicile qui sont des régions autonomes à statut spécial, est greffé sur celui des communautés de montagne (TUEL, art. 29).

9. Comme les cités métropolitaines (*città metropolitane*), *infra*.

10. J. SOHNLE, « L'intercommunalité, une alternative aux fusions des communes ? Variantes institutionnelles dans une perspective de droit comparé (France, Allemagne, Italie, Espagne) » *Pouvoirs Locaux – Les Cahiers de la Décentralisation* 2009, p. 73-80 (77).

11. *Atlante statistico della montagna italiana*, Edizione 2007 a cura dell'Istituto Nazionale di Statistica e dell'Istituto Nazionale della Montagna, Bononia University Press, Rome, 2007, p. 39. En ligne : *https://www.istat.it/it/archivio/138206*. Voir aussi : E. BARUSSO, *Diritto degli Enti Locali*, Maggioli Editore, Santarcangelo, 2008, p. 100-104.

démographique principal d'une commune peuvent se constituer en collectivité infracommunale. Traditionnellement, il s'agit de collectivités à part entière, car dotées de la personnalité juridique et d'organes de représentation. Elles sont qualifiées de collectivités d'étendue territoriale inférieure par rapport à la commune (*entidad de ámbito territorial inferior al municipal*) ou de collectivité locale mineure (*entidad local menor*). Elles pouvaient être instituées par le législateur des communautés autonomes (législateur autonomique) sous des dénominations variées dans la pratique (*parroquia, caserío, cortijada, aldea, barrio, anteiglesia, concejo, pedanía, lugar anejo*). La condition en était normalement un seuil démographique minimum (Galice, Asturies, Navarre : minimum 100 habitants, province basque de Vizcaya : minimum 500 habitants)[12].

Toutefois, l'existence d'un niveau de collectivité territoriale en dessous de l'échelon communal est tout à fait exceptionnelle dans le contexte européen. Pour rationaliser l'administration locale, le législateur espagnol national souhaite désormais faire disparaître progressivement cette entité locale. Depuis une loi de 2013[13], les législateurs autonomiques ne peuvent créer cette forme d'administration locale que comme des circonscriptions simplement déconcentrées de la commune (LBRL, art. 24 *bis*, art. 116 *bis*(2e)[14]). Sauf dispositif contraire du législateur autonomique, celles qui existaient avant le 31 décembre 2013 et celles qui ont initié leur constitution avant le 1er janvier 2013 conservent cependant leur personnalité juridique[15] même si elles ne figurent plus dans la nomenclature nationale des collectivités territoriales (LBRL, art. 3). Les communautés autonomes

12. F. SOSA WAGNER, *Manual de Derecho Local*, Thomson-Aranzadi, Cizur Menor, 2004, p. 73, 102.

13. Dans le cadre de la loi 27/2013 sur la rationalisation et la durabilité de l'administration locale du 27 déc. 2013 (*Ley de racionalización y sostenibilidad de la Administración Local*) et par la suppression de l'ex-article 45 de la LBRL.

14. Aussi LBRL, disposition additionnelle n° 2 sur le régime local basque (*régimen foral vasco*), par. 6 *in fine*.

15. Loi 27/2013 précitée, dispositions transitoires n° 4 et 5 ; LBRL, art. 4(2).

continuent à les prévoir selon leur régime juridique ancien[16]. En cas de dissolution par le législateur autonomique, elles survivent comme circonscriptions déconcentrées de la commune.

Des entités qui se rapprochent des collectivités infra-communales se trouvent en Andorre, un pays de montagne aussi. À l'intérieur de certaines paroisses (l'équivalent des communes françaises) on trouve des subdivisions difficiles à classer en raison de leur origine coutumière, à savoir les *quarts* ou les *veïnats*[17].

Enfin, certaines communes contiguës d'une frontière internationale en milieu montagnard répondent à un régime juridique spécifique, notamment douanier, en raison d'un accès plus facile à partir de l'État étranger. On peut mentionner la commune italienne de Livigno[18], limitrophe de la Suisse, et la commune autrichienne de Mittelberg[19], limitrophe de l'Allemagne. Ces situations nous rapprochent des accidents historiques.

---

16. Par exemple, loi nº 7/1999 du 9 avr. 1999 sur l'administration locale d'Aragon (*Ley de Administración Local de Aragón*), art. 87 ; Loi nº 1/1998 du 4 juin 1998 sur le régime local de Castille et Léon (*Ley de Régimen Local de Castilla y León*), art. 49. Comp. V. LOSA MUÑIZ, *El régimen jurídico de la entidades locales menores en Castilla y León*, Thèse, Université de León, 2014, en ligne : *https://buleria.unileon.es/bitstream/handle/10612/4245/tesis_8ac878.PDF?sequence=1*.
17. Constitution d'Andorre, 1993, art. 84 : « Les lois prennent en compte les us et coutumes pour déterminer la compétence des Quarts et des Veïnats et leurs relations avec les Comuns. » Les *Comuns* sont les organes de représentation et d'administration des paroisses (*ibid.*, art. 79). A. DEGAGE, A. DURO I ARAJOL, *L'Andorre*, PUF, Paris, coll. « Que sais-je ? », 1998, p. 72.
18. Loi nº 516 du 17 juill. 1910 concernant certaines exonérations fiscales en faveur de la commune de Livigno : *Legge in merito ad alcune esenzioni gabellarie a favore del comune di Livigno*, en ligne : *https://www.comune.livigno.so.it/sites/default/files/2018-12/Legge%2017%20luglio%201910.pdf*.
19. Traité sur l'intégration de la commune autrichienne de Mittelberg dans le système douanier de l'Empire allemand (*Vertrag zwischen dem Deutschen Reich und Österreich-Ungarn, betreffend den Anschluß der österreichischen Gemeinde Mittelberg an das Zollsystem des Deutschen Reichs*), Vienne, 2 déc. 1890.

2. Les accidents historiques

Ces accidents résultent d'évolutions circonstancielles qui n'ont pas été « corrigées » selon des critères plus rationnels d'organisation territoriale émergeant à partir de la fin du XVIIIe siècle. Un premier type d'accident s'observe à propos de collectivités enclavées en territoire étranger. Des traités ou coutumes internationaux règlent traditionnellement ce genre de situations. On les trouve en Suisse dont l'étendue territoriale n'a pas bougé vis-à-vis de l'étranger depuis 1815. Y sont enclavées une commune allemande, Büsingen am Hochrhein[20], qui appartient au cercle de Constance dans le Bade-Wurtemberg, et une commune italienne, Campione d'Italia[21], qui relève de la province de Côme, en Lombardie. Sur le territoire français, à l'intérieur du département des Pyrénées-Orientales, on peut mentionner la commune enclavée espagnole de Llivia[22] qui fait partie de la province de Gérone en Catalogne. Une autre situation appelle l'attention : celle des communes qui continuent à avoir des terrains sur le sol étranger alors qu'ils sont désormais séparés du territoire principal par une frontière internationale. C'est le cas de la commune française bas-rhinoise de Rhinau qui, comme beaucoup de communes rhénanes, était située historiquement des deux côtés de

20. Traité conclu entre la Confédération helvétique et la République fédérale d'Allemagne sur l'intégration de la commune de Büsingen am Hochrhein dans l'espace douanier suisse (*Staatsvertrag über die Einbeziehung der Gemeinde Büsingen am Hochrhein in das schweizerische Zollgebiet*), Fribourg en Brisgau, 23 nov. 1964.

21. Une directive récente de l'UE intègre finalement cette commune dans l'espace douanier de l'UE à partir du 1er janv. 2020 : directive (UE) 2019/475 du Conseil du 18 févr. 2019 modifiant les directives 2006/112/CE et 2008/118/CE en ce qui concerne l'inclusion de la municipalité italienne de Campione d'Italia et des eaux italiennes du lac de Lugano dans le territoire douanier de l'Union.

22. Traité de délimitation de la frontière entre l'Espagne et la France depuis le val d'Andorre jusqu'à la Méditerranée, Bayonne, 26 mai 1866, art. XVI, XXI et XXVIII.

la rive[23]. Signalons aussi deux villes espagnoles côtières, enclavées du côté continental dans le territoire marocain : Ceuta et Melilla. Elles bénéficient malgré leur taille réduite d'un statut d'autonomie à l'image des communautés autonomes[24].

Une autre situation qui répond à une logique d'accident historique est fournie aussi par l'Espagne. D'abord, on trouve exceptionnellement des collectivités intermédiaires dotées du pouvoir législatif[25]. La province espagnole, équivalent fonctionnel du département français, n'est normalement pas un échelon local investi de compétences législatives, contrairement à celui de la communauté autonome. Principalement, des circonstances historiques expliquent l'exception du pouvoir normatif à ce niveau : il s'agit des trois provinces forales du Pays basque espagnol, qualifiées de territoires historiques (Álava, Guipúzcoa et Vizcaya)[26] qui non seulement appuyaient la dynastie des Bourbons, victorieuse, contre celle des Habsbourg lors de la guerre de Succession espagnole au début du XVIIIe siècle, mais qui devaient aussi être ralliées à la reconnaissance de la reine Isabelle II

---

23. On trouve par exemple, une convention sur la gestion des surfaces de près appartenant à cette commune française, et situées sur le territoire de la RFA, conclue le 22 déc. 1982 entre le *Land* allemand du Bade-Wurtemberg et la commune de Rhinau, en qualité de propriétaire foncier privé. J. SOHNLE, « Les collectivités locales, nouveaux acteurs du droit international de l'environnement – L'autonomie locale environnementale selon le droit international » *Revue juridique de l'environnement*, numéro spécial 2013, p. 187-202 (201-202).

24. Loi organique sur le statut d'autonomie de Ceuta, 13 mars 1995 (*Ley Orgánica 1/1995 de Estatuto de Autonomía de Ceuta*), art. 20 et s. ; Loi organique sur le statut d'autonomie de Melilla, 13 mars 1995 (*Ley Orgánica 2/1995 de Estatuto de Autonomía de Melilla*), art. 20 et s.

25. Un phénomène similaire existe dans la région italienne à statut spécial Trentin-Haut Adige/Tyrol du Sud où les deux provinces (Trento/Trient et Bolzano/Bozen) disposent de la compétence législative : Statut spécial (*Statuto Speciale per il Trentino-Alto Adige/Sonderstatut für Trentino-Südtirol*), art. 8-10, 13, 16, 17, 19.

26. LBRL, art. 39 ; Loi organique 3/1979 du 18 déc. 1979 sur le statut d'autonomie pour le Pays Basque (*Ley Orgánica 3/1979 de Estatuto de Autonomía para el País Vasco*), art. 2.

et de ses successeurs, après avoir soutenu les trois soulèvements carlistes du XIXe siècle[27]. Ensuite, on peut signaler l'existence de communautés autonomes uniprovinciales (Asturies, Cantabrie, La Rioja, Murcie, Madrid) auxquelles il faut ajouter la Communauté forale de Navarre[28]. L'administration provinciale y est intégrée dans celle de la communauté autonome[29].

Enfin, parmi les accidents historiques non durables, une différenciation a été revendiquée dans le contexte d'une situation insurrectionnelle ou de conflit militaire. Parmi les exemples célèbres, il y a la République germanophone de Mayence en Allemagne (1792/93), avant son rattachement à la République française[30], la commune de Paris au début de la IIIe République française (1871)[31] et le canton de Carthagène lors de la première République (fédérale) espagnole (1873)[32]. Ces entités, qui étaient précédemment des collectivités territoriales, cherchaient à obtenir une autonomie renforcée. Le conflit

---

27. E. ORDUÑA REBOLLO, *Municipios y Provincias – Historia de la Organización Territorial Española*, Ediciones Castaño, Madrid, 2003, p. 119-128, 177-180, 267, 345.
28. Loi organique 13/1982 du 10 août 1982 relative à la réintégration et à l'amélioration du régime foral de Navarre (*Ley Orgánica 13/1982 de reintegración y amejoramiento del Régimen Foral de Navarra*), art. 39 et s. Sur l'aspect historique, E. ORDUÑA REBOLLO, *op. cit.*, p. 128-131, 180-183.
29. LBRL, art. 40. Pour un exemple de communauté uni-provinciale : loi organique 4/1982 du 9 juin 1982 sur le statut d'autonomie pour la région de Murcie (*Ley Orgánica 4/1982 de Estatuto de Autonomía para la Región de Murcia*), art. 10 et s.
30. F. DUMONT, *Die Mainzer Republik von 1792/93 – Studien zur Revolutionierung in Rheinhessen und der Pfalz*, Rheinhessische Druckwerkstätte, Alzey, 1982 ; J. SOHNLE, « La tradition allemande des modifications territoriales : Voter avec les pieds », *in* M. ORTOLANI, B. BERTHIER (dir.), *Consentement des populations, plébiscites et changements de souveraineté, à l'occasion du 150e anniversaire de l'annexion de la Savoie et de Nice à la France*, Serre Éditeur, Nice, 2013, p. 105-125 (114).
31. J. BRUHAT, J. DAUTRY, E. TERSEN, *La Commune de 1871*, Éditions sociales, Paris, 1971 ; J. ROUGERIE, *La Commune de 1871*, Puf, Paris, coll. « Que sais-je ? », 2014.
32. M.-A. MÉDIONI, *El Cantón de Cartagena*, Editorial Siglo XXI de España, Madrid, 1979 ; R. L. BLANCO VALDÉS, *El laberinto territorial español. Del Cantón de Cartagena al secesionismo catalán*, Alianza Editorial, Madrid, 2014.

armé avec le pouvoir central faisait que ces entités bénéficiaient temporairement d'un statut proche de la souveraineté, commandant une armée et frappant monnaie. Beaucoup plus tard, une situation *sui generis* s'observe aussi sur le territoire allemand immédiatement après la Seconde Guerre mondiale où des communes différenciées se reconstituent de manière spontanée. Elles sont les seules entités politiques de cette période qui se voient accorder par les puissances d'occupation occidentales des compétences territoriales générales et des organes représentatifs[33]. Précédant les *Länder* et l'État fédéral, elles se fonderont par la suite dans le cadre législatif normalisé des *Länder*[34].

B. Les causes rationnelles

Pour justifier la différenciation, des causes plus rationnelles peuvent être invoquées. Le critère le plus objectif est probablement le degré d'urbanisation des collectivités (1). Certaines particularités s'expliquent aussi par le rôle que joue la collectivité dans la conjoncture politique générale du pays (2). Une diversification peut être acceptée enfin suite à l'expression d'une volonté démocratique spécifiquement locale (3).

1. Le degré d'urbanisation des collectivités

Le degré d'urbanisation des collectivités territoriales, notamment des communes, peut être la cause de la différenciation alors que le choix français de 1789 était diamétralement opposé à cette idée (*supra*). Dans les systèmes juridiques qui consacrent une telle approche, on

---

33. D. WILLOWEIT, *Deutsche Verfassungsgeschichte*, C. H. Beck, Munich, 2001, p. 370-371 ; A. GERN, *Deutsches Kommunalrecht*, Nomos, Baden-Baden, 2003, p. 49-51.

34. Aux États-Unis aussi, les autorités locales (*counties, cities, towns*) ont précédé statutairement d'un siècle la constitution de l'État. Par exemple, dans New York, les deux premières chartes sont octroyées aux cités de New York et d'Albany en 1686 (P. J. GALIE, Ch. BOPST, *The New York State Constitution*, OUP, 2012, p. 265), alors que la première Constitution date de 1777.

observe un dualisme territorial, opposant les communes du milieu rural à celles du milieu urbain (a). Ce dualisme peut aussi laisser la place à une graduation plus complexe, car multiple (b).

a. Le dualisme milieu rural-milieu urbain est le choix historique dominant en Allemagne, inauguré avec la loi prussienne sur les villes du 19 novembre 1808 (*Preußische Städteordnung*). Seulement les villes (*Städte*) étaient jugées dignes de bénéficier de l'autonomie locale[35] qui en Prusse n'était accordée au milieu rural que plus tard, de manière différenciée selon les provinces[36]. Il en résultait pour ce plus grand État fédéré allemand durablement un régime local dualiste avec deux dispositifs législatifs différents, l'un pour quelques communes urbaines (qui peut être qualifié de différencié), l'autre pour les nombreuses communes rurales. De nos jours, ce dualisme est toujours présent en Allemagne, mais se présente de manière plus subtile. Certes, les codes municipaux des *Länder* (par exemple, GO-BW, §1 ; GO-Bay, art. 1 ; GO-NRW, §1) ne distinguent plus à l'intérieur de la catégorie de la commune, malgré le fait que ces collectivités peuvent, à des fins symboliques, porter des noms différents

---

35. Loi sur les villes, 1808, §10. Les lois prussiennes consécutives restreignent l'approche libérale de 1808 : loi révisée sur les villes du 17 mars 1831 et loi sur les villes du 30 mai 1853.

36. Par exemple, pour la Westphalie, la loi sur les communes rurales (*Landgemeindeordung*) du 31 oct. 1841. L'effort d'alignement du droit des communes rurales dans les différentes provinces prussiennes échoue, voir loi sur les communes du 11 mars 1850. Dans les provinces orientales, les communes rurales n'obtiennent l'autonomie qu'avec la loi du 2 juill. 1891.
Seulement la province rhénane pouvait conserver pendant un certain temps la tradition française d'un régime uniforme entre communes rurales et communes urbaines, maintenu depuis la période française et fixée par la loi communale pour cette province (*Gemeindeordnung für die Rheinprovinz*) du 23 juill. 1845. La loi sur les villes dans la province rhénane du 15 mai 1856 aligne cependant durablement ce régime à celui qui domine la Prusse, à savoir le dualisme entre milieu rural et milieu urbain. C. ENGELI, W. HAUS, *Quellen zum modernen Gemeindeverfassungsrecht in Deutschland*, Kohlhammer, Stuttgart, 1975, p. 101-103, 180-182, 257-259, 281-283, 310, 370, 396-397, 540-543.

(*Gemeinde*, *Landgemeinde*, *Markt*, *Stadt*, GO-BW, §5(2) ; GO-Bay, art. 2 et 3 ; GO-NRW, §13). La situation semble donc ressembler à celle de France avec sa catégorie unique sur le plan communal. Le dualisme survit cependant en raison de la nature particulière de certains cercles (*Kreise*) qui sont des collectivités allemandes intermédiaires avec un statut particulier. En effet, dans le milieu rural, nous trouvons deux niveaux de collectivités territoriales, les communes (*kreisangehörige Gemeinden*, GO-NRW, §4) et le cercle rural (*Landkreis*, équivalent fonctionnel du département français bien que de dimension territoriale plus modeste). En revanche, les communes les plus grandes d'Allemagne (villes) ont absorbé la collectivité du cercle. Il s'agit littéralement de villes « libres de l'emprise du cercle » (*kreisfreie Städte*, GO-Bay, art. 5 ; GO-NRW, §§35 et 36) ou de villes-cercles (*Stadtkreise*, terminologie réservée au Bade-Wurtemberg, GO-BW, §3). Bref, le dualisme traditionnel continue à exister en opposant deux types de communes : celles du milieu rural et celles, différenciées, du milieu urbain. Le territoire allemand (organisé par chacun des seize *Länder*) est composé de 294 cercles ruraux, organisés dans la plupart des *Länder* par une loi spécifique[37], et de 107 villes-cercles[38].

37. Par exemple, loi des cercles ruraux (*Landkreisordnung*) du Bade-Wurtemberg (LKrO-BW) du 19 juin 1987 et de Bavière du 22 août 1998 ; Loi des cercles (*Kreisordnung*) de la Rhénanie-du-Nord-Westphalie (KrO-NRW) du 14 juill. 1994.
38. Situation au 31 déc. 2019, Office fédéral statistique : *https://www.destatis.de/DE/Themen/Laender-Regionen/Regionales/Gemeindeverzeichnis/Administrativ/Archiv/Verwaltungsgliederung/Verwalt4QAktuell.html*.

En Italie, la figure des cités métropolitaines (*città metropolitane*)[39] est prévue depuis 1990[40], de plein droit pour neuf communes, à savoir Turin, Milan, Venise, Gênes, Bologne, Florence, Rome, Bari, Naples (TUEL, art. 22 al. 1) et, depuis 2009, Reggio Calabria[41]. Dans les régions à statut spécial se conçoit un dispositif équivalent[42] ; cinq aires métropolitaines y sont réservées (Trieste, Cagliari, Catania, Messine, Palerme). Initialement, des difficultés énormes ont émergé[43], mais le résultat final consiste en une différenciation similaire à celle de l'Allemagne dans la mesure où la province cesse d'exister là où la cité métropolitaine est mise en place (loi n° 56 de 2014, par. 6).

Enfin, mentionnons une solution analogue en Angleterre où l'échelon inférieur de base des collectivités est le district et l'échelon supérieur le comté (LGA 1972, s. 1(1)). Or, dans certaines situations, les deux sont fusionnés : en milieu rural à densité démographique faible, c'est le comté qui absorbe le district (*unitary authority*)[44], en milieu

39. Ou aires métropolitaines (*aree metropolitane*). Parfois, les deux termes sont utilisés de manière synonyme. Il arrive aussi que l'aire corresponde à la désignation générale (TUEL, art. 22) alors que la cité résulte de la Constitution concrète (TUEL, art. 23 et s.). En doctrine, l'aire peut viser l'espace et la cité la personne juridique, L. VANDELLI, *Il sistema delle autonomie locali*, il Mulino, Bologna, 2007, p. 53 ; F. STADERINI, *Diritto degli Enti Locali*, CEDAM, Milan, 2003, p. 103-112 ; E. BARUSSO, *op. cit.*, p. 105.

40. La loi n° 142 du 8 juin 1990 (actuel TUEL, chapitre III, art. 22 à 26) crée ce nouveau statut. La révision de la Constitution de 2001 lui donne valeur constitutionnelle (art. 114).

41. Loi n° 42 du 5 mai 2009 relative à la délégation au gouvernement en matière de fédéralisme fiscal pour mettre en œuvre l'article 119 de la Constitution (*Delega al Governo in materia di federalismo fiscale, in attuazione dell'articolo 119 della Costituzione*), art. 23 ; Loi n° 56 du 7 avr. 2014 portant dispositions sur les cités métropolitaines, les provinces, les regroupements et les fusions de communes (*Disposizioni sulle città metropolitane, sulle province, sulle unioni e fusioni di comuni*), par. 5 et 18.

42. TUEL art. 22(3) et 23(6 et 7).

43. L. VANDELLI, *op. cit.*, p. 81.

44. LGA 1992, ex-s. 14(1) et (2) ; Local Government and Public Involvement in Health Act (LGPIHA) 2007, s. 188(2k) : *unitary county council* ; Local Democracy, Economic Development and Construction Act (LDEDCA) 2009, s. 90(4) : définition ;

urbain fortement peuplé, le district absorbe le comté (*metropolitan county*)[45]. Aux États-Unis aussi, on trouve notamment la situation des comtés intégrés entièrement dans une cité[46].

b. La graduation multiple entre situations rurales et situations urbaines se trouve typiquement aux États-Unis. Cela veut dire que le statut juridique est gradué en fonction du caractère plus ou moins rural/urbain de la commune et de son importance démographique qui va de pair. Les plus grandes agglomérations peuvent s'incorporer comme cité (*city*), les moyennes comme ville (*town*) et les petites comme village (*village*)[47]. Il convient de signaler aussi les secteurs non constitués en municipalité (*unincorporated areas*), administrés par l'échelon de collectivité directement supérieur, qui sont traditionnellement les comtés[48]. Dans ce cas, aucune collectivité n'est formée à l'échelon communal[49]. Ce type de territoire existe dans des régions rurales peu peuplées. L'avantage de garder un tel statut est surtout

LGA 2010, s. 1(1) : fin de la possibilité de faire des propositions pour les collectivités à un échelon (*single tier of local government*).

45. LGA 1972, s. 1 ; LGA 1992, s. 28(1) ; LGA 2000, s. 9R(2) ; LGPIHA 2007, s. 11(3d) ; LDEDCA 2009, s. 98(1).

46. L'exemple type est le quartier (*borough*) de la ville de New York, ancien comté. Sur ce processus, comp. la constitution de l'État de New York de 1894, art. IX, s. 1(a). Sur la charte de la cité de New York adoptée en 1897 (Laws of 1897, vol. III, chapter 378). A. B. FLOUTON, *Outline of the Law of Municipal Corporations, including notes on New York cases, the « City Home Rule Law », other New York Statutes, and the New York State Constitution*, Brooklyn, NY, 1926, p. 42.

47. Par exemple, GMU-NY, art. 1, s. 2 : « The term "municipal corporation", as used in this chapter, includes only a county, town, city and village. [...]. » Sur ces termes, ainsi que les *townships* et les *towns* en Nouvelle-Angleterre, voir O. M. REYNOLDS, Jr., *Local Government Law*, West, St. Paul, 2009, p. 24-31.

48. En revanche, le droit québécois a supprimé tôt le principe des secteurs non incorporés avec le Code municipal de 1870, art. 27 : « Tout autre territoire, sauf celui déjà érigé en municipalité de ville ou de village, forme, lors de la mise en force de ce code ou dans la suite, une municipalité locale [...] ; sinon, il doit être annexé à une municipalité voisine, dans le comté [...]. »

49. O. M. REYNOLDS, Jr., *op. cit.*, p. 28.

d'ordre financier dans la mesure où les habitants échappent aux taxes communales, mais renoncent en même temps aux services publics de ce niveau. Est-ce qu'il est possible de parler de différenciation dans le cadre des États-Unis dans la mesure où le plus souvent il n'y a pas de situation « normale » d'organisation territoriale ? Si la réponse est en principe négative, elle doit être nuancée. En effet, la doctrine fait des efforts de classification de ces différentes solutions et les regroupe selon des familles (*infra*). À l'intérieur de ces familles, il est concevable, avec des statistiques à l'appui, d'établir des occurrences ou donc des degrés de différenciation plus ou moins forts.

2. Le rôle que joue la collectivité dans la conjoncture politique générale du pays

Certaines particularités s'expliquent par le rôle que joue la collectivité dans la conjoncture politique générale du pays. Il s'agit essentiellement du phénomène des capitales et des chefs-lieux. Nous avons les communes/villes capitales de l'État souverain qui souvent sont organisées de manière spécifique, peu importe le contexte lié à la forme d'État : État unitaire (Paris), État régionalisé (Rome[50], Madrid[51], Londres[52]) ou État fédéral (Washington DC [*infra*],

50. Constitution italienne, art. 114(3) : Rome fait l'objet d'une loi de l'État en tant que capitale de la République ; loi n° 42 du 5 mai 2009 portant délégation au gouvernement en matière de fédéralisme fiscal pour mettre en œuvre l'article 119 de la Constitution, art. 24. Le statut particulier de Rome est motivé par plusieurs motifs (art. 24(2)) : siège des organes constitutionnels ; siège des représentations diplomatiques étrangères ; présence du siège d'organisations internationales ; présence de l'État de la Cité du Vatican (*Stato della Città del Vaticano*).
51. Constitution espagnole, 1978, art. 5 ; loi organique sur le statut d'autonomie de Madrid, 25 févr. 1983 (*Ley Orgánica 3/1983 de Estatuto de Autonomía de la Comunidad de Madrid*), art. 6.
52. Par exemple, Greater London Authority Act 1999, s. 383-386.

Berlin[53], Bruxelles[54]). Il sera vu qu'au regard de l'autonomie locale, ces capitales peuvent être tantôt discriminées, tantôt privilégiées par rapport aux autres collectivités. Il y a également les villes capitales notamment des *Länder* allemands (Munich, Stuttgart, Hanovre, etc.)[55] ou de certaines régions (Turin, Milan, Barcelone, etc.). La forme de l'État souverain peut cependant influencer leur statut. On trouve ainsi des cités-États dans les fédérations (Berlin[56], Hambourg[57], Brême[58], Bruxelles[59], Bâle-Ville[60]) et des cités-régions dans les États régionalisés (Madrid, Ceuta, Melilla).

3. L'expression d'une volonté démocratique spécifiquement locale

La différenciation acceptée suite à l'expression d'une volonté démocratique spécifiquement locale est la solution la plus digne d'une démocratie libérale. Elle devrait être organisée sur le plan constitutionnel et législatif. En effet, elle permet de protéger la volonté minoritaire locale contre une majorité éventuellement hostile à la différenciation, en permettant aux citoyens dans une circonscription territoriale de décider sur leur degré d'autonomie. Cela permet aussi

53. Loi Berlin/Bonn (*Gesetz zur Umsetzung des Beschlusses des Deutschen Bundestages vom 20. Juni 1991 zur Vollendung der Einheit Deutschlands*) du 18 janv. 1994.

54. La région de Bruxelles-Capitale correspond d'après la lettre de la Constitution belge à une entité fédérée. Les entités fédérées (régions et communautés) n'ont cependant pas de Constitution ce qui permet de douter sur leur statut étatique. J. SOHNLE, précité *in* R. WAKOTE (dir.), p. 151.

55. Ces capitales régionales sont souvent intégrées dans des collectivités à statut spécial unique, par exemple, loi sur l'établissement de la région fédérée de Stuttgart (*Errichtung des Verbands Region Stuttgart*) du 7 févr. 1994.

56. Constitution de Berlin, 1995, art. 1(1).

57. Constitution de Hambourg, 1952, art. 1 et 4.

58. Constitution de Brême, 1947, art. 64. Sur la relation entre la ville de Brême et l'enclave de Bremerhaven, *ibid.*, art. 143.

59. Constitution belge, 1994, art. 166 et 194 ; loi spéciale du 12 janv. 1989 relative aux institutions bruxelloises.

60. Constitution de Bâle-Ville, 2005, §1. Outre la ville de Bâle, ce canton comprend deux autres communes, Bettingen et Riehen (*ibid.* §57(1)).

à ces populations d'exprimer leur identité politique ressentie comme étant spécifique par rapport à la nation. La solution juridique la plus conforme à cette idée peut être trouvée aux États-Unis où l'autonomie locale est souvent accordée « à la carte ». Il s'agit d'un aspect qui est connu sous le terme de *home rule*, garanti par la Constitution de l'État fédéré[61].

Dans la pratique, on trouve quatre modalités d'attribuer une charte municipale et de procéder à l'incorporation de la collectivité : 1. La charte est décidée unilatéralement par le Parlement étatique dans le cadre d'une loi spéciale (octroi, logique *top-down*). 2. Une loi générale crée des catégories de municipalités et impose à chacune un type uniforme de charte. Les critères pour une incorporation y sont énumérés et une différenciation est admise d'après l'importance démographique des collectivités (*city*, *town*, *village*). 3. Le système de la charte optionnelle (*optional charter system*) permet de prendre en compte les différences qui existent entre municipalités de taille équivalente. Le législateur propose dans une loi générale plusieurs options, par exemple quant à l'articulation des organes représentatifs (*infra*). 4. Le système de la charte élaborée par la corporation municipale, approuvée par référendum local, lui confère un pouvoir constituant au sens matériel[62] (logique *bottom-up*). Le pouvoir du législateur peut, dans ce cas, se transformer en une simple compétence liée. La volonté locale est respectée au maximum. Tandis que le choix d'autonomie communale aux États-Unis est traditionnellement

---

61. « Home rule, the discretionary authority of local governments to shape their charters and exercise self-government. », P. J. GALIE, Ch. BOPST, *op. cit.*, p. 266 ; « [...] the right to some mesure of local self-government », A. B. FLOUTON, *op. cit.*, p. 6, 21 ; O. M. REYNOLDS, Jr., *op. cit.*, p. 81-89, 111-146, 167-197. Comp. Constitution de l'État de New York, 2014, art. IX sur le gouvernement local.

62. A. B. FLOUTON, *op. cit.*, p. 14-18, 39-41. « The charter of a municipal corporation is its organic law », *ibid.*, p. 42.

innommé, le législateur anglais permet des variations limitées dans l'organisation du régime municipal, sans exclure des solutions *sui generis* (*infra*).

II. Les manières possibles de la différenciation territoriale en droit comparé

La différenciation territoriale des collectivités se caractérise à la fois sur le plan matériel, par rapport aux compétences transférées (A), et sur le plan organique, à travers les modes de représentation (B).

A. Les différences par rapport aux compétences transférées

Les compétences peuvent être différenciées notamment de trois manières, toujours par opposition à la catégorie de collectivité qui correspond à la norme générale. On observe la fusion (1), la scission (2) et le manque ou le faible degré de compétences (3).

1. La fusion des compétences

La différenciation se manifeste pour certaines collectivités à travers la fusion des compétences qui, en situation normale, sont détenues par des collectivités appartenant à des échelons locaux différents.

a. Il y a d'abord le regroupement de pouvoirs de simple nature réglementaire. Ainsi une même administration exerce-t-elle dans les villes-cercles allemandes[63] des compétences qui en France sont distribuées entre quatre personnes publiques différentes : les compétences de la commune, celles du cercle (équivalent fonctionnel du département français), partiellement celles de l'administration déconcentrée de l'État[64] (équivalent de la préfecture départementale française qui, en Allemagne, est celle du *Land* – *untere Verwaltungsbehörde*)

63. Un cas intermédiaire constitue la « grande commune du cercle » (*große Kreisstadt*) qui reste une commune appartenant à un cercle de campagne (*Landkreis*), mais qui est chargée des fonctions de l'autorité déconcentrée inférieure de l'État (*Land*). Comp. GO-BW, §3(2) ; GO-Bay, art. 5a(4) ; GO-NRW, §13(2).
64. GO-BW, §119 ; GO-NRW, §120.

et celles d'un établissement public de coopération intercommunale[65]. Il y a aussi les comtés métropolitains (*metropolitan counties*) et les autorités unitaires (*unitary authorities*) en Angleterre (*supra*). Il faut ajouter les cités métropolitaines (*città metropolitane*) en Italie où la loi étatique constitutive transfère les compétences de la province, qui disparaît, à la cité métropolitaine (TUEL, art. 23(5) et (6)).

b. On observe ensuite une fusion de compétences réglementaires et législatives comme en Espagne à propos des communautés autonomes uniprovinciales (LBRL, art. 40) et dans la région belge Bruxelles-Capitale[66], voire une fusion entre compétences réglementaires, législatives et constituantes dans les cités-États fédérés en Allemagne[67] et en Suisse[68].

65. Le cercle allemand dans le milieu rural (*Landkreis*) correspond fonctionnellement aussi à un EPCI dans la mesure où il peut exécuter des fonctions communales et prélève à ce propos une contribution du cercle (*Kreisumlage*) qui est à la charge des communes. Ces dernières contribuent donc au financement du cercle. Comp. LKrO-BW, §49(2) ; KrO-NRW, §§26(1h) et 55(1).

66. Loi spéciale du 12 janv. 1989 relative aux institutions bruxelloises, art. 83 *quinquies* (transfert des compétences provinciales à la région).

67. C'est le cas pleinement pour Berlin et Hambourg en Allemagne (*supra*). Une situation mixte existe pour l'État-cité fédéré allemand de Brême qui, outre son territoire principal où il y a absorption de la commune, dispose d'une commune complémentaire (Bremerhaven), enclavé dans le *Land* de Basse-Saxe. Une loi communale du 3 déc. 2015 (*Ortsgesetz*) existe ainsi pour cette seule commune, appelée « Constitution » (*Verfassung für die Stadt Bremerhaven*).

68. Si les organes du canton Bâle-Ville et de la ville de Bâle ont été fusionnés, un droit communal spécifique s'applique aux deux autres petites communes, Bettingen et Riehen (Constitution, art. 57). En revanche, dans le canton de Genève, malgré le fait qu'il est dominé par une grande ville, les compétences cantonales et communales sont dissociées (loi sur l'administration des communes du 13 avr. 1984, art. 1).

2. La scission des compétences

La scission exceptionnelle de compétences au détriment d'un échelon de collectivité s'observe notamment en Espagne entre, d'un côté, les collectivités d'étendue territoriale inférieure par rapport à la commune (*parroquia*, *caserío*, etc.)[69] et, de l'autre côté, la commune (*supra*).

3. Le manque ou le faible degré de compétences

Le manque ou le faible degré de compétences par rapport à la situation normale existe historiquement pour les territoires annexés tardivement et/ou de manière hégémonique, comme pour l'Alsace-Moselle rattachée à l'Allemagne entre 1871 et 1918[70] ou les territoires non incorporés des États-Unis (*unincorporated territories*)[71]. Les circonscriptions locales d'origine coloniale relèvent d'une même logique même si de nos jours leur statut tend vers une autonomie accrue au regard des collectivités de droit commun (par ex. la Nouvelle-Calédonie française). Une situation similaire caractérise historiquement aussi les capitales nationales, même si ces solutions ont évolué (Paris, Londres). Aux États-Unis, le territoire de la capitale

69. Par exemple, loi précitée n° 7/1999 sur l'administration locale d'Aragon, art. 90 ; loi précitée n° 1/1998 sur le régime local de Castille et Léon, art. 50 et 51.
70. Loi du 31 mai 1911 sur la Constitution de l'Alsace-Lorraine, préambule. R. REDSLOB, *Abhängige Länder – Eine Analyse des Begriffs der ursprünglichen Herrschaftsgewalt*, Veit, Leipzig, 1914, p. 65-142 ; J.-M. MAYEUR, *Autonomie et politique en Alsace – La Constitution de 1911*, A. Colin, Paris, 1970, p. 112-114.
71. Porto Rico, Guam, les Mariannes du Nord, Samoa, les îles vierges. Comp. 8 U.S.C. § 1101(a)(38) : « The term "United States", except as otherwise specifically herein provided, when used in a geographical sense, means the continental United States, Alaska, Hawaii, Puerto Rico, Guam, the Virgin Islands of the United States, and the Commonwealth of the Northern Mariana Islands. »

fédérale (Washington, District of Colombia) continue cependant à être privé d'un statut d'État fédéré. Il s'agit d'un territoire directement fédéral[72].

Dans la situation particulière de Monaco, micro-État souverain, il est à noter que les organes étatiques et ceux de la commune n'ont pas été fusionnés. Si l'État est composé d'une seule commune, cette dernière est cependant particulièrement pauvre en termes de compétences[73]. Cela vaut également pour les sept paroisses andorranes, qui équivalent fonctionnellement aux communes françaises (*supra*). Il en résulte en matière de coopération transfrontalière qu'elles ne peuvent pas nouer des contacts directement avec leurs homologues étrangers, notamment espagnols et français, mais doivent passer par un organisme étatique spécialisé, l'organisme andorran de coopération transfrontalière (*Organisme andorrà de cooperació transfronterera*)[74]. Bien évidemment, la différenciation dans les micro-États s'apprécie au regard de la norme européenne et pas de la situation interne.

B. Les différences par rapport aux organes de représentation

Parfois, les différences peuvent être symboliques et porter seulement sur la dénomination de la collectivité ou de ses organes. En Espagne, les organes de gouvernement et d'administration (donc l'équivalent des députations provinciales sur la péninsule) sont les *cabildos*

72. Comp. 8 U.S.C. § 1101(a)(36) : « The term "State" includes the District of Columbia, Puerto Rico, Guam, the Virgin Islands of the United States, and the Commonwealth of the Northern Mariana Islands. » O. M. REYNOLDS, Jr., *op. cit.*, p. 40-43.

73. Constitution monégasque, 1962, titre IX ; loi n° 959 du 24 juill. 1974 sur l'organisation communale, art. 25 et 29.

74. J. SOHNLE, « L'institutionnalisation de la coopération transfrontalière entre collectivités locales » *in* Ph. COSSALTER (dir.), *La coopération transfrontalière en Grande Région*, Éditions juridiques franco-allemandes, Sarrebruck, 2016, p. 55-83 et p. 339-371 (77). (« Die Institutionalisierung der grenzüberschreitenden Zusammenarbeit zwischen lokalen Gebietskörperschaften » *in* Ph. COSSALTER (Hrsg.), *Grenzüberschreitende Zusammenarbeit in der Großregion*).

insulaires sur l'archipel des Canaries et les conseils insulaires sur l'archipel des Baléares (LBRL, art. 41). Seulement deux départements français métropolitains, la Savoie et la Haute-Savoie, portent un nom qui se réfère à un territoire historico-politique alors que les autres portent des noms purement géographiques. Au-delà des collectivités territoriales, certains *Länder* allemands (Bavière, Saxe, Thuringe) se qualifient d'« États libres » (*Freistaat*, signifiant République). Des adjonctions de nom de communes peuvent indiquer un intérêt particulier historique et honorifique (par exemple, *« città »* en Italie [TUEL, art. 18], *« Stadt »* en Allemagne [*supra*]) ou thérapeutique et touristique - adjonction « les Bains » en France, préfixe *« Bad »* en Allemagne (GO-Bay, art. 2(3)).

Sur le plan organique, le droit commun des collectivités territoriales dans les différents systèmes juridiques conçoit trois solutions majeures. Nous prenons l'exemple de la commune, collectivité prototypique présente partout : deux organes (maire et conseil municipal) dont seulement le conseil est élu au suffrage universel direct[75] ; deux organes (maire et conseil municipal) avec les deux élus au suffrage universel direct[76] ; trois organes (maire, comité exécutif, conseil municipal)[77].

Par rapport à ces solutions de droit commun, des situations spécifiques peuvent être consacrées dans les systèmes juridiques qui relèvent ainsi d'une logique de différenciation. On peut insister notamment sur les cas de l'élection directe de l'exécutif unipersonnel (1), de la consécration d'un organe exécutif collégial (2), du dédoublement de la fonction délibérante (3) et de l'existence d'un pouvoir juridictionnel municipal (4).

75. Par exemple, droit français, droit commun espagnol.

76. Par exemple, la plupart des *Länder* allemands.

77. Par exemple, droit commun italien (*giunta*), *Land* de Hesse en Allemagne (*Magistrat*), Wallonie en Belgique (collège communal).

1. L'élection directe de l'exécutif unipersonnel

L'élection directe de l'exécutif unipersonnel (exemple type : le maire) peut être introduite de manière différenciée dans les systèmes qui normalement ne consacrent pas ce principe. Ainsi en Espagne dont la structure organique est en principe restée fidèle au système français (alors que la tendance européenne va vers une élection directe de l'exécutif de la collectivité et notamment du maire : Allemagne, Italie), il existe une exception pour les collectivités d'étendue territoriale inférieure par rapport à la commune (*parroquia, caserío*, etc.) Elles disposent dans le régime traditionnel d'un organe unipersonnel exécutif (*alcalde pedáneo*) élu directement par les citoyens territorialement concernés[78], à côté d'un organe collégial de contrôle dont la composition doit refléter les résultats de l'élection municipale dans la circonscription[79]. En d'autres mots, pour l'organe délibérant, il n'y a pas de spécificité significative dans la mesure où il s'agit des conseillers élus au niveau de la commune pour la circonscription de la *parroquia*.

Quant au droit anglais, il pratique traditionnellement la confusion démocratique des pouvoirs sous la forme d'un seul organe représentatif, le conseil municipal qui à travers des commissions spécialisées (*committees*) exécute ses propres décisions (*committee system*)[80]. Parmi les options à la disposition des collectivités qui souhaitent s'écarter de ce système, il n'y a pas seulement la possibilité de prévoir des systèmes *sui generis*[81] et celle du maire indirectement élu (*executive leader – leader and cabinet system*)[82], mais également celui

78. Par exemple, loi précitée n° 7/1999 sur l'administration locale d'Aragon, art. 91(2) ; Loi précitée n° 1/1998 sur le régime local de Castille et Léon, art. 58(1).
79. LBRL, ex-art. 45. Par exemple, loi précitée n° 7/1999 sur l'administration locale d'Aragon, art. 91(3).
80. LGA 2000, s. 9B(1) et (4), s. 9J
81. LGA 2000, s. 9B (1) et (4), s. 9BA.
82. LGA 2000, s. 9C(3), s. 9I.

du maire directement élu (*mayor – directly elected mayor system*)[83]. Dans de nombreux États des États-Unis, le système optionnel est complexe en raison de solutions théoriquement innommées à la disposition des municipalités. La doctrine propose un certain nombre de modèles (*mayor-council form, commission form, city manager form*)[84] parmi lesquels il y a celui qui permet d'élire le maire directement (*strong mayor*, par opposition au *weak mayor*).

2. La consécration d'un organe exécutif collégial

La consécration d'un organe exécutif collégial (collège ou comité exécutif) peut également se présenter de manière exceptionnelle. Il s'agit bien d'un organe principal investi par le législateur de compétences propres, contrairement à des compétences seulement déléguées par un autre organe (par ex. par le maire à un adjoint ou à un bureau). Ce système (*Magistratsverfassung*) qui dominait en Allemagne sur les territoires d'origine prussienne (il a été introduit par la loi prussienne sur les villes en 1808 (*supra*) alors que la Prusse disparaît en 1947 au profit de *Länder* qui sont constitués à partir des anciennes provinces) est devenu exceptionnel. Les décisions du conseil municipal (*Stadtverordnetenversammlung, Gemeindevertretung*) sont exécutées par un organe collégial, appelé *Magistrat* dans les villes et *Gemeindevorstand* dans les communes rurales. Seulement le *Land* de Hesse[85] et la commune de Bremerhaven (enclave appartenant au *Land*/État-cité de Brême)[86] pratiquent encore aujourd'hui ce système. La loi communale de Hesse a par ailleurs introduit aussi un maire directement élu qui dirige le *Magistrat*[87]. Toutefois, étant donné que

83. LGA 2000, s. 9C(2), s. 9H. Très peu de communes pratiquent ce système (notamment Bristol, Doncaster, Hackney et Newham).

84. O. M. Reynolds, Jr., *op. cit.*, p. 60-80.

85. Loi communale de Hesse (*Hessische Gemeindeordnung - HGO*), 17 mars 2005 (GVBl. I 2005, 142), §9.

86. Loi communale précitée de ce *Land*/État-cité.

87. HGO, §§39 et 70.

chaque *Land* allemand est compétent pour décider sur son régime de droit communal, on peut se demander si dans le cas de Hesse il s'agit véritablement d'un régime différencié.

3. Le dédoublement de la fonction délibérante

Le dédoublement de la fonction délibérante est également exceptionnel. Alors que dans le passé certains systèmes pratiquaient le bicaméralisme communal[88], donc la présence de deux chambres délibérantes, ce dédoublement s'observe aujourd'hui notamment en Suisse à travers l'attribution du pouvoir délibérant tantôt directement aux citoyens politiques[89] (notamment à travers le référendum obligatoire), tantôt à leur représentation (Parlement communal).

4. L'existence d'un pouvoir juridictionnel municipal

Une compétence différenciée particulière peut être trouvée au profit de certaines communes états-uniennes. Alors qu'en Europe le pouvoir juridictionnel (tout comme, en principe, le pouvoir législatif) est entré dans le giron de l'État qui en a le monopole, certaines communes outre-Atlantique l'ont conservé. La compétence d'établir des infractions locales (des contraventions par exemple, en matière de circulation) va ainsi de pair avec l'établissement de juridictions spécialisées (*local/ municipal courts*, *city/town courts*). Dans certains États, elles sont créées à cet effet par le législateur étatique[90], dans d'autres, au cas par

88. La loi communale du Wurtemberg du 28 juill. 1906 prévoyait initialement un conseil municipal (*Gemeinderat*, art. 10) et un comité des bourgeois (*Bürgerausschuss*, art. 44). Ce dernier a été supprimé en 1919. Voir sur une situation états-unienne similaire, A.B. FLOUTON précité, p. 53-55.
89. Par exemple, loi communale Bâle-Ville (*Gemeindegesetz* SG 170.100), 17 oct. 1984, §5(1) : l'organe suprême de la commune est la totalité des titulaires du droit de vote (*Oberstes Organ der Gemeinde ist die Gesamtheit der in den Angelegenheiten der Gemeinde Stimmberechtigten*).
90. Par exemple, 2005 Texas Government Code Chapter 29 (*Municipal Courts*), § 29.002 (*creation*) : « A municipal court is created in each municipality… » Aussi : Nevada Revised Statutes (NRS), Chapter 5, NRS 5.010.

cas, par délibération (*ordinance*) du conseil municipal[91]. Les fonctions délibérantes et exécutives, mais aussi constituantes (*supra*) des communes états-uniennes sont ainsi complétées par une fonction juridictionnelle. Le potentiel d'autonomie locale atteint ainsi son apogée.

***
*

Après ce survol comparatiste, il s'avère que le concept de différenciation découle typiquement de la conception française d'organisation territoriale, avec son goût pour les solutions uniformes. La plupart des autres régimes étudiés, tous construits par ailleurs sur la même idéologie démo-libérale, sont moins catégoriques à ce propos, en raison d'une diversité territoriale acceptée depuis longtemps (c'est le cas notamment des fédérations anciennes) ou reconnue (de nouveau) plus récemment (Italie, Espagne, Belgique et Royaume-Uni). S'il n'est pas exclu de constater l'existence de régimes différenciés dans ces États, l'enjeu politique a perdu en vigueur. La consécration territoriale de particularités culturelles, historiques et autres est entrée dans les mentalités et seulement quelques situations isolées, visant l'indépendance plutôt que l'autonomie, sont problématiques. La diversité peut atteindre un tel degré (notamment aux États-Unis) que c'est l'uniformité qui devient une solution différenciée. Si ce constat permet de porter un regard nouveau sur les idées reçues nationales, la fin recherchée par toute étude comparative est atteinte.

91. Par exemple, 2016 Indiana Code (IC), Title 33 (*Courts and Court Officers*), Article 35 (*City and Town Courts*), Chapter 1 (*Establishment; Election of Judges*), IC 33-35-1-1 (*Authority to establish or abolish; election of judge; notice*), S. 1. « (a) During 2006 and every fourth year after that, a second or third class city or a town may by ordinance establish or abolish a city or town court (b) The judge for a court established under subsection (a) shall be elected under IC 3-10-6 or IC 3-10-7 at the municipal election in November 2007 and every four (4) years thereafter. » En janvier 2020, on trouve dans l'Indiana 75 de ces juridictions municipales : *https://www.in.gov/judiciary/2674.htm*. Comp. O. M. REYNOLDS, Jr., *op. cit.*, p. 13, 68, 70 ; H. JACOB, *Urban Justice – Law and Order in American Cities*, Prentice-Hall, 1973.

LES DIFFÉRENCIATIONS TERRITORIALES EN DROIT DE L'UNION EUROPÉENNE

Laurence POTVIN-SOLIS

Professeure de droit public
Université Caen Normandie
Chaire européenne Jean Monnet, CRDFED

Le droit de l'Union européenne intéresse la et les différenciations territoriales dans les États membres, même si *a priori*, cette question est d'ordre purement national. En vertu des principes d'autonomie institutionnelle et procédurale interne, les États sont en effet maîtres de leur organisation territoriale qui relève de leur compétence. De plus, selon l'article 4 §2 du traité sur l'Union européenne, l'Union doit respecter « l'égalité des États membres devant les traités ainsi que leur identité nationale, inhérente à leurs structures fondamentales politiques et constitutionnelles, y compris en ce qui concerne l'autonomie locale et régionale » ainsi que « les fonctions essentielles de l'État, notamment celles qui ont pour objet d'assurer son intégrité territoriale, de maintenir l'ordre public et de sauvegarder la sécurité nationale ». Le droit de l'Union européenne reçoit donc les différentes formes d'organisations territoriales sur un pied d'égalité. On peut ainsi considérer que la différenciation territoriale est un principe ancré dans le cadre constitutionnel de l'Union européenne tel qu'il est promu par la jurisprudence de la Cour de justice. Cette différenciation est l'une des expressions de la dualité européenne/nationale constitutive de l'Union et s'inscrit dans les rapports d'identité et d'autonomie entre les ordres juridiques. Cette dualité est d'ordre constitutionnel et détermine les conditions dans lesquelles les territoires des États sont reçus en droit de l'Union européenne.

On peut ainsi s'interroger sur l'existence, le sens et la portée d'un principe de différenciation territoriale dans l'Union européenne. Ce principe trouve place dans l'ordre constitutionnel de l'Union et se mesure à l'aune de la portée systémique du cadre constitutionnel de l'Union[1]. L'appréhension des différenciations territoriales met alors en rapport la nature singulière de l'Union, le statut d'État membre qui est un statut d'État intégré[2] et l'autonomie locale et régionale[3]. Dans ce contexte, la différenciation territoriale peut être rapportée aux valeurs communes, telles qu'énoncées dans l'article 2 TUE et qui comprennent le respect par l'Union « des droits des personnes appartenant à des minorités ». Les différenciations territoriales peuvent alors poser la question des collectivités à minorité nationale.

C'est donc dans une approche de droit constitutionnel européen et de droit constitutionnel intégré que se comprend la relation qu'entretient l'Union avec les différenciations territoriales au sein des États membres et entre ces derniers. Le principe de différenciation territoriale évolue entre le principe d'intégration et d'unité recherchée par le droit de l'Union et le principe de diversité dans l'Union. Le principe de diversité se décline dans les différents domaines étatiques, politique, économique et social, linguistique, culturel, territorial. Concernant la diversité territoriale, chaque État est maître de son

1. Sur cette portée, voir notre article : « La Cour de justice et la portée systémique de l'identité constitutionnelle de l'Union européenne », *L'Europe au Kaléidoscope. Liber Amicorum Marianne Dony*, Éditions de l'Université de Bruxelles, 2019, p. 59-84.
2. Voir L. POTVIN-SOLIS (dir.), *Le statut d'État membre de l'Union européenne*, Bruylant, coll. « Colloques Jean Monnet », 2018.
3. Voir not., L. POTVIN-SOLIS (dir.), *L'Union européenne et l'autonomie locale et régionale, Douzièmes Journées Jean Monnet*, Bruylant, coll. « Colloques Jean Monnet », 2016, 395 p.

organisation territoriale, de l'agencement des pouvoirs en son sein et de la répartition des compétences et des responsabilités entre les autorités nationales, régionales et locales[4]. Cette répartition telle qu'elle est définie au plan national ainsi que le degré de différenciation territoriale dans l'État sont protégées par l'article 4 §2 TUE[5]. C'est donc dans le respect de l'identité nationale que se concrétise la dimension locale et régionale du principe de subsidiarité[6] et de la cohésion économique, sociale et territoriale[7]. C'est par l'organisation territoriale appartenant en propre à chaque État que passe la réalisation de ce principe et de cet objectif. Il en est de même dans le champ des services d'intérêt économique général (SIEG), empreints de subsidiarité et promus comme valeur commune dans leur rôle au service de la cohésion économique, sociale et territoriale de l'Union[8]. On sait combien les collectivités territoriales sont les premières impliquées dans la satisfaction des besoins qu'ils incarnent et combien les différenciations territoriales peuvent être sources d'inégalités de traitement entre les usagers bénéficiaires de ces activités.

À cet égard, le degré de différenciation dans l'État représente une condition d'effectivité de l'ancrage régional et local des politiques de l'Union qui touche aux droits attachés à la citoyenneté européenne et au principe de proximité également ancré dans le cadre

4. Voir CJCE, 15 déc. 1971, *International Fruit Compagny*, C-51 à 54/71, EU:C:1971:128 ; CJCE, 25 mai 1982, *Commission c./Pays-Bas*, C-97/81, EU:C:1982:193; CJCE, 1er juin 1999, *Konle*, C-302/97, EU:C:1999:271, pt 63; CJCE, 16 janv. 2003, *Commission c./Italie*, C-388/01, EU:C:2003:30, pt 27.

5. CJCE, 12 juin 2014, *Digibet et Albers*, C-156/13, ECLI:EU:C:2014:1756.

6. Art. 5 § 3 TUE.

7. Art. 3 § 3 TUE, article 4 §2 c) TFUE, article 14 TFUE, articles 174 et s. TFUE et article 326 TFUE.

8. Voir l'article 14 TFUE, le protocole additionnel nº 26 sur les SIG et la reconnaissance expresse par la Charte des droits fondamentaux de l'Union dans son article 36 de l'accès aux SIEG « tel qu'il est prévu par les législations et pratiques nationales, conformément au traité » et « afin de promouvoir la cohésion sociale et territoriale de l'Union ».

constitutionnel de l'Union[9]. Il ne peut faire écran aux effets du droit de l'Union européenne dans les États membres qui tiennent aux principes fondamentaux et aux caractéristiques essentielles de ce droit supranational et intégré au système juridique des États membres. Il ne peut neutraliser la portée des principes de primauté et d'immédiateté du droit de l'Union ainsi que celle de son interprétation et de son application uniforme sur le territoire de l'Union et des dispositions revêtues de l'effet direct. Les différenciations territoriales dans l'État et leur degré doivent ainsi être directement rapportées à relation Union/États/particuliers telle qu'elle a été posée dès l'arrêt *Van Gend en Loos*[10]. On peut dès lors considérer que les différenciations territoriales dans les États sont reçues à part entière par le droit de l'Union, mais le sont aussi nécessairement par la médiation de leur contextualisation dans le système juridique de l'Union.

Il est alors possible de relier directement l'appréhension des différenciations territoriales à la devise de l'Union « Unie dans la diversité ». Cette appréhension participe des rapports de systèmes entre les ordres juridiques. Elle participe des processus de constitutionnalisation et de fédéralisation qui caractérisent l'Union. Elle invite à s'interroger sur la substance et sur les contours d'un territoire fonctionnel pour l'Union et sur les vecteurs de la réception des différenciations territoriales des États en son sein. Un tel territoire induit en lui-même des différenciations territoriales qui varient selon les domaines d'intervention de l'Union. Les effets de l'intégration économique se posent en des termes particuliers pour les régions transfrontalières. Ce processus d'intégration peut être source de croissance pour ces régions, mais aussi de difficultés qui invitent à mener des réflexions en termes de différenciations territoriales en rapportant ces différenciations à la relation entre ce processus et les instruments mis en place dans le cadre de la politique de cohésion économique, sociale et territoriale. Les différenciations territoriales

9. Voir le préambule et l'article 1er du Traité sur l'Union européenne.

10. CJCE, 5 févr. 1963, 26/62, EU:C:1963:1.

sont reçues de façon variable par le droit de l'Union européenne (I). Elles ont vocation à s'exprimer toujours davantage hors du cadre étatique par la promotion d'un cadre transnational pour la coopération entre les collectivités territoriales des États membres (II).

I. La réception variable des différenciations territoriales par le droit de l'Union

Les différences de tradition juridique, de forme, de nature, d'histoire et de philosophie entre les organisations territoriales des États expriment les différenciations territoriales dans l'Union où cohabitent des entités fédérées, des collectivités à forte autonomie constitutionnelle ou encore des collectivités décentralisées ou déconcentrées. Le droit de l'Union européenne est animé par des principes protecteurs et des principes intégrateurs de ces différenciations territoriales qui expliquent la relativité des effets de ces différenciations en droit de l'Union. La jonction et l'équilibre entre ces principes protecteurs et intégrateurs relèvent de la compétence de l'Union et fait l'objet d'une interprétation autonome intégrée dans le système juridique de l'Union et qui en exprime la singularité. Il s'agit d'un système d'imbrication institutionnelle, matérielle et fonctionnelle, bien mis en évidence par la Cour de justice quand elle relève que la poursuite des objectifs de l'Union est « confiée à une série de dispositions fondamentales, telles que celles prévoyant la liberté de circulation des marchandises, des services, des capitaux et des personnes, la citoyenneté de l'Union, l'espace de liberté, de sécurité et de justice ainsi que la politique de concurrence » et que « ces dispositions, s'insérant dans le cadre d'un système propre à l'Union, sont structurées de manière à contribuer, chacune dans son domaine spécifique et avec ses caractéristiques particulières, à la réalisation du processus d'intégration qui est la raison d'être de l'Union elle-même »[11]. C'est par une approche intégrée des

11. CJUE, Ass. plén., avis 2/13 du 18 déc. 2014, EU:C:2014:2454, pt 172.

différenciations territoriales dans les États membres que doivent être cernés les principes qui les protègent (A) autant que la relativité de leurs effets en droit de l'Union européenne (B)[12].

A. Les principes protecteurs des différenciations territoriales dans les États

Le concept européen d'autonomie locale et régionale a vocation à couvrir les différentes formes d'organisation constitutionnelle des États. Il ne peut être dissocié des principes d'identité et d'autonomie de l'État. Il exprime des identités nationales telles qu'elles se déclinent territorialement dans les États et entre dans le champ du principe d'autonomie institutionnelle et procédurale nationale. Cette autonomie de l'État et des entités locales et régionales en son sein est cependant entendue dans le strict respect du cadre constitutionnel de l'Union. Les identités/autonomies locales et régionales ne sont saisies par l'Union que par la médiation de l'identité/autonomie nationales. Ainsi, c'est par référence aux territoires des États qu'est défini le champ d'application territorial du droit de l'Union européenne. En témoignent notamment les différenciations de régimes entre les régions ultrapériphériques (RUP) qui entrent par principe dans ce champ[13] et les pays et territoires d'outre-mer (PTOM) qui en sont exclus et qui

12. Nous pouvons renvoyer aux développements de notre article, « Autonomie locale et régionale et identité nationale des États membres de l'Union européenne », *in* R. BOUSTA, N. DANTONEL-COR, N. KADA, F.-X. MILLET, T. PERROUD et L. VIDAL (dir.) *Mélanges en l'honneur du Professeur Gérard Marcou*, IRJS Éditions, coll. « Bibliothèque de l'IRJS-André Tunc », 2017, p. 363 et s.

13. Comme le juge la CJUE dans l'arrêt du 15 déc. 2015, *Parlement c/Conseil*, « il résulte du libellé et des objectifs de l'article 349 TFUE ainsi que de l'économie des traités que, s'agissant des régions ultrapériphériques, le champ d'application territorial de l'ensemble de l'acquis du droit de l'Union est défini, notamment, par la lecture combinée de l'article 52 TUE et de l'article 355, paragraphe 1, TFUE ainsi que par les mesures arrêtées au titre de l'article 349 TFUE », C-132/14 à C-136/14, EU:C:2015:813, pt 78.

sont liés à l'Union par un régime d'association[14]. De même, c'est par l'appartenance de l'État à l'Union et par l'engagement étatique dans les politiques de l'Union que se dessinent les différents territoires fonctionnels de l'Union, ceux du marché intérieur, de l'espace de liberté, de sécurité et de justice avec l'espace Schengen et de l'Union économique et monétaire, avec la zone euro. Ces différents champs d'intervention de l'Union intéressent toujours davantage les collectivités territoriales. Ainsi, l'intégration différenciée appliquée aux États peut produire des effets en termes de différenciation sur les collectivités territoriales dans l'État. Elle peut influer sur la perception des différenciations territoriales infraétatiques par l'Union. Il existe donc une liaison entre les différenciations territoriales et l'intégration différenciée des États membres dans l'Union. Cette intégration différenciée[15] constitue en cela une clé de lecture de la réception variable des différenciations territoriales dans les États en fonction des domaines d'intervention de l'Union.

C'est également dans le respect des différenciations territoriales entre les États que les modes de représentation sont définis au sein des institutions de l'Union, comme en témoigne la désignation des membres du Comité des Régions ou la possibilité ouverte aux États au sein Conseil de choisir des représentants issus de gouvernements

---

14. La CJUE juge de façon constante que les dispositions générales des traités ne leur sont pas applicables sans référence expresse : CJCE, 28 janv. 1999, *Van der Kooy*, C-181/97, EU:C:1999:32, ps 36 et 37; 5 juin 2014, *X et TBG*, C-24/12 et C-27/12, EU:C:2014:1385, pt 45. Par ex. dans l'arrêt du 21 déc. 2016, la CJUE constate que « les dispositions de la directive "service universel" ne sont pas applicables au Groenland » et que « le fait que l'entreprise en charge d'un service obligatoire additionnel au sens de l'article 32 de la directive "service universel" fournit ce service non seulement sur le territoire du Danemark, mais également sur celui du Groenland, n'a pas d'incidence sur l'interprétation des dispositions de cette directive » (pts 80 et 82).

15. Voir les thèses de Ch. GUILLARD, *L'intégration différenciée dans l'Union européenne*, Bruylant, coll. « Droit de l'Union européenne », Thèses, 2007, 619 p. et de K. ANGELAKI, *La différenciation entre les États membres de l'Union européenne*, coll. « Droit de l'Union européenne », Thèses, 2020.

régionaux. Cependant, ces modes de désignations n'empêchent pas que ces institutions de l'Union poursuivent une fonction proprement européenne. De même, les membres du Parlement européen tiennent leur qualité directement de la proclamation officielle des résultats électoraux par leur État qui ne peut y ajouter de condition supplémentaire à celles prévues par le droit de l'Union[16]. De même, les pouvoirs des parlements régionaux dans certains États sont pris en compte dans les processus de consultation des organes législatifs nationaux et dans le cadre de la coopération interparlementaire au niveau européen. Une promotion des différenciations territoriales peut néanmoins être source de tensions voire de risques de fragmentation des États comme le montrent les courants autonomistes et les aspirations séparatistes de certaines communautés/collectivités infraétatiques, comme en Écosse ou en Catalogne, qui prennent appui sur l'appartenance à l'Union pour revendiquer une indépendance à l'égard de leur État. De tels mouvements apparaissent comme autant de risques systémiques de désagrégation pour l'Union elle-même, qui est avant tout une Union d'États. Ces risques apparaissent également lors de la sortie d'un État membre de l'Union, comme le montrent la complexité et l'intrication des enjeux territoriaux du Brexit.

B. Les effets relatifs des différenciations territoriales en droit de l'Union

La portée normative des règles du marché intérieur peut prendre en compte les besoins de l'autonomie locale. Cette prise en compte s'observe notamment dans la détermination du champ de l'exception des contrats *« in house »* face aux règles européennes de la commande publique[17]. De même, le degré d'autonomie normative

16. Voir CJUE, gde ch. 19 déc. 2019, *Oriol Junqueras Vies*, C-502/19, EU:C:2019:1115.

17. Voir sur l'application de la notion aux groupements de collectivités territoriales : CJCE, 18 nov. 1999, *Teckal*, C-107/98, EU:C:1999:562. Sur la notion de contrôle conjoint, not. CJUE, 28 nov. 2012, *Econord*, C-182/11 et C-183/11, EU:C:2012:758.

des collectivités territoriales intervient dans la mise en œuvre des critères de la sélectivité d'une aide au sens des règles de concurrence. Pour écarter la qualification d'aide sélective, ces critères impliquent la présence d'une réelle autonomie normative de la collectivité territoriale à l'égard du gouvernement central. En effet, selon la Cour de justice, « le cadre de référence ne doit pas nécessairement être défini dans les limites du territoire de l'État membre concerné, en sorte qu'une mesure octroyant un avantage dans une partie seulement du territoire national n'est pas de ce seul fait sélective ». Ainsi, « il ne saurait être exclu qu'une entité infraétatique dispose d'un statut de droit et de fait la rendant suffisamment autonome par rapport au gouvernement central d'un État membre pour que, par les mesures qu'elle adopte, ce soit cette entité, et non le gouvernement central, qui joue un rôle fondamental dans la définition de l'environnement politique et économique dans lequel opèrent les entreprises » et « en pareil cas, c'est le territoire sur lequel l'entité infraétatique, auteur de la mesure, exerce sa compétence, et non le territoire national dans son ensemble, qui constitue le contexte pertinent pour rechercher si une mesure adoptée par une telle entité favorise certaines entreprises par rapport à d'autres se trouvant dans une situation factuelle et juridique comparable, au regard de l'objectif poursuivi par la mesure ou le régime juridique concerné »[18]. Ces critères ont conduit la Cour de justice à énoncer les critères et le degré de l'autonomie locale appliqués dans ce contexte[19].

18. CJCE, gde ch. 6 sept. 2006, *Portugal c./Commission*, C-88/03, EU:C:2006:511, pts 57 et 58.

19. CJCE, 11 sept. 2008, C-428/06 à C-434/06, EU:C:2008:488 (sur l'appréciation du caractère sélectif de mesures fiscales adoptées par une collectivité régionale ou locale) pt 51 selon lequel : « Pour qu'une décision prise par une autorité régionale ou locale puisse être considérée comme ayant été adoptée dans l'exercice de pouvoirs suffisamment autonomes de cette autorité, il faut tout d'abord que cette dernière soit dotée, sur le plan constitutionnel, d'un statut politique et administratif distinct de celui du gouvernement central. Ensuite, la décision doit avoir été adoptée sans que le gouvernement central puisse intervenir directement sur son contenu. Enfin, les

Il s'agit essentiellement de prendre en compte les autonomies législatives dans l'Union et les différentions normatives qui en résultent dans l'État. Un raisonnement du même ordre est mené pour la définition de la portée du principe de non-discrimination en raison de la nationalité[20]. La prise en compte du degré d'autonomie normative des collectivités infraétatiques et de l'étendue de leur champ de compétences se manifeste aussi dans l'ELSJ[21]. Elle peut amener la Cour de justice à se prononcer sur le respect par l'Union de la diversité linguistique régionale et locale. La promotion par l'État des langues régionales est un motif légitime pouvant justifier des dérogations aux règles du marché intérieur en tant que raison impérieuse d'intérêt général lue à l'aune du respect de l'identité nationale[22]. Elle n'est cependant pas déliée du respect de ces règles et ne peut donc donner lieu à des atteintes disproportionnées aux libertés de circulation qui s'imposent ainsi aux différenciations normatives infraétatiques parfois ancrées dans la conception constitutionnelle même du fédéralisme dans l'État. Par cette jurisprudence, la Cour de justice reçoit tout en en limitant les effets certaines composantes essentielles de l'ordre constitutionnel national d'un État et l'aménagement des compétences législatives en son sein. Une telle prise en compte ne concerne pas toutes les autonomies régionales ou locales, mais uniquement celles qui répondent aux critères d'appréciation

---

conséquences financières d'une réduction du taux d'imposition national applicable aux entreprises présentes dans la région ne doivent pas être compensées par des concours ou des subventions en provenance des autres régions ou du gouvernement central (arrêt Portugal/Commission, précité, point 67). Ces trois conditions sont communément considérées comme les critères de l'autonomie institutionnelle, procédurale ainsi qu'économique et financière. »

20. CJUE, gde ch. 16 juill. 2009, *Horvath*, C-428/07, ECLI:EU:C:2009:458, pts 57 et 58.

21. CJUE, gde ch., 17 juill. 2014, *Bero et Bouzalmate*, C-473/13 et C-514/13, ECLI:EU:C:2014:2095.

22. CJUE, gde ch. 16 avr. 2013, *Las, C-202/11*, EU:C:2013:239; CJUE, 5 févr. 2015, *Commission c./Belgique*, C-317/14, ECLI:EU:C:2015:63.

définis par la Cour de justice et qui atteignent un degré suffisant à l'égard du gouvernement central tel qu'il est fixé par la jurisprudence de Luxembourg. Il ne s'agit pas de procéder par renvoi aux qualifications nationales, mais d'appliquer une interprétation autonome de la portée normative des règles du droit de l'Union.

De plus, cette réception européenne des différenciations territoriales en tant qu'éléments de l'identité nationale ne met en aucun cas en cause le principe de l'imputabilité à l'État des manquements émanant des autorités locales et régionales. Pour reprendre les termes de la Cour de justice, « il incombe aux États membres, notamment, en vertu du principe de coopération loyale, énoncé à l'article 4, paragraphe 3, premier alinéa, TUE, d'assurer, sur leurs territoires respectifs, l'application et le respect du droit de l'Union »[23]. L'État ne peut en aucun cas faire valoir son organisation territoriale pour neutraliser les effets du droit de l'Union sur son territoire ou justifier une méconnaissance de ses obligations ou un retard dans l'accomplissement de celles-ci. Les collectivités territoriales sont en particulier soumises à l'harmonisation des législations nationales dans les différents champs d'intervention de l'Union tels que ceux de la protection de la santé[24], de l'environnement, des consommateurs ou des grands services publics en réseau en matière d'énergies, de communications ou de transports… Elles sont directement liées comme les États par les obligations de transposition des directives et par le devoir de coopération loyale. Comme le relève la Cour de justice, ce devoir « incombe à toutes les autorités des États membres, qu'il s'agisse d'autorités du pouvoir central de l'État, d'autorités d'un État fédéré ou d'autres autorités territoriales, d'assurer le respect des règles du droit communautaire dans le cadre de leurs compétences ». De même, un État ne peut « exciper de situations internes, telles

23. Voir avis 2/13, préc. pt 173.

24. Voir la directive 2011/24/UE du Parlement européen et du Conseil du 9 mars 2011 relative à l'application des droits des patients en matière de soins de santé transfrontaliers.

les difficultés d'application apparues au stade de l'exécution d'un acte communautaire, pour justifier le non-respect des obligations et délais résultant des normes du droit communautaire »[25]. Les mêmes principes intégrateurs s'imposent pour la mise en œuvre de la responsabilité de l'État tant à l'égard de l'Union que des particuliers. Il revient ainsi à chaque État membre « de s'assurer que les particuliers obtiennent réparation du préjudice que leur cause le non-respect du droit communautaire, quelle que soit l'autorité publique auteur de cette violation et quelle que soit celle à laquelle incombe en principe, selon le droit de l'État membre concerné, la charge de cette réparation »[26]. Même à l'égard des PTOM qui leur sont rattachés, les États membres peuvent être tenus responsables vis-à-vis de l'Union d'erreurs commises ou de méconnaissance par les autorités de ces territoires des obligations qui les lient à l'Union[27].

II. Les différenciations territoriales promues par le droit de l'Union

Selon les données du Parlement européen, l'Union européenne compte, en intégrant les pays membres de l'Association européenne de libre-échange (AELE) qui lui sont voisins, quarante frontières terrestres intérieures et régions frontalières intérieures de l'Union, et ces régions couvrent 40 % de son territoire, représentent 30 % de sa

25. Voir CJCE, 7 avr. 1992, *Commission c./Grèce*, C-45/91, ECLI:EU:C:1992:164, pts 20 et 21.
26. CJCE, 1er juin 1999, *Konle*, préc. pt 62. La Cour relève ainsi qu'« un État membre ne saurait, dès lors, invoquer la répartition des compétences et des responsabilités entre les collectivités qui existent dans son ordre juridique interne pour s'exonérer de sa responsabilité à ce titre » et ce n'est que sous cette réserve que « le droit communautaire n'impose aux États membres aucune modification de la répartition des compétences et des responsabilités entre les collectivités publiques qui existent sur leur territoire. » (pts 62 et 63 de l'arrêt.)
27. Voir CJUE, gde ch. 31 oct. 2019, *Commission c./Pays-Bas*, C-395/17, EU:C:2019:918, pt 97 et même jour, *Commission c./Royaume-Uni*, C-391/17, EU:C:2019:919, pt 95.

population et génèrent près du tiers de son PIB[28]. De plus, la situation particulière de ces régions intéresse directement les mobilités sur le marché intérieur. Selon ces mêmes données, le nombre total de travailleurs et d'étudiants frontaliers employés dans un autre pays de l'Union européenne s'élève à environ 2 millions, dont 1,3 million de frontaliers sont des travailleurs, ce qui représente 0,6 % des actifs de l'ensemble de l'Union[29]. Le Parlement européen souligne notamment que « l'attractivité des régions frontalières du point de vue de la résidence et de l'investissement dépend, dans une large mesure, de la qualité de vie, de la disponibilité de services publics et commerciaux pour les citoyens et les entreprises ainsi que de la qualité des transports, autant de conditions qui ne peuvent être satisfaites et préservées que grâce à une coopération étroite entre les autorités nationales, régionales et locales, ainsi qu'entre les entreprises sises de part et d'autre de la frontière »[30]. Un focus est fait sur les difficultés que rencontrent les régions frontalières, particulièrement celles de faible densité de population, à assurer leur développement économique et social, et particulièrement sur les obstacles tenant à l'existence de barrières physiques et géographiques. Ainsi, la promotion des dimensions territoriales et régionales de la cohésion économique et sociale (A) est assortie de la promotion transnationale des instruments de la coopération territoriale qui contribue au renouvellement des cadres de la différenciation territoriale dans et entre les États membres (B).

28. Résolution du Parlement européen du 11 sept. 2018 « Stimuler la croissance et la cohésion des régions frontalières de l'Union européenne » (2018/2054(INI)), P8_TA(2018)0327. Voir aussi la communication de la Commission du 20 sept. 2017 « Stimuler la croissance et la cohésion des régions frontalières de l'Union européenne », COM(2017) 534 final.
29. Résolution préc.
30. Résolution préc.

A. La promotion des dimensions territoriales de la cohésion économique et sociale

La question des différenciations territoriales dans l'Union est au centre de la politique de cohésion économique, sociale et territoriale qui repose sur une nomenclature qui lui est propre et qui établit une subdivision du territoire des États membres en trois niveaux[31]. Celle classification a soulevé la question des droits des régions à minorité nationale. Elle a fait l'objet de deux arrêts du Tribunal de l'Union[32] rendus à propos de deux initiatives citoyennes (ICE) visant à développer une conception élargie de la diversité régionale en droit de l'Union européenne. Dans le premier arrêt du 10 mai 2016, *Balázs-Árpád Izsák et Attila Dabis c/Commission européenne*, le Tribunal s'est prononcé sur l'ICE *« Politique de cohésion pour l'égalité des régions et le maintien des cultures régionales »* et sur le sens de la notion de « région » qu'il a notamment rapporté au respect de l'identité nationale des États membres. Il souligne en effet que « conformément à l'article 4 § 2 TUE, l'Union doit, dans le cadre de la politique de cohésion, respecter la situation politique, administrative et institutionnelle prévalant dans les États membres »[33]. Cette référence au respect de l'identité nationale n'est cependant pas reprise par la Cour de justice dans son arrêt du 7 mars 2019, rendu

31. NUTS 1, NUTS 2 et NUTS 3. Voir le règlement (CE) 1059/2003 du Parlement européen et du Conseil du 26 mai 2003, modifié à plusieurs reprises.

32. Trib. UE, 3 févr. 2017, *Minority SafePack – one million signatures for diversity in Europe c./Commission*, T-646/13, EU:T:2017:59, qui juge notamment que la décision de la Commission rejetant la demande d'enregistrement de cette proposition d'initiative citoyenne européenne, « ne contient manifestement pas suffisamment d'éléments permettant au requérant de connaître les justifications du refus d'enregistrement de la proposition d'ICE au regard des différentes informations contenues dans ladite proposition et de réagir en conséquence et au Tribunal d'exercer son contrôle sur la légalité du refus d'enregistrement », pt 28.

33. Trib. UE, 10 mai 2016, *Izsák et Dabis c./Commission*, T-529/13, ECLI:EU:T:2016:282.

sur pourvoi introduit contre celui du Tribunal[34]. Dans le second arrêt du 24 septembre 2019, *Roumanie c./Commission*, le Tribunal a statué sur la proposition d'ICE *« Minority SafePack-One million signatures for diversity in Europe »* visant à l'adoption d'actes législatifs tendant à améliorer la protection des personnes appartenant à des minorités nationales et linguistiques et à renforcer la diversité culturelle et linguistique dans l'Union[35]. Il écarte le moyen de la Roumanie fondé sur l'article 4 § 2 TUE en jugeant qu'il n'a pas été démontré que cette disposition s'oppose nécessairement à l'adoption de mesures qui « tendent à assurer, dans les domaines de compétence de l'Union, le respect, par celle-ci, des valeurs sur lesquelles elle est fondée, tel que le respect des droits des personnes appartenant à des minorités, et à poursuivre les objectifs énoncés à l'article 3 TUE, parmi lesquels figurent le respect de la richesse de la diversité culturelle et linguistique de l'Union ». La prise en compte de la différenciation territoriale à l'égard de ce type de région à minorité nationale peut donc conduire à élargir le champ des objectifs de la politique de cohésion économique, sociale et territoriale.

La question des différenciations territoriales se pose de façon récurrente à l'égard de la situation particulière des régions frontalières. La Commission européenne a souligné les effets positifs du marché intérieur sur ces dernières. Selon ses indications, « le processus d'intégration européenne a contribué à faire de ces régions frontalières, qui étaient des zones essentiellement périphériques, des zones de croissance et d'ouverture », « l'achèvement du marché unique en 1992 a stimulé la productivité de l'Union et réduit les coûts

34. *Izsák et Dabis c./Commission*, C-420/16 P, ECLI:EU:C:2019:177 qui n'en juge pas moins qu'« en ayant exclu [...] qu'une région à minorité nationale puisse, au regard de ses caractéristiques ethniques, culturelles, religieuses ou linguistiques spécifiques, faire systématiquement partie des "régions qui souffrent de handicaps naturels ou démographiques graves et permanents", au sens de l'article 174, 3e al., TFUE, le Tribunal a correctement interprété la notion de "région concernée" figurant à cette disposition et, dès lors, n'a pas commis une erreur de droit sur ce point ».
35. T-391/17, ECLI:EU:T:2019:672.

grâce à la suppression des formalités douanières, à l'harmonisation ou à la reconnaissance mutuelle des prescriptions techniques et au développement de la concurrence » et « le commerce intra-UE a augmenté de 15 % en dix ans ; un surplus de croissance a été généré et près de 2,5 millions d'emplois supplémentaires ont été créés »[36]. Ces effets ne doivent pas occulter les difficultés que rencontrent ces régions également soulignées par la Commission et que la politique de cohésion économique, sociale et territoriale vise à réduire ou surmonter. Les politiques locales et régionales peuvent être valorisées et soutenues par des financements européens issus de programmes tels qu'« Interreg » et de fonds tels que le FEDER[37]. Elles peuvent viser la satisfaction d'intérêts transfrontaliers. Cette coopération a été promue dans le cadre du programme Interreg qui suit les objectifs de développement de la politique de cohésion économique, sociale et territoriale et qui est ouvert aux autorités nationales, régionales et locales de différents États membres. La mise en œuvre de ce programme, qui repose des périodes de programmation pluriannuelles[38], contribue à accroître les coopérations à caractère transfrontalier, transnational et interrégional. Pour la période 2014-2020, 6 milliards d'euros du budget de l'Union ont été affectés aux programmes transfrontaliers

---

36. Communication de la Commission du 20 sept. 2017, « Stimuler la croissance et la cohésion des régions frontalières de l'Union européenne », préc.

37. Voir règlement (UE) 1303/2013 du Parlement européen et du Conseil du 17 déc. 2013 portant dispositions communes relatives au Fonds européen de développement régional, au Fonds social européen, au Fonds de cohésion, au Fonds européen agricole pour le développement rural et au Fonds européen pour les affaires maritimes et la pêche, portant dispositions générales applicables au Fonds européen de développement régional, au Fonds social européen, au Fonds de cohésion et au Fonds européen pour les affaires maritimes et la pêche, et abrogeant le règlement (CE) 1083/2006 du Conseil ; règlement (UE) 1299/2013 du Parlement européen et du Conseil du 17 déc. 2013 portant dispositions particulières relatives à la contribution du Fonds européen de développement régional à l'objectif « Coopération territoriale européenne ».

38. Couvrant les périodes de 1990 à 1993, de 1994 à 1999, de 2000 à 2006, de 2007 à 2013 puis de 2014 à 2020.

Interreg[39]. Cette action de l'Union peut faire émerger de nouvelles territorialités fonctionnelles et de nouveaux contours des différenciations territoriales, par les coopérations. La décentralisation de la gestion des fonds structurels européens peut également être source de nouvelles différenciations évoluant dans un cadre européen, mais qui révèlent un bilan contrasté[40]. Le droit de l'Union amène enfin des instruments juridiques de coopération transfrontalière qui lui sont propres, tels que les groupements européens de coopération territoriale (GECT) qui visent à faire progresser la coopération transfrontalière, transnationale et interrégionale entre les États membres ou leurs collectivités régionales et locales dans des domaines très diversifiés[41].

B. Le renouvellement de la différenciation par la promotion transnationale des instruments de la coopération territoriale

Ce renouvellement s'inscrit dans la perspective de la création de nouveaux espaces frontaliers pour les politiques publiques locales. La communication de la Commission, « Stimuler la croissance et la cohésion des régions frontalières de l'Union européenne » met notamment en lumière la manière dont il serait possible, par une action conjuguée de l'Union et de ses États, de réduire la complexité

39. Communication de la Commission, « Stimuler la croissance et la cohésion des régions frontalières de l'Union européenne », préc.

40. Voir Cour des comptes française, « Bilan du transfert aux régions de la gestion des fonds européens structurels et d'investissement », Communication à la commission des finances, de l'économie générale et du contrôle budgétaire de l'Ass. nat., avr. 2019, 146 p., *www.ccomptes.fr - @Courdescomptes*.

41. Voir règlement (CE) 1082/2006 du Parlement européen et du Conseil du 5 juill. 2006 relatif à un groupement européen de coopération territoriale (GECT) ; Règlement (UE) 1302/2013 du Parlement européen et du Conseil du 17 déc. 2013 modifiant le règlement (CE) 1082/2006 (précité) en ce qui concerne la clarification, la simplification et l'amélioration de la constitution et du fonctionnement de groupements de ce type.

des relations transfrontalières et de favoriser la gestion en commun de services dans les territoires frontaliers. Ce sont ces perspectives favorables à une meilleure appréhension des différenciations territoriales et de leur articulation au plan européen que vise la proposition de règlement du Parlement européen et du Conseil du 29 mai 2018 relatif à la création d'un mécanisme visant à lever les obstacles juridiques et administratifs dans un contexte transfrontalier[42]. Cette proposition est notamment motivée par le constat « qu'à eux seuls, les programmes peuvent difficilement venir à bout des obstacles juridiques (notamment ceux qui sont liés aux services de santé, à la réglementation du travail, à la fiscalité ou au développement des entreprises) et des obstacles liés aux différences entre les cultures administratives et les cadres juridiques nationaux, puisque ceux-ci exigent de prendre des décisions au-delà des programmes et des structures de gestion de projets ». Après avoir relevé que « plusieurs mécanismes efficaces en matière de coopération transfrontalière existent déjà au niveau local, régional et intergouvernemental », la proposition de règlement prévoit l'institution d'un nouveau mécanisme. Elle innove par le principal intérêt de celui-ci qui est de permettre d'appliquer « dans un État membre, à l'égard d'une région transfrontalière, les dispositions légales d'un autre État membre lorsque l'application des dispositions légales du premier constituerait un obstacle juridique entravant l'exécution d'un projet commun ». Cette proposition de la Commission définit les notions de région transfrontalière[43] et celle de « projet commun »[44]. Le mécanisme introduit est conventionnel. Il consiste dans la conclusion soit d'une « convention transfrontalière

42. Proposition de règlement du Parlement européen et du Conseil, COM(2018) 373 final, 2018/0198(COD).

43. Comme visant, selon l'article 3-1) de la proposition de règlement, « le territoire couvert par des régions de niveau NUTS 3 partageant une frontière terrestre dans deux États membres ou plus ».

44. Comme visant selon l'article 3-2) de la proposition de règlement, « tout élément d'infrastructure ayant des retombées dans une région transfrontalière donnée ou tout service d'intérêt économique général fourni dans une région transfrontalière donnée ».

européenne, laquelle est directement applicable », soit d'une « déclaration transfrontalière européenne, laquelle requiert une procédure législative dans l'État membre ». Quant à son champ d'application, la proposition de règlement a vocation à s'appliquer non seulement aux régions transfrontalières, mais aussi aux « entités territoriales dotées de pouvoirs législatifs » et à « leurs autorités et à leurs dispositions légales »[45]. Elle précise la procédure de conclusion et de signature d'une convention, ou de signature d'une déclaration, les conditions d'exécution et de contrôle des conventions et déclarations. Elle prévoit des points de coordination transfrontalière et un rôle de coordination de la Commission qui doit être assistée par le comité de coordination pour les fonds structurels et d'investissement européens. Elle désigne aussi les initiateurs possibles de ce mécanisme, en cas d'obstacle juridique « touchant à la planification, à l'élaboration, au financement, aux effectifs et au fonctionnement d'un projet commun »[46].

C'est aussi en grande partie vers des objectifs proches qu'est tourné le traité d'Aix-la-Chapelle entre la France et l'Allemagne du 22 janvier 2019 sur la coopération et l'intégration franco-allemande. Ce traité est entré en vigueur le 22 janvier 2020 et consacre l'un de ses chapitres au renforcement de la coopération régionale et

45. Art. 2 de la proposition de règlement.

46. Art. 8 de la proposition de règlement : « a. L'organisme public ou privé chargé du lancement, ou du lancement et de l'exécution, d'un projet commun ; b. Une ou plusieurs autorités locales ou régionales situées dans une région transfrontalière ou y exerçant l'autorité publique ; c. Un organisme avec ou sans personnalité juridique créé pour la coopération transfrontalière, situé dans une région transfrontalière ou couvrant au moins partiellement cette région, comme les groupements européens de coopération territoriale prévus par le règlement (CE) n° 1082/2006, les eurorégions (euregio) et les organismes similaires ; d. Une organisation représentant des régions transfrontalières dans le but de soutenir les intérêts des territoires transfrontaliers et de faciliter la mise en réseau des acteurs et le partage de leurs expériences, comme l'Association des régions frontalières européennes, la Mission opérationnelle transfrontalière ou le CESCI (Central European Service for Cross-border Initiatives) ; e. Ou regroupe plusieurs des entités visées aux points a) à d. »

transfrontalière entre les deux pays. Selon l'article 13-1) du traité, ces derniers « reconnaissent l'importance que revêt la coopération transfrontalière entre la République française et la République fédérale d'Allemagne pour resserrer les liens entre les citoyens et les entreprises de part et d'autre de la frontière, notamment le rôle essentiel des collectivités territoriales et autres acteurs locaux à cet égard » et « entendent faciliter l'élimination des obstacles dans les territoires frontaliers afin de mettre en œuvre des projets transfrontaliers et de faciliter la vie quotidienne des habitants de ces territoires », étant précisé qu'ils peuvent dans cette perspective adopter « la législation appropriée »[47]. Par ailleurs, l'article 14 du traité prévoit l'institution d'un comité de coopération transfrontalière qui est appelé à comprendre « l'État et les collectivités territoriales, les parlements et les entités transfrontalières comme les eurodistricts et, en cas de nécessité, les eurorégions intéressées ». Selon le traité, les États doivent aussi encourager « la coopération décentralisée entre les collectivités des territoires non frontaliers » et « s'engagent à soutenir les initiatives lancées par ces collectivités qui sont mises en œuvre dans ces territoires »[48]. La valorisation par ce traité du rôle des collectivités en termes de différenciation territoriale mérite d'être rapportée à l'objectif des États d'approfondir « l'intégration de leurs économies afin d'instituer une zone économique franco-allemande

---

47. Selon l'article 13-2), « dans le respect des règles constitutionnelles respectives des deux États et dans les limites du droit de l'Union européenne, les deux États dotent les collectivités territoriales des territoires frontaliers et les entités transfrontalières comme les eurodistricts de compétences appropriées, de ressources dédiées et de procédures accélérées permettant de surmonter les obstacles à la réalisation de projets transfrontaliers, en particulier dans les domaines économique, social, environnemental, sanitaire, énergétique et des transports. Si aucun autre moyen ne leur permet de surmonter ces obstacles, des dispositions juridiques et administratives adaptées, notamment des dérogations, peuvent également être accordées. Dans ce cas, il revient aux deux États d'adopter la législation appropriée ».

48. Art. 17 du traité.

dotée de règles communes »[49] et de mettre en place un « Forum pour l'avenir franco-allemand » destiné à réunir les parties intéressées afin « de travailler sur les processus de transformation de leurs sociétés ». Ce traité apparaît à bien des égards comme une déclinaison dans la coopération entre la France et l'Allemagne des enjeux du développement de la coopération entre les collectivités territoriales hors des frontières nationales dans le cadre de la politique de cohésion économique, sociale et territoriale de l'Union.

Comme cela ressort des termes mêmes de la réception des différenciations territoriales en droit de l'Union européenne, force est de reconnaître que ces évolutions récentes ne font que renforcer l'exigence dans les États membres de collectivités territoriales fortes et dotées de compétences substantielles et effectives, d'un réel poids législatif et d'une autonomie constitutionnellement garantie. Car l'avenir des différenciations territoriales dans l'Union s'exprime nécessairement en termes de démocratie pour la satisfaction des intérêts territoriaux qu'elles incarnent et la réalisation des principes européens tels que celui de subsidiarité, des intérêts des citoyens européens, mais aussi des valeurs européennes communes.

49. Art. 20 du traité.

Partie II

DIFFÉRENCIATION DES NORMES ET DES COMPÉTENCES DES COLLECTIVITÉS TERRITORIALES

LA DIFFÉRENCIATION TERRITORIALE DANS LES FINANCES LOCALES ALLEMANDES

Jérôme GERMAIN
Maître de conférences HDR en droit public
Faculté de droit de Metz, IRENEE
Université de Lorraine

En Allemagne, les collectivités locales et les finances locales relèvent des États fédérés (*Länder*) et non de l'État fédéral (*Bund*). Chaque État fédéré possède donc sa propre décentralisation. On trouve ainsi en Allemagne 14 décentralisations différentes parmi les 16 États fédérés. Berlin et Hambourg étant des villes-États (*« Stadt-Staat »*), le droit fédéré se confond avec le droit des collectivités locales sur leur territoire. Le *Land* de Brême étant composé de deux villes (*« Zweistädte-Staat »*), un droit des collectivités locales spécifique à cet État fédéré régit les communes de Brême et de Bremerhaven.

La Loi fondamentale (LF), c'est-à-dire la Constitution fédérale (*« Grundgesetz »*), pose néanmoins certaines normes communes à l'ensemble des collectivités locales que les législations fédérées doivent respecter en ce domaine. Elle consacre tout d'abord un principe d'autonomie locale des collectivités décentralisées qui comporte aussi un volet financier (art. 28 II LF). Elle garantit ensuite certaines ressources aux collectivités locales. Les principales ressources garanties sont de nature fiscale (impôt local sur les entreprises, impôt local foncier, fraction d'impôt sur le revenu, fraction des impôts communs au *Bund* et aux *Länder*, impôts locaux sur la consommation et la dépense).

Nous nous proposons d'examiner dans quelle mesure une certaine différenciation territoriale pourrait être observée dans les finances locales allemandes. Une telle différenciation peut être comprise de deux façons différentes. Elle peut en premier lieu désigner le droit applicable à certaines collectivités locales en dérogation du droit régissant les autres collectivités locales du même *Land*, et donc prévoyant pour elle un droit différencié. Elle peut en second lieu désigner le droit accordé à une collectivité locale de produire sa propre réglementation, ce qui au fil des décisions adoptées entraîne l'émergence d'un droit différenciant les collectivités entre elles.

Nous verrons que dans les finances locales allemandes, d'une part, la première hypothèse est plus répandue que la seconde. Les *Länder* ne sont pas foncièrement plus généreux que notre État pour déléguer aux collectivités décentralisées des compétences réglementaires. Nous constaterons, d'autre part, que la tendance dominante est plutôt celle de la convergence que de la divergence. Les possibilités de différenciation demeurent sous-utilisées par les *Länder*. Le consensus sur la modération fiscale et les économies budgétaires débouche sur le rapprochement des modes de décentralisation entre les *Länder*. Il n'incite pas non plus à démultiplier les régimes spéciaux au sein des *Länder*.

Nous ne traiterons pas de deux domaines qui pourtant présentent des caractéristiques de la différenciation dans leur régime juridique. D'un côté, les intercommunalités peuvent parfois être pourvues de régimes juridiques et de compétences particulières par rapport aux autres intercommunalités du même *Land*. Le législateur fédéré entend ainsi organiser des agglomérations particulièrement importantes (Hanovre, Stuttgart, Francfort sur le Main, etc.). D'un point de vue financier, ces différenciations sont peu intéressantes puisqu'elles sont financées à l'image des autres intercommunalités, c'est-à-dire par des cotisations de leurs membres, souvent considérées comme insuffisantes. D'un autre côté, le droit des marchés publics en dessous des seuils européens (les passations nationales comme disent les Allemands) est rattaché en Allemagne au droit budgétaire. Les marchés publics au-dessus des seuils européens (les passations européennes) sont, quant à elles, considérés comme une partie du droit de la concurrence. Comme les passations nationales (*« nationale Vergaben »*) ne forment pas un droit spécifique aux collectivités locales, ni, d'ailleurs, un droit foncièrement différent d'un *Land* à l'autre, nous ne l'aborderons pas non plus ici[1].

Quatre domaines des finances locales illustrent particulièrement cette place réduite de la différenciation au sein des collectivités décentralisées en Allemagne. Il s'agit de la connexité financière, du référendum budgétaire, de la fiscalité locale et des expérimentations comptables.

I. La connexité financière

En plus des ressources garanties aux collectivités locales par le droit fédéral, le principe de connexité oblige le *Land* à garantir certaines ressources aux collectivités décentralisées. Il ne peut pas leur déléguer des tâches sans se soucier des moyens financiers qui en rendent possibles l'exercice. Les collectivités locales doivent pouvoir exercer leurs missions sans être obligées de s'endetter. Seul le *Land* est tributaire du principe de connexité en raison de sa compétence en matière de décentralisation. Il ne peut par exemple pas être opposé au *Bund*, qui n'est pas compétent en matière de collectivités locales.

Le principe de connexité correspond en partie à l'obligation de compenser les transferts de compétences par des transferts de financement que connaît le droit français. En France, ce droit à

1. Nous nous contenterons de signaler que le délai de recours précontractuel n'existe, au niveau des passations nationales, que dans quatre *Länder*, tous à l'Est : Mecklembourg-Poméranie occidentale, Saxe, Saxe-Anhalt et Thuringe. Ce délai est en revanche obligatoire pour les passations européennes en Allemagne et généralisé à toutes les passations en France.

compensation financière des compétences transférées par l'État est très limité. Les collectivités locales n'ont droit qu'à des montants équivalents. Les montants équivalents désignent les montants que l'État consacrait auparavant à ces missions, même si les financements étatiques étaient insuffisants. Cette logique est perverse puisqu'elle incite l'État à sous-financer les missions qu'il compte transférer. De surcroît, ces compensations ne concernent que les compétences transférées par l'État. L'extension d'une compétence déjà transférée par l'État aux collectivités locales ou la création au profit des collectivités locales d'une compétence nouvelle non exercée par l'État auparavant n'ouvre droit qu'à des transferts financiers d'accompagnement. Ils n'ont pas besoin d'être suffisants[2].

Ce principe de connexité prend la forme en Allemagne d'une garantie minimale de ressources finançant les missions obligatoires et les missions facultatives. Les missions obligatoires sont composées par les missions propres (*« Pflichtselbstverwaltungsaufgaben »*) et les missions déléguées (*« übertragene staatliche Aufgaben »*). Les missions propres sont les missions que la collectivité locale doit exercer sans liberté de choix en raison de la loi fédérée. Les missions déléguées sont les missions du *Land* dont l'exercice est confié par le droit fédéré aux collectivités locales. Les missions facultatives sont les missions que la collectivité locale peut exercer, mais dont l'opportunité est laissée à son appréciation. Elle n'est pas contrainte par la loi d'exercer ces missions.

Alors que le droit français se focalise sur les transferts financiers équivalents des missions confiées aux collectivités locales par l'État, le droit allemand adopte une perspective plus globale, mais pas forcément plus généreuse[3]. D'une part, les financements garantis accompagnent non pas seulement les compétences transférées, mais toutes les compétences confiées aux collectivités locales, y compris

---

2. M. LASCOMBES « Article 72-2 », *in* M. LASCOMBE *et al.* (dir.), *Code constitutionnel et des droits fondamentaux*, Dalloz, 2019.
3. BVerwGE 145, 378 (384).

celles qui sont entièrement nouvelles ou qui représentent de simples extensions de compétences déjà octroyées. Il est donc indifférent que ces missions soient entièrement nouvelles ou bien qu'elles aient été auparavant du ressort du *Land*. D'autre part, les financements garantis doivent être seulement minimums, ce qui ne promet pas des financements suffisants, mais seulement non insuffisants. Cette approche économe de la décentralisation n'est pas forcément en deçà du droit français. Les financements équivalents prévus dans ce cas en France, comme nous l'avons souligné, peuvent aussi être insuffisants. Des financements minimums, en revanche, ne peuvent pas être insuffisants. Enfin, et c'est là l'originalité la plus intéressante, ces financements minimums doivent permettre de financer des compétences facultatives. Les ressources garanties par le *Land* ne doivent pas seulement permettre le financement des compétences obligatoires. Sans quoi les collectivités locales se transformeraient en simples exécutantes du *Land*. Les ressources garanties doivent donc permettre de financer des compétences facultatives des collectivités locales[4]. C'est effectivement à travers elles que s'exprime le mieux l'autonomie locale des collectivités décentralisées. De façon imagée, la doctrine qualifie de crête libre (*« Freie Spitze »*) cette marge financière émergeant des dépenses obligatoires et destinée à financer des décisions facultatives[5]. Cependant, seuls deux tribunaux constitutionnels ont pour l'instant reconnu une valeur juridique à cette exigence doctrinale[6]. D'un côté, la Cour d'État de Hesse a accueilli dans sa jurisprudence cette notion de crête libre en 2013[7]. D'un autre côté, la Cour d'État de Basse-Saxe précise dans une décision que le *Land* devait diminuer les compétences obligatoires si besoin afin de

4. « D'une ampleur modeste, mais notable » (*« In einem Bescheidenen, aber doch Merklichen Umfang »*), comme le formule la Cour administrative fédérale de Leipzig (BVerwGE 145, 378 (384).

5. F. SCHOCH, *Verfassungsrechtlicher Schutz der kommunalen Finanzautonomie*, 1997, p. 187.

6. M. E. GEIS, *Kommunalrecht*, Beck, 2016, p. 53-54.

7. Hess StGH, *NVwZ* 2013, p. 1151.

préserver une crête libre. Elle est même allée jusqu'à évaluer cette crête libre à 5 % du budget des arrondissements ruraux[8] et 10 % du budget des communes[9]. Sur un autre registre, la Cour d'État de Bade-Wurtemberg en 1999[10] puis la Cour constitutionnelle de Bavière[11] en 2008 ont préconisé la création d'un comité des finances communales (*« Gemeindefinanzkommission »*) réunissant représentants du *Land* et des communes afin de concrétiser cette crête libre.

Ce principe de connexité peut être plus ou moins fortement consacré selon les législations fédérées. Plusieurs groupes de *Länder* peuvent être distingués à cette aune-là. Tout d'abord, en Rhénanie-du-Nord-Westphalie, les ressources garanties doivent être non seulement définies dans la même loi que celle qui transfère des compétences aux collectivités locales. Des ajustements ultérieurs (*« nachträgliche Anpassungen »*) doivent tenir compte des évolutions constatées[12]. Ensuite, de nombreux *Länder* insistent sur la simultanéité (*« gleizeitig »*) des transferts de compétence et de financement, mais négligent les adaptations ultérieures potentiellement pénalisantes pour les budgets locaux si les dépenses transférées s'aggravent plus rapidement que les ressources transférées. Il s'agit de la Basse-Saxe[13], du Bade-Wurtemberg[14], de la Bavière[15], du Mecklembourg-Poméranie occidentale[16], de la Rhénanie-Palatinat[17] et de la Saxe-Anhalt[18]. Par

8. Sur cette notion, J. GERMAIN, « La voie étroite de l'intercommunalité en Allemagne », *in* P.-Y. MONTJAL (dir.), *La France intercommunale*, L'Harmattan, 2013, p. 205.
9. Nds StGH, jugement du 16 mai 2001.
10. StGH BW, jugement du 10 mai 1999.
11. Bay VerfGH, jugement du 28 nov. 2007.
12. Art. 78 III de la Constitution fédérée.
13. L'article 57 IV de la Constitution fédérée qualifie même de « sans délai » (*« unverzüglich »*) la concomitance visée.
14. Art. 71 III de la Constitution fédérée.
15. Art. 81 III et VII de la Constitution fédérée.
16. Art. 72 III de la Constitution fédérée.
17. Art. 49 V de la Constitution fédérée.
18. Art. 87 III de la Constitution fédérée.

ailleurs, certains *Länder* se montrent moins pressants sur la question de la concomitance des transferts de compétences et de ressources. Les Constitutions du Brandebourg[19], de Sarre[20], de Saxe[21] et du Schleswig-Holstein[22] se contentent de préciser que le transfert des ressources aura lieu à l'occasion du transfert des compétences (*« dabei »*). Un certain décalage temporel peut donc exister entre le transfert des missions et celui des financements ce qui est bien entendu désavantageux pour les finances et l'autonomie des collectivités décentralisées. Enfin, certains *Länder* sont considérés comme n'ayant constitutionnalisé qu'une connexité faible, moins stricte que leurs voisins, en retard par rapport aux progrès récents enregistrés dans le reste de l'Allemagne en ce domaine. La Hesse[23] et, dans une moindre mesure, la Thuringe[24] n'obligent pas réellement à organiser le transfert de compétences et de ressources dans la même loi. Outre des décalages temporels entre les transferts de missions et de financements, une participation financière des collectivités locales peut être attendue lorsque le *Land* confie des tâches aux collectivités locales.

La doctrine cependant s'oppose largement à cette approche particulièrement chiche envers les collectivités locales[25]. Une majorité d'auteurs plaide pour que la connexité ne soit plus définie comme un financement minimum (*« Mindestausstattung »*), mais comme un financement adapté (*« angemessene Ausstattung »*)[26]. Des avancées différenciées dans plusieurs *Länder* semblent avoir entendu en partie leur appel[27]. Tout d'abord, plusieurs tribunaux constitutionnels

19. Art. 97 III de la Constitution fédérée.
20. Art. 120 de la Constitution fédérée.
21. Art. 85 I de la Constitution fédérée.
22. Art. 49 II de la Constitution fédérée.
23. Art. 137 VI de la Constitution fédérée.
24. Art. 93 I de la Constitution fédérée.
25. Th. I. SCHMIDT, *Kommunalrecht*, Mohr Siebeck, 2014, p. 30-32.
26. M. E. GEIS, *Kommunalrecht*, *op. cit.*, p. 51-52.
27. K. LANGE, « Die finanzielle Mindestausstattung und die angemessene Finanzausstattung der Kommunen », *DVBl* 2015, p. 457.

fédérés ont consacré la garantie d'un financement adapté à la place d'un financement minimum. Les tribunaux constitutionnels de Bade-Wurtemberg[28], de Rhénanie-du-Nord-Westphalie[29] et de Hesse[30] ont interprété le principe d'autonomie financière des collectivités locales pour en déduire que les *Länder* devaient des financements adaptés et pas seulement minimums à leurs collectivités décentralisées. Les ressources accordées aux collectivités locales doivent donc être suffisantes et pas seulement non insuffisantes pour exercer leurs missions (obligatoires ou facultatives). Ensuite, un référendum législatif d'initiative populaire en Bavière a inscrit dans la Constitution fédérée qu'un financement adapté est garanti aux collectivités locales[31].

Cette évolution n'est toutefois pas dénuée d'équivoques. D'une part, certains juges constitutionnels fédérés soulignent plus que d'autres que la garantie financière reconnue aux collectivités locales est fonction des possibilités financières du *Land* concerné. Les tribunaux de Rhénanie-du-Nord-Westphalie et de Basse-Saxe se sont par exemple illustrés sur ce point[32]. D'autre part, la consécration juridique d'une garantie de ressources adaptées n'est pas d'un grand renfort si cette garantie n'est pas revêtue de la qualité d'un droit individuel de chaque collectivité locale opposable devant le juge contre le *Land*. Certes, la connexité est souvent un droit propre invocable individuellement par chaque collectivité locale. C'est par exemple le cas au Brandebourg, en Hesse et en Mecklembourg-Poméranie occidentale. Mais, parfois, la connexité n'est considérée que comme une garantie institutionnelle globale, valable seulement à l'échelle de l'ensemble des collectivités locales du *Land*. Les collectivités locales ne peuvent l'invoquer devant le juge que si le *Land* viole globalement (et donc suffisamment) cette garantie. Dans ce cas, la

28. StGH BW, jugement du 10 mai 1999.
29. VerfGH NW, jugement du 9 juill. 1998.
30. Hess StGH, jugement du 21 mai 2013.
31. Art. 83 II 3, Constitution bavaroise.
32. M. E. GEIS, *Kommunalrecht*, *op. cit.*, p. 51 s.

connexité n'est plus contrôlable juridictionnellement au niveau de chaque collectivité décentralisée. La Rhénanie-du-Nord et la Bavière se singularisent ainsi par le refus d'un droit individuel au respect du principe de connexité pour chaque collectivité locale[33].

II. Le référendum budgétaire

La démocratie directe en Allemagne n'est peut-être pas autant développée qu'en Suisse, mais elle est beaucoup plus vivante qu'en France[34]. Chaque *Land* possède une large autonomie pour définir la profondeur et les modalités de la démocratie au niveau décentralisé. Dans le domaine des finances locales, les Parlements des *Länder* ont habituellement le choix entre trois instruments complémentaires[35]. Les deux premiers n'étant que consultatifs, le troisième est assurément le plus intéressant en raison de son caractère décisionnel. En premier lieu, les pétitions (*« Antrag »*) permettent à leurs signataires de soumettre une question à leur conseil municipal. Elles sont possibles dans tous les *Länder*, sauf en Hesse, y compris en matière budgétaire ou fiscale[36]. Elles peuvent même être signées par des résidants étrangers, comme en Rhénanie-du-Nord-Westphalie et en Saxe. En Bade-Wurtemberg et en Bavière, elles sont en revanche réservées aux électeurs[37]. Leur domaine n'est pas limité aux compétences des communes. En second lieu, les consultations (*« Befragung »*) permettent quant à elles au conseil municipal d'interroger les habitants d'une commune. Elles ne sont possibles en matière budgétaire qu'en Basse-Saxe, en Sarre et au Schleswig-Holstein. Même les résidents étrangers peuvent participer aux consultations. En revanche, leur

33. A. GERN, *Deutsches Kommunalrecht*, Nomos, 2019, p. 517.

34. X. VOLLMERANGE, « Les acteurs de la démocratie locale », *in* C. DESMEMEY et H. STARK (dir.), *Qui dirige l'Allemagne ?*, Septentrion, 2005, p. 123 s.

35. Nous n'évoquerons donc pas des instruments de démocratie directe n'ayant qu'un lien plus éloigné avec les questions financières comme la révocation populaire des maires.

36. K. LANGE, *Kommunalrecht*, Mohr Siebeck, 2019, p. 603.

37. M. E. GEIS, *Kommunalrecht*, *op. cit.*, p. 96 s.

domaine est limité au champ de compétence de la commune[38]. En dernier lieu, les référendums (« *Bürgerenscheid* ») permettent aux citoyens d'adopter une décision à la place du conseil municipal. Seuls les électeurs peuvent y participer. L'Allemagne ne connaît au niveau décentralisé que les référendums d'initiative citoyenne (« *Bürgerbegehr* »). Les référendums d'initiative institutionnelle sont inconnus à ce niveau territorial[39].

Le champ de ces référendums d'initiative citoyenne est en revanche plus sévèrement délimité que pour les consultations et les pétitions. Il n'est plus maintenant défini que par des catalogues négatifs qui ont aujourd'hui supplanté les catalogues positifs. Un catalogue négatif est moins restrictif qu'un catalogue positif. Un catalogue négatif, en effet, énumère les domaines interdits au référendum tandis que le catalogue positif ne liste que les matières pouvant faire l'objet d'un référendum. Le budget local en tant que tel est interdit par tous les catalogues négatifs des *Länder*. Si le contenu du budget local ne peut faire l'objet d'un référendum local, des nuances existent d'un *Land* à l'autre. Dans la plupart des *Länder*, aucun référendum local ne peut avoir pour objet le budget local[40] ou les différents prélèvements publics (« *Abgabe* ») qui l'alimentent[41]. Ainsi, dans une décision célèbre, le juge a interdit un référendum relatif aux horodateurs.

38. N. HELLERMANN, « Die Zulässigkeit kommunaler Bürgerhaushalte », *DVBl* 2011, p. 1201 s.

39. M. THORMANN, « Der Bürgerhaushalt und die digitale Demokratie », *DÖV* 2013, p. 325. Dans certains *Länder*, le conseil municipal peut soumettre une contre-proposition aux électeurs lors d'un référendum d'initiative citoyenne.

40. Seules les dispositions contenues dans le budget sont exclues du référendum. Les décisions ayant des conséquences budgétaires ne peuvent pas être exclues des référendums locaux sans les priver de toute portée pratique. Voir SCHUMACHER, *in* SCHUMACHER, *BbgKomVerf*, § 15 Erl. 7.4.4.

41. La notion de prélèvement public en Allemagne désigne l'ensemble formé par les prélèvements obligatoires et les prélèvements facultatifs. Les prélèvements obligatoires englobent les impôts (« *Steuer* »), les taxes (« *Beitrag* ») et les cotisations (« *Umlage* »). Les prélèvements facultatifs sont essentiellement constitués par les redevances (« *Gebühr* »).

Les horodateurs permettent en effet d'encaisser une redevance de stationnement. Cette redevance constitue un prélèvement facultatif important pour l'équilibre du budget communal[42].

Cependant, le champ de cette interdiction est variable selon les *Länder* en matière de prélèvements. Le législateur fédéré n'a pas partout fait preuve de la même rigueur[43]. En Bavière notamment, les prélèvements qui financent le budget local sont absents du catalogue négatif adopté par le Parlement fédéré. Un référendum local peut donc porter sur des prélèvements locaux[44]. On trouve des situations partiellement comparables en Rhénanie-Palatinat, en Hesse et en Saxe-Anhalt. En Rhénanie-Palatinat, ne sont exclus du référendum local que les prélèvements finançant le budget ou les redevances de certaines entreprises communales[45]. Les redevances des autres entreprises communales peuvent donc faire l'objet d'un référendum local. En Hesse et en Saxe-Anhalt ne sont exclus du référendum local que les prélèvements communaux et les redevances de certaines entreprises communales[46]. Les redevances d'autres entreprises communales peuvent donc faire l'objet d'un référendum local.

Ces différenciations permettent de comparer des expériences et de préparer des avancées dans le domaine de la démocratie directe. Pour l'instant en tout cas, le juge n'accompagne pas avec bienveillance ces expérimentations. Il a parfois fait preuve d'une rigueur difficile à justifier. Par exemple, le tribunal administratif de Wurzbourg, en Bavière, a refusé l'organisation d'un référendum local visant la

42. Le tribunal administratif de Dusseldorf (*NVwZ* 1999, 684, 685 s.) et le tribunal administratif de Cologne (*NVwZ-RR 2000*, 455, 455 s.) ont pris soin de préciser que le lien avec un prélèvement obligatoire ou une redevance ne suffit pas à rendre le référendum illégal. Ce dernier doit viser la suppression d'un prélèvement public suffisamment important pour le financement du budget local.

43. K. LANGE, *Kommunalrecht*, *op. cit.*, p. 633.

44. Par exemple, des droits d'inscription ont ainsi été supprimés par référendum en Bavière.

45. « *Versorgung* », « *Entsorgung* » et « *Verkehr* ».

46. « *Versorgung* » et « *Verkehr* ».

diminution de la redevance de l'année précédente pour les eaux usées. Il a certes axé son raisonnement sur la période considérée et ses effets sur le budget afin de forger un lien avec le catalogue interdit[47]. Son jugement n'emporte pas l'adhésion. En effet, les référendums locaux sur les prélèvements publics sont autorisés en Bavière par la loi fédérée.

Des auteurs, dans le même ordre idée, interprètent de façon abusivement large l'interdit pesant sur la matière budgétaire dans le domaine des référendums locaux. Ils défendent la thèse selon laquelle cette interdiction ne concernerait pas seulement le contenu du budget. Elle s'étendrait aussi aux votations ayant des conséquences importantes pour le budget parce qu'engendrant des dépenses élevées[48]. Une telle approche confèrerait un pouvoir d'appréciation trop étendu au juge. Si le législateur n'a pas prévu une telle réserve, il serait paradoxal que le juge réduise la portée d'instruments justement destinés à renforcer la participation directe des électeurs[49].

III. La fiscalité locale

La fiscalité locale représente plus de la moitié des recettes des collectivités locales en Allemagne (96 milliards d'euros en 2017). Les dotations étatiques sont principalement d'origine fédérée et représentaient 87 milliards d'euros en 2017. Près de la moitié des recettes fiscales des collectivités locales (42 milliards d'euros en 2017) ne proviennent cependant que de fractions d'impôts affectés aux collectivités locales par le *Bund* et les *Länder*. Les collectivités locales ne maîtrisent ni le taux ni l'assiette de cette fiscalité. Dans ce cadre, la Loi fondamentale leur donne droit à 15 % de l'impôt sur le revenu et à 3,2 % de l'impôt sur la valeur ajoutée. Ces deux impôts forment, avec l'impôt sur les sociétés, les impôts communs.

---

47. VG Würzburg, Urteil 31 janv. 2007.
48. K. RITGEN, « Zu den thematischen Grenzen von Bürgerbegehren und Bürgerentscheid », *NVwZ* 2000, 129, p. 136.
49. A. LANGE, *Plebiszitäre Budgetverantwortung*, Nomos, 2011.

Ils sont ainsi désignés parce que l'adoption parlementaire de ces impositions nécessite l'approbation du *Bundesrat*, qui représente les exécutifs fédérés au niveau fédéral, en plus du *Bundestag*, qui représente le peuple allemand au niveau fédéral. Les *Länder* doivent de surcroît attribuer aux collectivités locales, mais sur la base de la législation fédérée, une fraction de leur part de ces impôts communs, qui sera donc variable d'un *Land* à l'autre. Les collectivités locales possèdent néanmoins un pouvoir de taux sur plus de la moitié de leurs recettes fiscales (54 milliards d'euros en 2017). Les deux impositions concernées sont l'impôt local sur les entreprises et l'impôt local sur le foncier. L'impôt local sur les entreprises constitue la principale recette fiscale des collectivités locales tandis que l'impôt local sur le foncier a été réformé en 2019 afin de le rendre plus équitable. Les collectivités locales ne possèdent un pouvoir de taux et d'assiette que sur une fiscalité locale résiduelle ne rapportant qu'un milliard d'euros par an environ. Cette fiscalité résiduelle frappe des divertissements (événements musicaux ou cercles de jeux) ou des consommations (boissons consommées sur place) ainsi que certains éléments du niveau de vie (impôt sur les chiens, impôts sur la chasse et la pêche). La plupart de ces impôts résiduels sont attribués aux communes. L'impôt sur la chasse et la pêche revient traditionnellement aux arrondissements ruraux (« *Landkreis* »). Les arrondissements sont des collectivités locales supra-communales. Elles sont le plus souvent les seules collectivités locales supra-communales des *Länder*. Seules la Bavière et la Rhénanie-du-Nord-Westphalie possèdent un échelon supérieur de décentralisation. Ils se nomment respectivement le district (« *Bezirk* ») et la province (« *Landschaft* »). Les arrondissements présentent la particularité de n'exister que dans les zones rurales. Dans les grandes villes, la commune exerce leurs compétences. Enfin, les *Länder* peuvent décider d'attribuer aux collectivités locales des fractions d'impôt fédéré sans pouvoir de taux ni d'assiette. C'est ainsi le cas en Bade-Wurtemberg, Basse-Saxe et Rhénanie-Palatinat où une fraction des droits de mutation revient aux arrondissements ruraux ainsi qu'aux villes hors arrondissement (« *kreisfreie Städte* »).

On l'aura compris, aucune différenciation entre les collectivités locales d'un même *Land* n'est observable dans le domaine des impôts sans maîtrise ni du taux ni de l'assiette. En matière d'impôts locaux sur les entreprises et d'impôts locaux sur le foncier, les communes peuvent, en revanche, fixer le taux d'imposition sur leur territoire. Cependant, un taux minimum encadre la concurrence entre les collectivités locales. Enfin, les impôts avec maîtrise du taux et de l'assiette sont des impôts normalement facultatifs. Chaque collectivité est libre de les percevoir ou non. En pratique, certains sont perçus dans la plupart des communes, comme l'impôt sur les chiens. Il est même obligatoire en Bade-Wurtemberg et en Sarre. Son taux est souvent destiné à contenir le développement de la population canine. La clé de répartition de ces impôts résiduels peut aussi déboucher sur une certaine différenciation entre les collectivités locales d'un même *Land*. La Bavière et la Thuringe ont mis en place un principe de priorité au profit des communes. Si la commune ne perçoit pas un impôt résiduel, alors l'arrondissement rural peut le faire sur le territoire de cette commune. Il en résulte une certaine possibilité de différenciation d'une commune à l'autre. Sur certains territoires, tel impôt résiduel revient à la commune et tel autre à l'arrondissement. Sur d'autres territoires, tel impôt résiduel revient à l'arrondissement et tel autre à la commune. Encore plus complexe, un principe d'antériorité a été préféré par certains *Länder* (Basse-Saxe, Mecklembourg-Poméranie occidentale, Sarre et Saxe-Anhalt). Le premier niveau de collectivité locale à percevoir un impôt résiduel est habilité à conserver cette recette fiscale. Là encore, une certaine différenciation entre les collectivités locales d'un même *Land* découle de ce mode particulier d'attribution de la fiscalité locale[50].

50. J. GERMAIN, « L'autonomie fiscale limitée des collectivités locales en Allemagne », *GFP* 2016, n° 2, p. 24.

IV. Les expérimentations comptables

En France, la nouvelle gestion publique (« *New public management* ») s'est principalement implantée par le biais de la loi organique relative aux lois de finances (LOLF) du 1er août 2001. En Allemagne, cette implantation s'est surtout opérée à travers la comptabilité locale[51]. Ce nouveau modèle de gouvernance a utilisé la réforme de la comptabilité locale afin d'apporter un changement de paradigme[52]. Il ambitionne de gérer les collectivités locales comme des entreprises en considérant l'administré comme un client et les services publics comme des marchandises dans le but de réduire la dépense locale[53]. Les *Länder* se sont coordonnés entre eux pour introduire ces réformes grâce à des phases d'expérimentations préalables (« *Experimentierklausel* ») auxquelles les collectivités locales pouvaient se porter candidates ou non, auprès du ministre fédéré de l'Intérieur, sur la base du volontariat[54]. Cette clause d'expérimentation a permis aux collectivités locales de se familiariser avec ce nouveau modèle[55]. Ensuite, chaque *Land* a choisi entre plusieurs options : la conservation partielle du modèle antérieur, la généralisation de la rénovation expérimentée ou l'autorisation de dérogations dans un sens ou un autre. Au cœur de cette réforme se trouve le passage d'une comptabilité traditionnelle (« *Kameralistik* ») à une comptabilité double (« *Doppik* »). La comptabilité traditionnelle est une comptabilité budgétaire, c'est-à-dire une comptabilité de caisse ou de gestion. Elle se contente d'enregistrer les flux de recettes et de dépenses au long de l'exercice considéré. Elle ignore les actifs et le

---

51. G. PÜNDNER, « Von der Kameralistik zur Doppik », *in* H. PÜNDNER, *Haushsaltsrecht im Umbruch*, 2003, p. 12.
52. G. PÜTTNER, « Diskussionsbeitrag zur Steuerung des Verwaltungshandels durch Haushaltsrecht », *VVDStRL*, 42, 1984, p. 289.
53. Ch. BRÜNING, « Die kommunalrechtlichen Experimentierklauseln », *DÖV*, 1997, p. 278.
54. M. E. GEIS, *Kommunalrecht*, *op. cit.*, p. 57-59.
55. Art. 117a BayGO, § 133 Hess GO, § 42b KV MV, § 181 Nds Kom VG, § 135a GO SH, § 143IV et 157 KVG LSA et § 129 GO NRW.

passif du patrimoine. La comptabilité double ajoute une comptabilité générale à la comptabilité budgétaire. Cette comptabilité générale retrace l'ensemble des droits constatés, y compris le stock des actifs et du passif qui forme le patrimoine possédé. Elle permet donc de connaître le résultat annuel et le bilan de la collectivité ainsi que le niveau de l'endettement. Cette double comptabilité locale assure une meilleure connaissance des finances de la collectivité décentralisée. En s'appuyant sur elle, il est dorénavant possible de développer les outils de la nouvelle gestion publique et de mieux piloter les budgets locaux[56]. Les budgets locaux peuvent ainsi être présentés selon des budgets de résultats et non comme auparavant selon des budgets de moyens. Cette logique de résultats permet de fixer des objectifs à atteindre afin de clarifier les finalités des politiques locales et d'évaluer leur réussite[57]. La gestion locale peut par ailleurs laisser plus d'autonomie à l'administration afin de lui confier des objectifs à réaliser sur la base de délibérations de l'organe délibérant. Cette décentralisation de la gestion est censée être pourvoyeuse d'économies. Des évaluations en fin d'exercice peuvent en outre déboucher sur des réorientations des politiques locales, voire des délégations ou des privatisations de services gérés en régie.

Ainsi, ces expérimentations ont débouché sur des situations variées selon les *Länder*. Elles ont parfois vu naître une nouvelle forme de différenciation entre les collectivités locales d'un même *Land*. Cette différenciation est tout de même parfois précaire. Ainsi, en Bade-Wurtemberg, l'expérimentation a été prolongée jusqu'en 2020, ce qui revient à prolonger la différenciation entre les collectivités qui expérimentent et les autres. Cette différenciation liée à l'expérimentation peut aussi être aujourd'hui révolue. C'est le cas dans les dix *Länder* qui ont généralisé la double comptabilité (par exemple, la

---

56. H. PÜNDER, *in* H.-G. HENNEKE, H. PÜNDER et Ch. WALDHOFF, *Recht der Kommunalfinanzen*, 2006, §5, n° 7.
57. W. HOFFMANN-RIEM et E. SCHMIDT-ASSMANN (dir.), *Effizienz als Herausforderung an das Verwaltungsrecht*, 1998, p. 249.

Sarre en 2010 et la Hesse en 2015). La Bavière, en revanche, a décidé en 2007 de laisser à ses collectivités locales le choix entre la comptabilité classique et la double comptabilité. Le Schleswig-Holstein (depuis 2007) et la Thuringe (depuis 2009) laissent, quant à elles, à leurs collectivités locales le choix entre la double comptabilité et une comptabilité classique réformée se rapprochant en partie de la double comptabilité. Dans ces trois *Länder*, une certaine différenciation entre les collectivités décentralisées semble ainsi pérennisée.

LA DIFFÉRENCIATION ET LE POUVOIR RÉGLEMENTAIRE LOCAL

Céline VINTZEL

Maître de conférences
Université de Reims Champagne-Ardenne, CRDT (EA3312)

Lorsqu'une spécialiste de droit parlementaire s'attelle à la tâche de traiter du thème « La différenciation et le pouvoir réglementaire local », elle est frappée et quelque peu déroutée par plusieurs éléments : l'extrême complexité du sujet, reconnue par les spécialistes eux-mêmes[1], le nombre impressionnant d'études consacrées à la question du pouvoir réglementaire local[2], le caractère particulièrement actuel des problématiques relatives à la différenciation[3], les opinions doctrinales très variées sur le sujet et même les propos

1. Voir par exemple B. FAURE, « Règlements locaux et règlements nationaux », *Nouveaux Cahiers du Conseil Constitutionnel*, n° 42, janv. 2014, site internet du Conseil constitutionnel : *https://www.conseil-constitutionnel.fr/nouveaux-cahiers-du-conseil-constitutionnel/reglements-locaux-et-reglements-nationaux* [consulté le 16 oct. 2019].
2. Quelques-unes d'entre elles seront évoquées dans la suite de l'article.
3. Le présent ouvrage collectif en est l'une des illustrations.

contradictoires que l'on retrouve dans certains articles[4]. Ces données déconcertantes sont dues au fait que le sujet, très technique, est aussi éminemment politique : il peut être questionné et traité de manière diverse suivant le type d'organisation humaine, et donc d'État, que l'on défend.

Ces difficultés concernent tous les aspects du sujet et débutent dès la question de l'existence du pouvoir réglementaire local. Car, pour qu'il puisse y avoir une différenciation en matière de pouvoir réglementaire local, il faut au préalable que celui-ci existe. Le débat, qui fut l'un des plus vifs du droit public français, n'est pas véritablement éteint, malgré la reconnaissance dudit pouvoir à l'article 72, alinéa 3 de la Constitution, par la loi constitutionnelle du 28 mars 2003, relative à l'organisation décentralisée de la République[5]. Comme l'indique Géraldine Chavrier, la querelle ne porte pas sur le terme « réglementaire », puisque la capacité d'édicter des actes généraux au niveau local existe depuis l'Ancien Régime. Elle concerne le terme « pouvoir », soit en lui-même, soit par le fait que l'adjectif local n'est pas suivi par un autre qui le limiterait, tel que « secondaire »[6]. Les prises de position sont dépendantes des conceptions existantes à propos de l'État unitaire : adopte-t-on une approche purement souverainiste, assise sur les principes d'indivisibilité de la Nation et d'unité de l'ordre normatif, et le terme « pouvoir » est réservé aux seules autorités étatiques[7] ? Met-on au contraire l'accent sur l'existence

4. Voir à ce sujet l'analyse, effectuée ci-dessous, de l'article de J.-L. BŒUF, « Le pouvoir réglementaire des régions françaises. Passé, présent, avenir », *Pouvoirs Locaux*, n° 86 III/2010, p. 63 et s.

5. Voir G. CHAVRIER, *Le pouvoir normatif local : enjeux et débats*, Paris, LGDJ, coll. « Systèmes », 2011, p. 16-24.

6. *Ibid.*, p. 19.

7. L. FAVOREU, « Libre administration et principes constitutionnels », *in* J. MOREAU et J. DARCY, *La libre administration des collectivités locales*, Paris-Aix-en-Provence, Economica-PUAM, 1984, p. 63-71.

d'une administration décentralisée, juxtaposée à l'administration déconcentrée ainsi que sur l'autonomie locale et le terme de pouvoir réglementaire local n'entraîne aucune méfiance[8] ?

Dès lors, la problématique qui sous-tend la quasi-totalité des études universitaires pouvant éclairer notre sujet consiste à déterminer si l'on va trop ou au contraire pas assez loin dans la différenciation. Les praticiens, quant à eux, s'interrogent surtout sur la question de savoir si le déploiement de la différenciation est adapté aux fins recherchées eu égard à l'efficience vers les usagers, la bonne gestion et l'égalité de traitement. Lorsque l'on n'est ni spécialiste de droit des collectivités territoriales ni praticienne, il semble pertinent de poser une question beaucoup plus neutre, d'observatrice extérieure : la différenciation relative au pouvoir réglementaire local a-t-elle atteint un stade avancé en France ?[9] Cette approche permettra ainsi de soulever une multitude d'autres questions, elles-mêmes susceptibles d'aboutir à une foison de réponses. Afin d'avoir une vision aussi large que possible du sujet, il conviendra de traiter, dans une première partie de la différenciation grâce au pouvoir réglementaire local (I) et, dans une seconde partie, de la différenciation du pouvoir réglementaire local (II).

I. La différenciation par le pouvoir réglementaire local

Il y a deux manières principales d'aborder la question de la différenciation par le pouvoir réglementaire local. Elles consistent, l'une à mener une étude théorique, l'autre à analyser la pratique. La première approche est plus académique, plus universitaire. La deuxième est privilégiée par les praticiens. Cependant, ces deux

8. B. FAURE, *Le pouvoir réglementaire des collectivités locales*, Paris, LGDJ, coll. « Bibliothèque de droit public », tome 200, 1998.

9. Si l'on transpose le débat qui vient d'être évoqué, relatif à l'existence d'un pouvoir réglementaire local, à la nature de la différenciation permise par celle-ci, se pose une première question, qui est celle de savoir si ladite différenciation est elle-même, dans son essence, accessoire ou non. Et les réponses divergeront une nouvelle fois en fonction de la conception de l'État que l'on soutient.

méthodes peuvent ne pas s'opposer et peuvent même se compléter. Dans ce cas, il ne s'agit pas d'envisager la théorie au sens strict c'est-à-dire la théorie qui, étant pure et abstraite, expliquerait de manière générale ou spéciale le droit positif de la différenciation. Il n'est pas non plus question de considérer la pratique comme l'inverse de la théorie. Ainsi, afin d'effectuer une étude aussi exhaustive que possible sur la différenciation par le pouvoir réglementaire local, nous analyserons dans un premier temps la théorie juridique entendue comme un ensemble de réflexions générales effectuées grâce aux apports de différentes disciplines juridiques (A). Puis, dans un deuxième temps, nous examinerons comment les acteurs concernés agissent concrètement (B).

A. La théorie juridique

Afin de résoudre notre problématique de départ, il est possible de faire appel à l'histoire du droit (1), au droit positif (2) et au droit comparé (3).

1. L'histoire du droit

Sommes-nous à une étape de notre histoire où la différenciation, grâce au pouvoir réglementaire local, est importante ? Autrement dit, l'existence du pouvoir réglementaire local s'inscrit-elle dans le cadre d'une organisation humaine orientée vers l'uniformité ou au contraire vers la diversité ? Une fois encore, la réponse à la question dépend de l'approche adoptée. Oppose-t-on, pour la France, la phase historique de construction et d'enracinement de l'État unitaire à celle qui lui précède ou au contraire la période de l'État unitaire centralisé à celle de l'État unitaire décentralisé ? Dans le premier cas, la différenciation grâce au pouvoir réglementaire local peut sembler très faible dans la France actuelle. Comme le montre Bertrand Faure, c'est finalement et paradoxalement dans le contexte de centralisation que naît, en France, le pouvoir réglementaire local, donc de repli de la différenciation par rapport à l'époque féodale[10]. Dans le second cas, celle-ci peut au contraire être considérée comme forte puisque plus le mouvement de reconnaissance des entités locales, puis de décentralisation, s'est accentué en France, plus les textes interdisant le pouvoir réglementaire local ont disparu et plus ceux le reconnaissant ont augmenté[11].

2. Le droit positif

Le droit positif permet de répondre à la question de l'étendue du pouvoir réglementaire local à la fois d'un point de vue vertical et horizontal.

En premier lieu, il convient d'analyser le sujet d'un point de vue vertical, c'est-à-dire eu égard à la question de l'autonomie du pouvoir réglementaire local. En effet, l'absence de celle-ci est, selon les sénateurs Jacqueline Gourault et Edmond Hervé, le « refuge le plus efficace de l'uniformité »[12]. L'interrogation est double. Elle vaut non seulement à l'égard du pouvoir législatif, mais aussi du pouvoir réglementaire national. En premier lieu, il est ainsi possible de se demander si les collectivités territoriales peuvent, pour s'administrer, édicter des actes à caractère général sur le fondement direct de l'article 72 de la Constitution, donc sans même qu'une loi ait été prise. À cet égard, la doctrine se fonde principalement, mais non

10. B. FAURE, *Le pouvoir réglementaire…*, *op. cit.*, p. 14-19.

11. On peut citer comme exemples, dans le premier groupe, l'article 46 de la loi du 19 juill. 1791 énonçant qu'« aucun corps municipal ne pourra faire de règlement » et, dans le deuxième, l'article 46-28 de la loi du 10 août 1871 donnant au conseil de département le pouvoir de statuer « généralement sur tous les objets d'intérêt départemental ».

12. Rapport d'information nº 498, *Synthèse des propositions adoptées par la délégation aux collectivités territoriales susceptibles d'animer les discussions législatives à venir*, fait au nom de la délégation aux collectivités territoriales, déposé le 10 avr. 2013, site internet du Sénat : *http://www.senat.fr/rap/r12-498/r12-498_mono.html#toc61* [consulté le 7 oct. 2019].

exclusivement sur la jurisprudence pour répondre à cette question[13]. Dans sa partie majoritaire, qui est « unitariste »[14] en ce qu'elle met en avant l'unité de l'État, elle affirme que le pouvoir réglementaire local n'est pas un pouvoir initial puisqu'il existe une médiation de la loi[15], prévue en des termes très clairs depuis la révision constitutionnelle de 2003 à l'article 72-3 de la Constitution[16]. Cela n'a pas empêché une minorité de la doctrine, « maximaliste »[17], de défendre l'idée inverse, notamment avant la révision constitutionnelle de 2003. Pour ce faire, Maurice Bourjol s'est ainsi fondé sur le principe constitutionnel de libre administration des collectivités territoriales, reconnu, dès 1958, à l'article 72-2 de la Constitution[18].

Mais c'est la question de l'autonomie du pouvoir réglementaire local vis-à-vis du pouvoir réglementaire national qui paraît « cardinale »[19], puisque son inexistence joue « comme une machine de guerre à l'encontre [d'un] État décentralisé »[20] et donc de la différenciation. Les problématiques sont à cet égard similaires à celles qui concernent les rapports entre la loi et les règlements de l'article 37 de la Constitution et qui ont plus particulièrement retenu l'attention

---

13. Voir la décision n° 2001-454 DC du 20 janv. 2002 en vertu de laquelle « le pouvoir réglementaire dont dispose une collectivité territoriale [...] ne peut s'exercer en dehors du cadre des compétences qui lui sont dévolues par la loi ».
14. L'expression est de Yoan Vilain, *L'État et les collectivités locales en France et en Allemagne : étude comparée des limites constitutionnelles à la décentralisation*, Thèse de droit public dirigée par Otto Pfersmann, Université Paris-I - Panthéon-Sorbonne, 2018, p. 286.
15. Voir à ce sujet, L. FAVOREU, « Note sous Cons. const. 25 février 1982 », *RDP* 1982, p. 1276.
16. P.-L. FRIER, « Le pouvoir réglementaire local : force de frappe ou puissance symbolique ? », *AJDA* 2003, site internet de Dalloz : *https://www.dalloz.fr* [consulté le 10 oct. 2019].
17. B. FAURE, *Droit des collectivités territoriales*, Paris, Dalloz, 2018, 5e éd., p. 4.
18. « Élaboration du statut : compétence exclusive de l'État ou compétence partagée », *Les cahiers du CFPC*, oct. 1983, n° 13.
19. G. CHAVRIER, *op. cit.*, p. 101.
20. B. FAURE, « Règlements locaux... », *loc. cit.*

de la doctrine au début de la Ve République[21]. D'une part, le pouvoir réglementaire local dispose-t-il d'un domaine réservé où les détenteurs du pouvoir réglementaire national ne peuvent pénétrer ? D'autre part, les actes pris par le pouvoir réglementaire local ont-ils un rang équivalent à ceux pris par le pouvoir réglementaire national dans la hiérarchie des normes ? Avant la décision nº 83-168 DC du Conseil constitutionnel du 20 janvier 1984 relative à la fonction publique territoriale, une partie des auteurs, à l'instar de François Luchaire, affirmait que le pouvoir réglementaire d'exécution des lois était partagé entre le Premier ministre, disposant du pouvoir de droit commun, et les collectivités locales, titulaires d'un pouvoir d'exception pour les questions relatives à leur libre administration. Pour ce spécialiste, le domaine ainsi possédé par les collectivités locales était ainsi considéré comme un domaine premier et réservé[22]. Aujourd'hui, la doctrine s'en tient aux décisions du juge constitutionnel et du juge administratif pour affirmer que le pouvoir réglementaire des collectivités locales est subsidiaire ou résiduel par rapport à celui du Premier ministre, en ce sens que les collectivités locales ne peuvent intervenir que dans l'espace « laissé vacant [par lui] et pour le temps qu'il le laissera »[23]. Par conséquent, le rang hiérarchique du pouvoir réglementaire local est inférieur à celui du pouvoir réglementaire national[24].

Il convient ensuite de déterminer l'étendue horizontale du pouvoir réglementaire local. Autrement dit, si ledit pouvoir est prévu dans un nombre important de domaines, on peut considérer que la différenciation qui en résulte est elle-même élevée. Résoudre cette question

21. Voir à ce sujet, C. VINTZEL, *Les armes du gouvernement dans la procédure législative – Étude comparée : Allemagne, France, Italie, Royaume-Uni*, Paris, Dalloz, 2011, p. 150 et s.

22. F. LUCHAIRE, « Les fondements constitutionnels de la décentralisation », *RDP* 1982, p. 1557.

23. G. CHAVRIER, *op. cit.*, p. 110.

24. B. FAURE, « Règlements locaux… », *loc. cit.*

revient à s'interroger sur l'ampleur des compétences décentralisées. En effet, comme le remarque Bertrand Faure dans l'ouvrage issu de sa thèse, l'aptitude à réglementer est une prérogative indissociable de l'exercice des attributions conférées aux collectivités locales[25]. Une démarche historique sommaire nous conduit à affirmer que la différenciation grâce au pouvoir réglementaire local n'a, en France, jamais été aussi élevée que depuis 1982 en raison des trois actes de la décentralisation[26]. Ainsi, à l'heure actuelle, si l'on se limite à prendre l'exemple des communes, leur pouvoir réglementaire s'établit sur un double fondement[27]. Le premier est la clause générale de compétence, en vertu de l'article L. 2121-29 du Code général des collectivités territoriales (CGCT), « qui confère une fois pour toutes à ces communes une tâche permanente et résiduelle d'administration pour tout ce qui regarde les intérêts de la population ». Le deuxième réside dans l'attribution de compétences particulières par le législateur. Par exemple, depuis la loi du 14 décembre 1789 relative à l'organisation des communes du royaume de France, le pouvoir de police municipale est détenu par le maire. De même, l'ancien plan d'occupation des sols, appelé depuis la loi du 13 décembre 2000 relative à la solidarité et au renouvellement durable, plan local d'urbanisme est, depuis la loi du 7 janvier 1983 relative à la répartition de compétences entre les communes, les départements, les régions et l'État, approuvé par délibération du conseil municipal. Cependant, certains élus et spécialistes des collectivités territoriales mettent en avant le fait qu'il y aurait un « processus de recentralisation masquée » depuis quelques

25. B. FAURE, *Le pouvoir…*, *op. cit.*, p. 29.
26. Comme l'indique le site *Wikiterritorial*, l'acte I va de 1982 à 2002 et permet le développement de l'horizontalité dans la gestion des affaires locales, l'acte II s'étend sur la période 2003 à 2013 et donne lieu au développement de la transversalité entre les acteurs locaux, l'acte III, s'appuyant sur la loi du 27 janv. 2014 de modernisation de l'action publique et d'affirmation des métropoles associe l'État et les collectivités dans une même dynamique de simplification de la cartographie territoriale, site *https://www.wikiterritorial.cnfpt.fr/xwiki/bin/view/vitrine/* [consulté le 19 oct. 2019].
27. B. FAURE, *Droit…*, *op. cit.*, p. 470.

années[28]. Se pose ainsi la question de savoir si l'abolition de la clause générale de compétence des départements et des régions depuis la loi n° 2015-991 du 7 août 2015 portant Nouvelle organisation territoriale de la République (NOTRe) réduit le pouvoir réglementaire de ces deux collectivités, qui ne peuvent plus intervenir qu'au titre de leurs compétences particulières. Bertrand Faure estime que « dans la mesure où ces compétences sont nombreuses et diversifiées, qu'elles correspondent aux affaires propres qui ont toujours été les leurs, elles continueront d'exercer un pouvoir réglementaire permanent au service de la population »[29].

3. Le droit comparé

En ce qui concerne le droit comparé, les résultats diffèrent en fonction de la perspective choisie. Si l'on effectue une analyse des seuls pouvoirs réglementaires locaux, la situation française semble, à première vue, assez similaire à celle des autres pays d'Europe. Ainsi, en Allemagne, État fédéral par excellence, le pouvoir réglementaire local doit également être exercé dans le cadre des lois (art. 28, 2 de la Loi fondamentale)[30]. En revanche, si l'on étudie le pouvoir réglementaire local dans le cadre plus large du pouvoir normatif des entités locales, un État centralisé comme la France offre évidemment

28. Voir par exemple, « Il faut mettre fin au processus de recentralisation masquée : "l'appel de Nevers" lancé par les présidents de département de gauche », *Le Journal du Centre* 4 avr. 2019 : *https://www.lejdc.fr/nevers-58000/actualites/il-faut-mettre-fin-au-processus-de-recentralisation-masquee-l-appel-de-nevers-lance-par-les-presidents-de-departements-de-gauche_13533225/* [consulté le 21 oct. 2019] et G.-F. DUMONT, « Géopolitique des territoires français : décentralisation versus recentralisation », *La revue géopolitique* 15 sept. 2018 : *https://www.diploweb.com/Geopolitique-des-territoires-francais-decentralisation-versus-recentralisation.html#nb25* [consulté le 21 oct. 2019].

29. B. FAURE, *Droit…*, *op. cit.*, p. 470.

30. Voir à ce sujet, Y. VILAIN, *op. cit.*, p. 291 et s.

moins de possibilités normatives aux entités locales que les États fédérés comme l'Allemagne ou les États régionalisés comme l'Italie ou l'Espagne[31].

Après nous être intéressée à la théorie juridique relative à la question de la différenciation grâce au pouvoir réglementaire local, il convient de nous pencher sur la pratique.

B. La pratique

Déterminer si, en pratique, la différenciation grâce à l'existence d'un pouvoir réglementaire local a atteint ou non un stade avancé en France nous conduit à nous pencher sur le comportement des différents acteurs impliqués dans ce processus, à savoir le législateur (1), le pouvoir exécutif (2), les entités locales (3) et enfin les juges (4).

1. Le législateur

Nous ne poserons pas ici la question traditionnelle de savoir si le législateur agit pour laisser de la latitude au pouvoir réglementaire local. Les spécialistes de droit des collectivités territoriales y répondent souvent par la négative, comme Jean-Luc Bœuf, qui constate que « la théorie de la décentralisation souffre de l'extension continue du (des) domaine(s) de la loi », ce qui entraîne le fait que les collectivités locales sont spécialisées « dans un travail – subordonné [...] d'exécution des lois sous une présence tutélaire, irréversible,

---

31. Ainsi, outre-Rhin, les *Länder* peuvent légiférer dans les cas où la Constitution ne réserve pas cette prérogative à la fédération. Par ailleurs, l'article 117 de la Constitution italienne dispose : « Dans toutes les matières qui ne sont pas expressément réservées à la législation de l'État, le pouvoir législatif échoit aux Régions ». Enfin, l'article 150 de la Constitution espagnole prévoit que « les Cortès générales pourront, dans les matières relevant de la compétence de l'État, attribuer à toutes les communautés autonomes ou à certaines d'entre elles la faculté d'édicter, en ce qui les concerne, des normes législatives dans le cadre des principes, des bases et des directives fixés par une loi étatique »; Voir aussi, dans cet ouvrage, la contribution de Jochen SOHNLE, « La différenciation territoriale dans une perspective de droit comparé », p. 81.

permanente de l'État législateur »[32]. En effet, en tant qu'observatrice extérieure, nous nous demanderons plutôt si le législateur a réellement une marge d'action importante en ce domaine. La question peut paraître au premier abord incongrue. En effet, en tant qu'organe dont les normes sont situées au-dessus des règlements nationaux et locaux et qui doit habiliter les autorités locales à exercer leur pouvoir réglementaire, le législateur est, à première vue, le principal acteur en ce domaine. Cependant, il doit tenir compte d'un ensemble de contraintes ainsi que de l'influence du pouvoir réglementaire national et des juges. Ces différents paramètres, de par leur action cumulative, font que le législateur est enserré dans un étau plus ou moins lâche dont il ne connaît en outre pas avec précision les dimensions au moment où il exerce son pouvoir normatif. Au titre de ces facteurs, on trouve, par exemple, la sanction des incompétences négatives, qui fait que le législateur doit respecter l'étendue de sa compétence[33] ; la jurisprudence suivant laquelle si la loi est insuffisamment précise, mais nécessite un décret d'application, le pouvoir réglementaire d'une collectivité locale est exclu tant que ce décret n'aura pas été pris (CE 20 mars 1992, *Préfet du Calvados*)[34], le fait que le pouvoir réglementaire du Premier ministre, fondé sur la Constitution, puisse toujours intervenir sans que cela porte atteinte au principe de libre administration des collectivités locales, l'absence de ligne de conduite précise des juges (sur ces deux derniers points, voir *infra* 2. Le pouvoir exécutif; 4. Les juges).

32. *Op. cit.*, p. 71.
33. En effet, en vertu de l'article 34 de la Constitution, la loi détermine les principes fondamentaux de la libre administration des collectivités territoriales, de leurs compétences et de leurs ressources.
34. En l'espèce, bien que la loi ait expressément prévu que l'assemblée délibérante des collectivités locales fixerait le régime indemnitaire de ses agents dans les limites de celui dont bénéficient les agents de l'État, le Conseil d'État a jugé que la loi n'était pas suffisamment précise pour être appliquée avant l'intervention d'un décret en Conseil d'État.

2. Le pouvoir exécutif

En pratique, les autorités détentrices du pouvoir réglementaire national laissent-elles une marge de manœuvre significative à celles qui possèdent le pouvoir réglementaire local pour prendre en compte la diversité des situations et des territoires ? S'il y a quelques opinions dissidentes ou nuancées à ce sujet[35], on peut remarquer que cette question cristallise à elle seule nombre de mécontentements des partisans de la différenciation grâce au pouvoir réglementaire local. En effet, une multitude de rapports et d'études mettent aujourd'hui l'accent sur le fait qu'il existe un « gouvernement à distance », l'État regagnant « par l'exercice de son pouvoir normatif une large influence sur la mise en œuvre des compétences transférées »[36]. C'est notamment pour remédier au fait que le pouvoir réglementaire national édicterait beaucoup trop de règles et ne laisserait quasiment pas de marge de manœuvre au pouvoir réglementaire local que le rapport n° 912 intitulé *Expérimentation et différenciation territoriale* propose que l'évaluation des normes réglementaires nationales sur les collectivités locales, prévue par une circulaire du Premier ministre du 12 octobre 2015, étudie également les possibilités d'adaptation locale[37]. La création du Conseil national d'évaluation des normes applicables aux collectivités territoriales et à leurs établissements publics par la loi n° 2013-921 du 17 octobre 2013 a poursuivi le même objectif. En vertu de l'article L. 1212-2 du CGCT, ledit conseil

35. Voir à cet égard P.-L. Frier, *op. cit.*, qui indique, grâce à un parallèle implicite avec la jurisprudence du Conseil constitutionnel en matière de partage entre le pouvoir législatif et le pouvoir réglementaire national, que la pratique tend vers une sorte de couple mise en cause – mise en œuvre : une fois la loi votée, les questions générales d'application mettant en cause certains principes ont tendance à relever du décret puis, leur mise en œuvre, dans chaque situation, des autorités locales.

36. Rapport d'information n° 498, *op. cit.*

37. Ce rapport a été présenté par Jean-René Cazeneuve au titre des missions flash sur la réforme des institutions le 9 mai 2018, site internet de l'Ass. nat. : *http://www.assemblee-nationale.fr/15/rapports/r0912.asp* [consulté la dernière fois le 22 oct. 2019].

est consulté par le gouvernement sur l'impact technique et financier, pour les collectivités territoriales et leurs établissements publics, des projets de textes réglementaires créant ou modifiant des normes qui leur sont applicables.

3. Les entités locales

En ce qui concerne le rôle joué par les autorités détentrices du pouvoir réglementaire local, la conclusion, par déduction, pourrait sembler simple. D'une part, étant donné que la très grande majorité des spécialistes et élus locaux considèrent que les détenteurs du pouvoir réglementaire national édictent beaucoup trop de règles détaillées (voir *supra*), il semblerait logique de considérer qu'il ne reste quasiment rien, en pratique, au pouvoir réglementaire local. D'autre part, les élus locaux sont unanimes pour demander l'accroissement de leur pouvoir réglementaire local puisqu'en mars 2019, François Baroin pour l'Association des Maires de France, Dominique Bussereau pour l'Association des Départements de France et Hervé Morin pour Régions de France, ont réclamé « un pouvoir réglementaire local d'application des lois qui se substituerait à celui du Premier ministre dans les domaines de compétences des collectivités »[38]. Ainsi, on pourrait considérer que, du point de vue des collectivités territoriales, la différenciation grâce au pouvoir réglementaire local n'a pas atteint un stade avancé en France.

L'analyse ne peut cependant pas être menée de manière aussi simple, puisque les idées les plus contradictoires, y compris au sein d'une même étude, sont évoquées à ce sujet. Ainsi, dans son article sur « Le pouvoir réglementaire des régions françaises. Passé, présent, avenir », Jean-Luc Bœuf, commence par expliquer que c'est « en centaines de milliers que se compte le nombre d'actes réglementaires

38. « Les associations d'élus locaux plaident pour un "acte III de la décentralisation" », *Le Monde* 13 mars 2019.

pris chaque année par les régions »[39], que celles-ci « produisent de plus en plus de normes », qu'elles « exercent un réel pouvoir quant à la norme »[40], notamment dans leurs grands domaines de compétences que sont « les transports régionaux de voyageurs, les lycées, la formation professionnelle et l'apprentissage »[41]. Cependant, l'auteur précise plus loin que le pouvoir réglementaire local souffre de lois de plus en plus nombreuses et détaillées[42] et qu'il y a un risque que cette « tendance enclenchée ne s'infléchisse jamais »[43].

Comme dans l'ensemble de nos développements, une réponse nuancée s'impose, grâce à deux réflexions principales.

En premier lieu, on peut observer qu'en matière de pouvoir réglementaire local il y a des réussites indéniables, mais aussi des retours en arrière. L'urbanisme compte au nombre des succès de la différenciation. En effet, la délivrance du permis de construire repose à la fois sur des sources de niveau réglementaire et législatif, mais également des documents comme le plan local d'urbanisme (PLU) ou le projet d'aménagement et de développement durable (PADD), qui ont eux-mêmes été élaborés par les pouvoirs locaux avec un long processus de maturation et de démocratie participative, permettant de caractériser un territoire tant du point de vue urbain qu'architectural. Dans ce cas, il y a un cadre général qui est fixé et, à l'intérieur de ce cadre, de très nombreuses possibilités permettant aux élus locaux de décider de différentes politiques (logement, économique, etc.), de préserver un territoire, le développer, anticiper des projets. Autrement dit, le PLU et le PADD sont de véritables outils de différenciation laissés aux mains du pouvoir local. En revanche, la suppression progressive de la taxe d'habitation est un retour en arrière en matière

39. *Pouvoirs Locaux*, n° 86 III/2010, p. 64 : *http://jean-luc-boeuf.fr/pieces-jointes/101000_pouvoirslocaux_lepouvoirreglementairedesregions_jlboeuf.pdf.*
40. *Ibid.*, p. 69.
41. *Ibid.*, p. 68.
42. *Ibid.*, p. 71.
43. *Ibid.*

de différenciation même si, selon le Conseil constitutionnel, elle ne met pas en danger l'autonomie fiscale des collectivités (décision n° 2017-758 DC du 28 décembre 2017). En effet, en proposant une compensation financière, l'État retire nécessairement de l'autonomie aux collectivités territoriales. Elles ont moins de liberté d'action, étant plus dépendantes d'éventuelles subventions et de leur possible baisse dans le temps.

Il ne faut ensuite pas oublier que ce qui vaut pour le droit en général vaut également pour le droit des collectivités territoriales en particulier. Certes, au sein de la hiérarchie des normes, les collectivités territoriales sont en bout de chaîne. Elles interviennent dans le respect des normes supérieures : Constitution, droit de l'Union européenne, lois, règlements nationaux. Elles sont en outre contrôlées par le juge national. *A priori*, elles ont donc peu de marges d'action. Mais c'est aussi parce qu'elles sont en bout de chaîne, et que le droit laisse des latitudes d'interprétation et d'application importantes, que le pouvoir réglementaire local peut faire de la différenciation même quand celle-ci n'est pas explicitement prévue. Ainsi, il convient de prendre en compte le fait que les élus locaux disposent de nombreuses niches juridiques donnant des pouvoirs de différencier, que ces niches soient ou non institutionnalisées. Il en est par exemple ainsi en matière de logement social. Contrairement au pouvoir d'attribuer un logement social, assez cadré d'une manière générale, celui de désigner les candidats auprès de la commission d'attribution des logements et d'examen de l'occupation des logements (CALEOL) peut donner lieu à beaucoup de différenciations. En effet, le Code de la construction et de l'habitation est, sur ce point, très imprécis. Il suggère la mise en place d'un système de *« scoring »* (où celui qui a le plus de points s'il remplit différentes conditions devient prioritaire). Mais cela n'est pas pratiqué partout, car les élus veulent rester maîtres du peuplement de leurs villes. L'application de certains critères peut même s'avérer discriminante (par exemple, il peut être tentant d'introduire des critères pour éviter des phénomènes de regroupement de communautés).

4. Les juges

Relativement aux juges, il est utile de se demander s'ils défendent ou restreignent les possibilités d'expression réglementaire des collectivités locales et, par conséquent, la différenciation territoriale.

Comme l'indique Bertrand Faure à propos des rapports entre le pouvoir réglementaire local et le pouvoir réglementaire national « la jurisprudence ne livre pas de solutions certaines », des « principes de droit clairs et constants »[44].

Les incertitudes jurisprudentielles sont multidirectionnelles.

Elles concernent en premier lieu les incidences de principes juridiques concurrents ayant trait à la nature de l'organisation de l'État sur le statut et l'étendue du pouvoir réglementaire local que sont ceux d'unité de la République (art. 1 de la Constitution), d'organisation décentralisée de celle-ci (art. 1 de la Constitution), de libre administration des collectivités locales (art. 72-3 de la Constitution)[45], de subsidiarité, prévu à l'article 72-2 de la Constitution et[46]/ou d'égalité entre les collectivités territoriales (décision n° 86-209 DC du Conseil constitutionnel du 3 juillet 1986)[47].

44. B. FAURE, « Règlements locaux… », *loc. cit.*

45. Voir G. CHAVRIER, *op. cit.*, p. 105.

46. Le principe d'organisation décentralisée de la République et celui de subsidiarité (« Les collectivités territoriales ont vocation à prendre les décisions pour l'ensemble des compétences qui peuvent le mieux être mises en œuvre à leur échelon ») ont été introduits par la révision constitutionnelle du 28 mars 2003 relative à l'organisation décentralisée de la République.
Voir, par exemple, sur la pauvreté et l'insaisissabilité du principe de subsidiarité dans la jurisprudence du Conseil constitutionnel, A. RAMEL, « Le Conseil constitutionnel n'a pas arbitré la décentralisation », *Le Courrier des maires* oct. 2012, n° 261, p. 65.

47. Comme l'indique Anne-Sophie Gorge, le principe d'égalité est réversible, puisqu'il permet de « constituer tantôt une égalité par la généralité de la règle de droit (par exemple en matière électorale), tantôt une égalité par la différenciation (par exemple dans le droit de l'aménagement du territoire) », A.-S. GORGE, « Le principe d'égalité entre les collectivités territoriales », *Annuaire des Collectivités Locales* 2011, n° 31, Cnrseditions, p. 697.

Elles sont dues en deuxième lieu aux différences existant entre la jurisprudence constitutionnelle et la jurisprudence administrative, la première étant plus favorable au pouvoir réglementaire local[48].

En définitive, les principes sont « précisés pour chaque cas particulier, parfois pour des réalités propres à la matière (fiscalité, fonction publique territoriale, etc.) »[49].

Dès lors, en ce qui concerne les juges, une conclusion s'impose : il n'est pas possible de déceler chez eux une ligne de conduite précise face aux attitudes de différenciation ou de non-différenciation adoptées par les autres acteurs. Mais, de ce fait même, les juges font eux-mêmes de la différenciation.

La différenciation grâce au pouvoir réglementaire local est aussi ancienne que ce dernier, puisqu'en s'exerçant sur une seule partie du territoire – et donc potentiellement diversement sur toutes les parties du territoire – celui-ci produit une différenciation réelle ou éventuelle entre les administrés de France. Plus récente est la question de la différenciation du pouvoir réglementaire local lui-même.

II. La différenciation du pouvoir réglementaire local

La différenciation du pouvoir réglementaire local peut être entendue de manière très large comme englobant l'ensemble des divergences existant entre des entités locales et concernant la détention, l'exercice ou les propositions qui sont relatifs à leur pouvoir réglementaire. La question se pose aussi bien pour les collectivités appartenant à une même catégorie que pour celles appartenant à des catégories différentes ou particulières. Cependant, les premières font l'objet d'une attention accrue, puisque nous sommes en face d'une modalité de différenciation *a priori* étrangère à l'État unitaire tel qu'on l'entend traditionnellement en France. Si le processus de la différenciation

48. Selon Géraldine Chavrier, des domaines réservés au pouvoir réglementaire local sont identifiables dans la jurisprudence constitutionnelle, mais non dans la jurisprudence administrative, *op. cit.*, p. 110.
49. B. FAURE, « Règlements locaux… », *loc. cit.*

du pouvoir réglementaire local est lui-même placé sous le signe de la diversité (A), il est actuellement considéré comme trop faible, dans toutes ses modalités, pour permettre une expression adéquate des diversités locales (B).

A. La diversité relative à la différenciation

La différenciation du pouvoir réglementaire local est placée sous le signe de la multiplicité, autant en ce qui concerne les entités concernées (1), les sources juridiques (2), les modalités de la différenciation (3) que l'impact de la différenciation sur le système normatif français (4).

1. Les entités

Le droit français prévoit de nombreux cas de différenciation du pouvoir réglementaire local, et ce que ce soit de manière explicite/directe ou implicite/indirecte. Par le terme implicite, nous entendons le fait que, même si les normes juridiques ne prévoient pas toujours expressément des possibilités de différenciation des règles d'exercice des compétences, celles-ci sont induites par l'établissement de possibilités de différenciation des compétences qui nécessitent, pour leur exercice, l'existence et l'utilisation d'un pouvoir réglementaire local ou, au moins, d'« actions réglementaires »[50]. Nous nous limiterons à citer trois exemples pour étayer ce propos. Ainsi, l'existence d'établissements de coopération intercommunale (EPCI) entraîne une différenciation non seulement dans l'exercice du pouvoir réglementaire local des communes, mais également dans l'exercice des « actions réglementaires » des EPIC[51]. De même, la création de

50. L. REGAIRAZ, « EPCI et collectivités territoriales : vers la fin de la dichotomie ? », mémoire de master II droit public approfondi dirigé par Nicolas Kada, Université Grenoble Alpes, année universitaire 2014-2015, p. 112.

51. Par exemple, dans les domaines déterminés par la loi (voirie, assainissement, déchets, aire d'accueil des gens du voyage et habitat), les pouvoirs de police attachés à l'exercice des compétences transférées sont automatiquement attribués au président de l'EPCI. Le maire peut cependant s'opposer à ce transfert automatique. Pour ce

la Métropole de Lyon en 2015, qui possède les compétences d'une intercommunalité et d'un département, a entraîné une différenciation de l'exercice du pouvoir réglementaire au sein de la catégorie des départements. Les collectivités à statut particulier d'outre-mer ou collectivités ultramarines disposent, contrairement aux autres collectivités françaises, du pouvoir réglementaire d'adapter les règles dans les matières relevant de leurs compétences, si elles y ont été habilitées par la loi ou par le règlement, y compris dans le domaine de la loi (art. 73 de la Constitution)[52].

2. Les sources juridiques

Déterminer si la différenciation directe ou indirecte du pouvoir réglementaire local est placée sous le signe de la diversité conduit à nous demander si celle-ci est permise ou reconnue dans plusieurs sources juridiques et, notamment, dans celles qui sont les plus élevées dans la hiérarchie des normes. Si le mot n'est pas encore inscrit dans le droit en vigueur en France, le phénomène imprègne désormais autant la Constitution (art. 72-4 et 37-1 relatifs aux expérimentations législatives locales ; art. 73 et 74-1 relatifs au pouvoir réglementaire d'adaptation des lois détenu par les collectivités ultramarines) que le droit européen (voir la lecture seule et combinée des articles 3-1, 4-1, 4-4 et 4-5 de la Charte européenne de l'autonomie locale, entrée en vigueur le 1er septembre 1988 et ratifiée par la France le 17 janvier 2004)[53], les lois (par exemple, pour la Corse, loi du 2 mars 1982 por-

faire, il doit notifier son opposition au président de l'EPCI dans les six mois qui suivent l'élection de ce dernier ou dans les six mois qui suivent le transfert de la compétence justifiant le transfert des pouvoirs de police.

52. Voir à ce sujet, A. ZARCA, « Égalité et territorialisation du pouvoir normatif », *Civitas Europa*, 2015/2, n° 35, site *Cairn.info* : *https://www.cairn.info/revue-civitas-europa-2015-2-page-55.htm#re77no77* [consulté le 26 oct. 2019].

53. Voir à ce sujet P. WILLIAMS-RIQUIER qui indique que le droit et la capacité de « régler » une « part importante des affaires publiques », prévus à l'article 3 de ladite charte, renvoient au « pouvoir réglementaire » des collectivités territoriales. « La charte européenne de l'autonomie locale : un instrument juridique

tant statut particulier de la région Corse : organisation administrative, loi du 30 juillet 1982 portant statut particulier de la région de Corse : compétences, loi n° 91-428 du 13 mai 1991 portant statut de la collectivité territoriale de Corse). En revanche, le règlement national est, en l'état actuel du droit positif, une source particulièrement faible de différenciation du pouvoir réglementaire local. En effet, le détenteur de celui-là utilise peu les rares possibilités qui lui sont offertes par la Constitution pour permettre une différenciation de celui-ci. Ainsi, de 2004 à 2018, seules treize expérimentations ont, sur le fondement des articles 72-4 et 37-1, été prévues par décrets ou arrêtés[54]. Finalement, l'avancée récente la plus notable en matière de différenciation grâce au pouvoir réglementaire national concerne, non le pouvoir réglementaire local, mais le pouvoir individuel déconcentré[55].

3. Les modalités de la différenciation

La différenciation du pouvoir réglementaire local au sens strict du terme suppose, dans tout État, une impulsion directe ou indirecte de celui-ci, par le biais de dispositions constitutionnelles ou légales qui la reconnaissent, la légitiment, ou la permettent. Lorsqu'elle est exercée d'une manière conforme à la hiérarchie des normes, elle l'est donc

---

international pour la décentralisation », *Revue française d'administration publique* 2007, n° 121-122 : *https://www.cairn.info/revue-francaise-d-administration-publique-2007-1-page-191.htm* [consulté le 26 oct. 2019].

54. Statistiques établies à partir du rapport présenté par Jean-René Cazeneuve au titre des missions flash sur la réforme des institutions le 9 mai 2018, site internet de l'Ass. nat. : *http://www.assemblee-nationale.fr/15/rapports/r0912.asp* [consulté le 28 oct. 2019].

55. Trois décrets permettent, depuis 2017, cette différenciation. Le plus emblématique est celui du n° 2017-1845 du 29 déc. 2017 relatif à l'expérimentation territoriale d'un droit de dérogation reconnu au préfet. Il autorise ce dernier, pour une durée de deux ans, à déroger, par des décisions individuelles, à certaines dispositions réglementaires nationales (et non locales), dans certaines matières limitativement énumérées par le décret comme la construction, le logement et l'urbanisme. Voir à ce sujet, dans cet ouvrage, p.209, la contribution de Jean-Michel BRICAULT, « De l'expérimentation territoriale récente d'un droit de dérogation reconnu au préfet ».

toujours, en totalité ou en partie, selon un mode descendant. Si elle implique nécessairement en amont l'action des entités locales, elle devient mixte et est ainsi susceptible de prendre davantage en compte les diversités des territoires. Les dispositifs des expérimentations législatives prévus par la Constitution regroupent ces deux cas de figure. D'une part, dans le cadre de l'article 37-1 de la Constitution, l'initiative de l'expérimentation appartient à la loi ou au décret[56]. D'autre part, dans le cadre de l'article 72-4 de la Constitution, ce sont les collectivités locales qui demandent l'expérimentation. De même, en vertu de l'article L. 4422-16 du CGCT, la collectivité territoriale de Corse peut demander à être habilitée par le législateur à fixer des règles adaptées aux spécificités de l'île. Dans son acception juridique stricte, la différenciation du pouvoir réglementaire local suppose qu'elle soit permise par le droit. Sinon, il s'agit d'une simple illégalité commise par l'entité locale. Cependant, on peut se demander s'il ne serait pas possible de dépasser cette définition. Autrement dit, ne pourrait-on pas y intégrer les comportements locaux ? Dans ce cas, la différenciation inclurait également les utilisations illégales massives, par certaines entités, du pouvoir réglementaire local dans le but de se distinguer des autres entités locales ou de l'État. De ce point de vue, la différenciation ou la tentative de différenciation serait ascendante. La France a connu récemment un tel phénomène, qui peut également être qualifié de mouvement de désobéissance administrative, avec les arrêtés anti-pesticides pris en 2019 par une centaine de maires, dans le sillage de celui de Langoüet. L'actualité nous montre d'ailleurs que ces tentatives de différenciation ne resteront pas forcément lettre morte puisque le juge des référés du tribunal administratif de Cergy-Pontoise a, le 8 novembre 2019, rejeté la demande de suspension par le préfet des Hauts-de-Seine de deux arrêtés interdisant l'utilisation du glyphosate et des pesticides, pris par les maires de Gennevilliers et de Sceaux. Il a considéré que le maire pouvait s'immiscer dans

56. Pendant cette expérimentation, la collectivité exerce un pouvoir réglementaire en application de l'article 72 al. 2 de la Constitution.

l'exercice de la police spéciale relative à l'utilisation des produits phytopharmaceutiques relevant du ministre de l'Agriculture, car les administrés étaient exposés à un danger grave justifiant qu'il prescrive les mesures contestées. Même si l'on part du point de vue que cette vague d'arrêtés anti-pesticides ne peut être considérée comme relevant du phénomène de différenciation du pouvoir réglementaire, elle se situe à la frontière de notre sujet, comme le montre le droit comparé : au Québec, les maires ont le pouvoir de déterminer les zones d'épandage, ce qui constitue un exemple de différenciation grâce au pouvoir réglementaire local.

4. L'impact de la différenciation sur le système normatif français

Les mécanismes de différenciation du pouvoir réglementaire local sont, en France, extrêmement divers. Ils n'ont pas tous le même effet sur le système normatif français. Est-on en présence, pour les entités locales, d'un pouvoir de présenter des propositions tendant à modifier ou adapter les normes supérieures[57] ? Dans ce cas, il ne s'agit pas d'un pouvoir réglementaire local *stricto sensu*, mais d'un pouvoir susceptible d'avoir une influence sur le pouvoir réglementaire local. S'agit-il, pour les entités locales elles-mêmes, d'adapter les normes supérieures[58], de déroger aux normes supérieures[59] ou de fixer les règles applicables sur leur territoire[60] ? Les normes supérieures concernées sont-elles le seul règlement national ou également la loi ? L'article L. 4422-16 du CGCT, relatif au pouvoir de propositions de l'Assemblée de Corse, vise uniquement les dispositions réglemen-

57. Art. L. 4422-26 du CGCT, au profit de l'Assemblée de Corse ; Art. 1 de la loi du 7 août 2015 portant nouvelle organisation territoriale de la République (NOTRe), au profit des régions.
58. Art. 73-1 de la Constitution au profit des départements et régions d'outre-mer.
59. Art. 72-4 de la Constitution au profit, à titre expérimental, des collectivités territoriales ou de leurs groupements.
60. Art. 73-3 de la Constitution au profit des départements et régions d'outre-mer ; Art. L. 4422-16 du CGCT au profit de la collectivité territoriale de Corse.

taires[61], alors que l'article 1 de la loi du 7 août 2015 relatif aux régions concerne à la fois les dispositions législatives ou réglementaires[62], ainsi que les alinéas 1 et 3 de l'article 73 de la Constitution, traitant des départements et régions d'outre-mer. Lorsqu'il s'agit d'un pouvoir d'adapter les lois, de fixer les règles dans le domaine de la loi ou de déroger à la loi, les entités disposent d'un pouvoir réglementaire matériellement législatif.

La différenciation, en France, non seulement déploie des effets différents sur le système des normes, mais bouleverse aussi les principes de base de sa hiérarchie. À cet égard, il est pertinent de citer quelques lignes éloquentes d'un article d'Assem Sayede Hussein, « Le pouvoir normatif des collectivités territoriales métropolitaines », paru le 21 juin 2017 dans Les *Petites Affiches*, à propos de l'article 72-4 de la Constitution : « Les actes expérimentaux doivent être considérés comme des actes administratifs réglementaires ou, au mieux, comme

---

61. Les deux premiers alinéas de l'article L. 4422-16 du CGCT (loi du 22 janv. 2002) permettent à l'Assemblée de Corse, de sa propre initiative ou à la demande du conseil exécutif, ou de celle du Premier ministre, de présenter des propositions tendant à modifier ou à adapter des dispositions réglementaires en vigueur ou en cours d'élaboration concernant les compétences, l'organisation et le fonctionnement de l'ensemble des collectivités territoriales de Corse, ainsi que toutes dispositions législatives ou réglementaires concernant le développement économique, social et culturel de la Corse. Ces propositions sont adressées au président du conseil exécutif qui les transmet au Premier ministre et au représentant de l'État dans la collectivité territoriale de Corse. Avant la loi n° 2002-92 du 22 janv. 2002 relative à la Corse, l'Assemblée de Corse pouvait proposer de modifier ou d'adapter des dispositions législatives en vigueur.

62. « Un conseil régional ou, par délibérations concordantes, plusieurs conseils régionaux peuvent présenter des propositions tendant à modifier ou à adapter des dispositions législatives ou réglementaires, en vigueur ou en cours d'élaboration, concernant les compétences, l'organisation et le fonctionnement d'une, de plusieurs ou de l'ensemble des régions.

« Les propositions adoptées par les conseils régionaux en application du quatrième alinéa du présent article sont transmises par les présidents de conseil régional au Premier ministre et au représentant de l'État dans les régions concernées. »

“actes législatifs” pour les distinguer ainsi des véritables lois. » Mais dans ce cas, comment admettre que ces actes administratifs puissent déroger à des lois ? En d’autres termes, « comment admettre qu’un acte soit soumis à des normes qu’il peut dans le même temps écarter ? Il s’agit d’une approche pour le moins schizophrénique puisqu’elle exige d’admettre le dédoublement du régime juridique de ces actes qui peuvent se hisser au rang législatif pour modifier des dispositions législatives, mais retombent ensuite, comme une “énorme baudruche” au rang réglementaire s’agissant de leur régime contentieux »[63].

Comme on le voit, les mécanismes relatifs à la différenciation du pouvoir réglementaire local sont, en France, placés sous le signe de la diversité. Cependant, ils sont régulièrement critiqués comme ne permettant pas de prendre suffisamment en compte la variété des territoires.

B. La variété permise par la différenciation

Si l’on en croit les rapports et études relatifs au sujet, la prise en compte des besoins locaux grâce à la différenciation du pouvoir réglementaire local est insuffisante[64]. En effet, ceux-là sont multiples à mettre l’accent sur les déficiences des mécanismes de différenciation du pouvoir réglementaire existants (1) et à proposer des propositions de réforme afin d’en combler les lacunes (2).

1. Les faiblesses des dispositifs existants

Tous les dispositifs de différenciation du pouvoir réglementaire local sont, à l’heure actuelle, abondamment critiqués. Dès lors, l’exhaustivité étant impossible à atteindre en ce domaine, nous nous limiterons à nous appuyer sur deux exemples.

63. Site *La BaseLextenso* : *https://rbu.univ-reims.fr:3907/petites-affiches/LPA127k5?em=Assem%20Sayede%20Hussein%20le%20pouvoir%20normatif%20des%20collectivités%20territoriales%20métropolitaines* [consulté le 30 oct. 2019].
64. Voir par exemple, J.-R. CAZENEUVE, *op. cit.*

Le cas de l'article 73 de la Constitution est tout d'abord intéressant à étudier. Celui-ci prévoit : « Dans les départements et les régions d'outre-mer, les lois et règlements sont applicables de plein droit. Ils peuvent faire l'objet d'adaptations tenant aux caractéristiques et contraintes particulières de ces collectivités (al. 1). Ces adaptations peuvent être décidées par ces collectivités dans les matières où s'exercent leurs compétences et si elles y ont été habilitées selon le cas, par la loi ou par le règlement » (al. 2). Laurent Blériot rappelle les limites de ces deux alinéas dans un article intitulé « Les départements et régions d'outre-mer : un statut à la carte » : d'une part, le principe d'identité législative qui postule l'applicabilité de plein droit des lois et règlements est maintenu. D'autre part, faisant référence aux propos de la ministre de l'Outre-mer, Brigitte Girardin, à l'occasion des assises des libertés locales tenues à Saint-Denis de La Réunion, les adaptations des lois et règlements « ne peuvent aboutir qu'à des modifications ou des précisions marginales des lois et règlements, qui ne doivent pas en dénaturer l'esprit général »[65]. Or, de nombreux rapports montrent la nécessité de tenir compte très largement des spécificités des départements et régions d'outre-mer, qui souffrent de handicaps tenant à l'éloignement, l'insularité, la faible superficie, le relief et le climat difficiles (risques cycloniques, sismiques ou volcaniques), la dépendance économique à l'égard d'un petit nombre de produits et la dépendance économique et commerciale vis-à-vis de la métropole. Ces départements et régions doivent surmonter des défis importants comme un chômage endémique, une productivité faible, le manque de logements, les inégalités sociales, des situations trop répandues de précarité et de pauvreté[66].

---

65. *Pouvoirs* 2005/2, nº 113 : *https://www.cairn.info/revue-pouvoirs-2005-2-page-59.htm* [consulté le 29 oct. 2019].

66. R. du LUART, *Rapport nº 357 relatif à l'octroi du droit de mer*, fait au nom de la commission des finances, déposé le 16 juin 2004, site internet du Sénat : *https://www.senat.fr/rap/l03-357/l03-357_mono.html#toc103* [consulté le 1er nov. 2019]. W. BERTILE, « Plaidoyer pour l'octroi de mer », IXe Conférence des Communautés

En deuxième lieu, les expérimentations menées par les collectivités territoriales au titre des articles 37-1 et 72-4 de la Constitution ont connu, comme l'indique le rapport présenté par Jean-René Cazeneuve, un faible succès[67]. Ce résultat est dû à deux causes principales : « L'absence d'alternative entre la généralisation et l'abandon, qui a constitué un frein psychologique et financier, d'une part ; et la lourdeur de la procédure de mise en œuvre des expérimentations, d'autre part[68]. » En effet, étant donné que c'est à l'État qu'il revient de décider l'abandon ou la généralisation de l'expérimentation, les élus locaux préfèrent ne pas se lancer dans des projets longs et coûteux qui peuvent n'aboutir à rien[69].

2. Les propositions de réformes

Il n'est à nouveau pas possible de faire une liste complète des propositions de réformes qui ont été effectuées sur la question, tant elles sont nombreuses et diversifiées. Nous en évoquerons quelques-unes, émises en dehors et dans le cadre du projet de loi constitutionnelle pour un renouveau de la vie démocratique, soumis actuellement à l'examen du Parlement. Afin de montrer l'extrême variété des propositions en ce domaine, nous prendrons des exemples n'ayant pas de liens les uns avec les autres, si ce n'est, évidemment, le sujet qui nous occupe.

---

de l'Outre-mer (La Réunion), 16 mai 2013 : *http://www.interco-outremer.fr/wp-content/uploads/2013/06/PLAYDOYER-POUR-LOCTROI-DE-MER-Wilfrid-BERTILE-16.05.2013.pdf* [consulté le 1er nov. 2019].

67. *Op. cit.*, p. 7 et s.

68. *Ibid.*, p. 20.

69. *Ibid.* Voir aussi, au sujet des expérimentations, la contribution, dans le présent ouvrage p.181, de Gabriela CONDURACHE, « La possibilité d'expérimentation des collectivités territoriales : des freins procéduraux à l'ouverture de la constitutionnalisation d'un droit à la différenciation territoriale ».

En dehors du cadre du projet de loi constitutionnel

Dans le domaine des expérimentations législatives, le rapport Cazeneuve a par exemple suggéré de compléter l'article 72-4 de la Constitution afin de prévoir que les expérimentations peuvent, à leur terme, soit être abandonnées, soit être maintenues et généralisées à l'ensemble du territoire national, soit être maintenues pour tout ou partie des collectivités expérimentatrices et, le cas échéant, étendues à d'autres collectivités qui n'avaient pas participé à l'expérimentation et qui en émettraient le souhait (proposition n° 2)[70].

Le 29 mars 2017, les présidents des régions et collectivités d'outre-mer ont proposé de laisser aux régions et collectivités la possibilité de moduler le taux de l'octroi de mer régional jusqu'à 5 % (contre 2, 5 % aujourd'hui). Rappelons que l'octroi de mer est une « taxe qui frappe les produits à l'entrée sur le territoire, qui agit non seulement comme une ressource pour les bénéficiaires, mais également comme une barrière de protection des industries locales »[71]. Ce sont les conseils régionaux qui ont compétence pour fixer les taux de l'octroi de mer et de l'octroi de mer régional. Le premier est perçu au profit des communes, le deuxième est un droit additionnel dont le produit est versé aux régions. Le pouvoir réglementaire relatif à l'octroi de mer et à l'octroi de mer régional est largement tributaire du droit de l'Union européenne. Le Conseil, par une décision du 22 décembre 1989 relative au régime de l'octroi de mer dans les départements français d'outre-mer accepte la « banalisation » de la taxe d'octroi de mer, c'est-à-dire la compatibilité de ladite taxe avec le droit de l'Union européenne, dès lors que toutes les importations et productions nationales sont, en principe, frappées de l'octroi de mer, à un même taux, afin de permettre la levée d'un impôt nécessaire aux besoins spécifiques des collectivités locales d'outre-mer. Cependant, le Conseil autorise les conseils régionaux à mettre en

70. *Ibid.*
71. R. DU LUART, *op. cit.*

place des exonérations ou des modulations d'octroi de mer pour les productions locales, afin de préserver la compétitivité de ces dernières. Mais c'est le Conseil qui détermine les produits pouvant bénéficier d'une exonération ou d'une réduction de l'octroi de mer (la dernière en date étant celle du 15 avril 2019).

Dans le cadre du projet de loi constitutionnel

Le projet présenté en conseil des ministres le 28 août 2019 et déposé au Parlement le 29 août 2019 a notamment pour objectif « d'offrir plus de responsabilités et de liberté à nos territoires »[72]. Les propositions de modifications concernent tant les collectivités territoriales de manière générale (art. 72 de la Constitution) que la collectivité de Corse (futur art. 72-5 de la Constitution) ou les collectivités ultramarines (art. 73 de la Constitution). La première proposition est celle qui est susceptible d'avoir l'incidence la plus importante sur la différenciation du pouvoir réglementaire. Le projet de révision constitutionnelle établit « que la loi peut prévoir que certaines collectivités territoriales exercent des compétences, en nombre limité, dont ne disposent pas l'ensemble des collectivités de la même catégorie ». Étant donné que, comme l'a expliqué Bertrand Faure, l'aptitude à réglementer est une prérogative indissociable de l'exercice des attributions conférées aux collectivités locales (voir *infra*), il s'agit là d'une proposition d'accroissement indirect de la différenciation du pouvoir réglementaire local. En deuxième lieu, les collectivités territoriales pourraient déroger aux dispositions législatives ou réglementaires qui régissent l'exercice de leurs compétences, éventuellement après une expérimentation. Il s'agit donc ici d'un droit à la différenciation directe, mais implicite du pouvoir réglementaire local.

72. Projet de loi constitutionnelle pour un renouveau de la vie démocratique, présenté à l'Ass. nat. au nom de M. Emmanuel Macron, Président de la République, par M. Édouard Philippe, Premier ministre, exposé des motifs : *http://www.assemblee-nationale.fr/15/projets/pl2203.asp* [consulté le 31 oct. 2019].

***
*

En conclusion, à la question initiale posée : « La différenciation relative au pouvoir réglementaire local a-t-elle atteint un stade avancé en France ? », il n'est pas possible de répondre de manière tranchée. Il vaudrait mieux conclure que la France est à une période chaotique, ambiguë de son histoire, à cheval entre l'État unitaire décentralisé et l'État unitaire différencié, avec des avancées et des retours en arrière, des imprécisions et des contradictions.

LA « POSSIBILITÉ » D'EXPÉRIMENTATION DES COLLECTIVITÉS TERRITORIALES. DES FREINS PROCÉDURAUX À L'OUVERTURE DE LA CONSTITUTIONNALISATION D'UN DROIT À LA DIFFÉRENCIATION TERRITORIALE

Gabriela CONDURACHE

Docteure en droit public

Université de Lille

> « Le premier mérite de l'expérimentation, avant [même] qu'elle ne soit mise en œuvre est, souhaite-t-on le, de provoquer un débat, le plus large possible, afin d'inventer un système politique et administratif respectueux du passé, mais ouvert à l'avenir[1]. »

L'idée ambitieuse[2] d'un droit à l'expérimentation des collectivités territoriales a certes provoqué des débats aussi bien en amont[3],

---

1. J.-M. PONTIER, « La loi organique relative à l'expérimentation par les collectivités territoriales », *AJDA* 2003, n° 32, p. 1715.
2. B. FAURE, *Droit des collectivités territoriales*, Dalloz, 5ᵉ éd., 2018, p. 646.
3. J. BOULOUIS, « Note sur l'utilisation de la "méthode expérimentale" en matière de réforme », *in Mélanges Trotabas*, LGDJ, 1970 ; J. CHEVALLIER, « Les lois expérimentales », *in L'écriture du droit*, Diderot, 1996, p. 167-203 ; P. CLÉMENT, *Rapport sur le projet de loi constitutionnelle relatif à l'organisation décentralisée de la République*, Ass. nat., n° 376, 2002, 98 p. ; G. DRAGO, « Expérimentation, la pire ou la meilleure des réformes », *AJDA* 2002, n° 15, p. 989 ; C. MAMONTOFF, « Réflexions sur l'expérimentation du droit », *Revue du droit public et de la science politique en France et à l'étranger*, 1998, n° 2, p. 351-371 ; P. MAUROY, « Refonder l'action publique locale »,

qu'en aval[4] de l'adoption de la réforme constitutionnelle du 28 mars 2003[5]. La possibilité reconnue, et non le droit, par l'alinéa 4 de l'article 72 de la Constitution aux collectivités territoriales, de déroger à certaines lois ou certains règlements à titre expérimental – dont le Conseil constitutionnel avait esquissé les contours bien avant la réforme constitutionnelle de 2003[6] – n'a pas manqué de nourrir le débat quant à l'avenir de l'unicité de la République. Il y a « ceux » qui saisissent dans l'expérimentation la fin de la République, une et indivisible, et « ceux » pour qui « cette rupture de l'uniformité de

---

LDf, 2000, 192 p. ; M. MERCIER, *Rapport portant bilan de la décentralisation et de proposer les améliorations de nature à faciliter l'exercice des compétences locales*, Sénat, n° 447, 2000, 620 p. ; J.-M. PONTIER, « Décentralisation et expérimentation », *AJDA* 2002, n° 6, p. 1037 ; J.-H. STAHL, « L'expérimentation en droit français : une curiosité en mal d'acclimatisation », *RJEP* 2010, étude n° 11, 2010.

4. F. CROUZATIER-DURAND, « L'expérimentation locale », *RFDA* 2004, n° 1, p. 21 ; L. DAUPHIN, *Collectivités territoriales et expérimentation*, Thèse, Université de Limoges, soutenue le 4 déc. 2008, 624 p.

5. La loi constitutionnelle. n° 2003-276 du 28 mars 2003 relative à l'organisation décentralisée de la République.

6. La consécration de l'expérimentation dans la Constitution est due tout particulièrement à la décision du Conseil constitutionnel n° 2001-454 DC du 17 janv. 2002 à travers laquelle les juges constituants censuraient une disposition autorisant la Corse à déroger de manière expérimentale à la loi. Il reste toutefois que la notion « d'expérimentation » remonte, dans la jurisprudence du Conseil constitutionnel, entre autres, à la décision n° 93-322 DC du 28 juill. 1993 concernant la loi relative aux établissements publics à caractère scientifique, culturel et professionnel. Par cette décision, les juges constituants précisaient déjà qu'il était « même loisible au législateur de prévoir la possibilité d'expériences comportant des dérogations [...] de nature à lui permettre d'adopter par la suite, au vu des résultats de celles-ci, des règles nouvelles [...]. » Par la même occasion, les juges ont indiqué certaines des règles de procédure relative non seulement à la mise en œuvre de l'expérimentation, mais aussi à sa finalité, dont « la nature et la portée de ces expérimentations, les cas dans lesquels celles-ci peuvent être entreprises [pour qu'au final, une fois le délai de mise en œuvre atteint, les expérimentations fassent] l'objet d'une évaluation conduisant à leur maintien, à leur modification, à leur généralisation ou à leur abandon ».

traitement des collectivités »[7] représente « l'avenir pour l'action de l'État »[8], voire le moyen à travers lequel « le concept de décentralisation [trouve] tout son sens »[9]. Un sens recherché tout d'abord par les lois « Defferre » (1982-1983)[10] qui, en modifiant « de façon substantielle les modalités de fonctionnement, les compétences et les libertés des collectivités »[11], ont marqué « le début de ce qui fut désigné sous le nom de "lois de décentralisation" »[12]. La révision constitutionnelle de 2003[13] qui outre d'avoir le mérite[14] d'incruster dans le marbre de la Constitution les principes de l'organisation décentralisée de la République[15] et de l'autonomie financière des

7. G. CHAVRIER, « L'expérimentation est une démarche gagnant-gagnant tant pour les collectivités que pour l'État », *Acteurs publics* 20 avr. 2018 : *https://www.acteurspublics.fr/articles/geraldine-chavrier-lexperimentation-est-une-demarche-gagnant-gagnant-tant-pour-les-collectivites-que-pour-letat* [consulté le 15 juin 2019].

8. *Ibid.*

9. *Ibid.*

10. La loi n° 82-213 du 2 mars 1982 relative aux droits et libertés des communes, des départements et des régions.

11. J.-B. AUBY, J.-F. AUBY et R. NOUGUELLOU, « Droit des collectivités locales », PUF, 6e éd., 2015, p. 15.

12. En effet, la loi du 2 mars 1982 précisait dans son premier article que son adoption allait être suivie d'autres lois consacrées « aux compétences, au mode d'élection et au statut des élus, au statut du personnel des collectivités territoriales, aux modalités de la coopération entre les collectivités », afin de compléter et d'approfondir de manière irréversible la décentralisation des collectivités territoriales. La doctrine met en avant au moins trois bouleversements majeurs, dont la reconnaissance de la région en tant que collectivité territoriale, le transfert de la fonction d'organe exécutif départemental et régional (le département devenant par la même occasion une « collectivité totalement distincte de l'État, par son administration qui ne dépende plus du préfet », mais qui œuvre depuis sous les ordres d'un président du conseil général), et la suppression, en deux temps, de la tutelle administrative (M. VERPEAUX et L. JANICOT, *Droit des collectivités territoriales*, PUF, 4e éd., 2017, p. 65).

13. Relative à l'organisation décentralisée de la République.

14. E. OLIVA, « Les principes de la libre administration et d'autonomie financière », *RFFP* 2012, n° 119, p. 49.

15. Premier article de la Constitution.

collectivités territoriales[16], franchit surtout, par la consécration d'un double dispositif d'expérimentation, une nouvelle étape dans la décentralisation des collectivités territoriales.

Un premier dispositif d'expérimentation « transfert »[17] permet à la loi ou au règlement, pour un objet et une durée déterminés, d'inclure des dispositions à caractère expérimental[18]. Même s'il est utilisé pour les politiques décentralisatrices de l'État, notamment pour le transfert « à l'essai des compétences administratives ou des services publics au profit des collectivités »[19], ce dispositif ne fait pas l'objet de cette étude.

Un second dispositif, inséré à l'alinéa 4 de l'article 72 de la Constitution, prévoit l'expérimentation « dérogation » en vertu de laquelle, « dans les conditions prévues par la loi organique, et sauf lorsque sont en cause les conditions essentielles d'exercice d'une liberté publique ou d'un droit constitutionnellement garanti, les collectivités territoriales ou leurs groupements peuvent, lorsque, selon le cas, la loi ou le règlement l'a prévu, déroger, à titre expérimental, et pour un objet et une durée limités, aux dispositions législatives ou réglementaires qui régissent l'exercice de leurs compétences »[20]. Il en ressort un double verrou de contrôle prévu par le législateur constituant : d'une part, l'expérimentation n'est pas autorisée lorsqu'elle est

16. Art. 72, al. 3 de la Constitution.
17. Art. 37-1 C.
18. E. BROSSET, « L'impossibilité pour les collectivités territoriales françaises d'exercer le pouvoir législatif à l'épreuve de la révision constitutionnelle sur l'organisation décentralisée de la République », *RFDC* 2004, n° 60, p. 695-739 ; CE, *Les expérimentations : comment innover dans la conduite des politiques publiques*, LDf, 2019, 150 p. ; F. CROUZATIER-DURAND, « Réflexions sur le concept d'expérimentation législative », *RFDC* 2003, n° 56, p. 675-695.
19. B. FAURE, *op. cit.*, p. 644.
20. Art. 72, al. 4 de la Constitution.

susceptible de porter atteinte à l'exercice d'une liberté publique[21] ou d'un droit constitutionnellement garanti, et d'autre part, la dérogation n'est possible que pour un objet et une durée limités[22]. Ce double verrou sert à apaiser les craintes liées, entre autres, à d'éventuelles atteintes aux principes d'égalité des citoyens[23] et d'indivisibilité de la République, ou au monopole étatique du pouvoir législatif et au pouvoir réglementaire d'application des lois[24]. Ces précautions constitutionnelles, issues notamment de la jurisprudence précitée du Conseil constitutionnel, ont été davantage encadrées par la loi organique n° 2003-704 du 1er août 2003 relative à l'expérimentation par les collectivités territoriales. Les limites reprochées au dispositif consacré par l'alinéa 4 de l'article 72 de la Constitution peuvent être regroupées en deux grandes catégories, dont l'une relative à la mise en œuvre de l'expérimentation et l'autre à sa finalité[25].

Considérant la prudence excessive du législateur attestée par l'encadrement de l'expérimentation-dérogation, les questionnements vont plus loin aujourd'hui en évoquant une éventuelle consécration constitutionnelle d'un droit à la différenciation territoriale. Ce dernier a par ailleurs été inclus dans le projet de loi constitutionnelle de 2019

---

21. V. CHAMPEIL-DESPLATS, « Le Conseil constitutionnel a-t-il une conception des libertés publiques », *Jus Politicum – Revue de droit politique* 2012, n° 7 : *http://juspoliticum.com/article/Le-Conseil-constitutionnel-a-t-il-une-conception-des-libertes-publiques-402.html* [consulté le 17 mars 2019].
22. Verrous exigés par ailleurs par la jurisprudence du Conseil constitutionnel entre autres par la décision n° 93-322 DC du 28 juill. 1993 précitée. Voir aussi la décision du Conseil constitutionnel n° 2009-584 DC du 16 juill. 2009 sur la loi portant réforme de l'hôpital ; S. BRONDEL, « Les expérimentations non limitées dans le temps sont inconstitutionnelles », *AJDA* 2009, n° 26, p. 1399.
23. B. FAURE, « Les relations paradoxales de l'expérimentation et du principe d'égalité », *RFDA* 2004, n° 6, p. 1150 ; CE, *Rapport sur le principe d'égalité*, LDf, 1996, p. 51-59.
24. J.-M. PONTIER, « Décentralisation et expérimentation », *op. cit.*, p. 1037.
25. J.-M. PONTIER, « La loi organique relative à l'expérimentation par les collectivités territoriales », *op. cit.*, p. 1715.

pour un renouveau de la vie démocratique[26]. L'élaboration de ce projet a fait suite notamment à la volonté exprimée par le Président Emmanuel Macron[27], lors du centième congrès des Maires de France du 24 novembre 2017, de « pérenniser une expérimentation réussie, sans que celle-ci ait vocation à être généralisée au plan national », et par la même occasion de conférer aux collectivités une « capacité inédite de différenciation, une faculté d'adaptation des règles aux territoires et au pouvoir, le cas échéant, aboutir aussi à des transferts aux collectivités pour une répartition plus efficace »[28].

Reste que de la lecture de l'article 10 du projet de loi constitutionnelle déposé actuellement sur le bureau de l'Assemblée nationale, il ressort au moins une interrogation quant au sort réservé à l'expérimentation lors d'une prochaine révision constitutionnelle. En effet, considérant la formulation du constituant « éventuellement après une expérimentation »[29], il s'avère difficile de ne pas s'interroger sur le sens à donner au mot « éventuellement ». Faut-il comprendre que du fait d'un régime juridique optionnel, l'expérimentation ne sera pas

26. Initialement, le droit à la différentiation a été inclus dans le projet de loi constitutionnelle pour une démocratie plus représentative, responsable et efficace, rendu public en mai 2018.

27. M.-C. DE MONTECLER, « Emmanuel Macron propose aux élus un "pacte girondin" », *AJDA* 2017, nº 26, p. 1476.

28. *https://www.elysee.fr/emmanuel-macron/2017/11/23/discours-du-president-de-la-republique-emmanuel-macron-au-100-congres-des-maires-de-france* [consulté le 10 août 2019].

29. D'après l'article 10 du projet de loi constitutionnelle actuellement en débat, l'alinéa 4 de l'article 72 de la Constitution serait remplacé par les dispositions suivantes : « Dans les conditions prévues par la loi organique, et sauf lorsque sont en cause les conditions essentielles d'exercice d'une liberté publique ou d'un droit constitutionnellement garanti, les collectivités territoriales ou leurs groupements peuvent, lorsque, selon le cas, la loi ou le règlement l'a prévu, déroger, pour un objet limité, aux dispositions législatives ou réglementaires qui régissent l'exercice de leurs compétences, éventuellement après une expérimentation autorisée dans les mêmes conditions » : *http://www.assemblee-nationale.fr/15/pdf/projets/pl2203.pdf* [site consulté le 5 sept. 2019].

le socle d'un droit à la différenciation, mais son « vassal » et que, de ce fait, seules les collectivités qui souhaiteront d'abord tester, et seulement après pérenniser y recourront ?

Quinze ans après sa consécration constitutionnelle, la question de l'utilité de l'expérimentation-dérogation perdure. Et ce, malgré les trois avantages mis en exergue par le Conseil d'État en début des années 1990 à l'égard de l'utilité de l'expérimentation[30]. Ainsi, dans une triple approche politique, sociologique et technologique, le Conseil d'État voyait déjà dans l'expérimentation tout d'abord un vecteur d'adhésion des citoyens à « la pertinence d'une réforme avant d'en tirer une règle générale », ensuite un facteur d'efficacité du fait des différents bilans d'étapes qui permettraient d'adapter, voire de corriger les projets, et enfin un avantage technologique du moment où l'expérimentation devrait permettre de « s'assurer que les nouvelles règles sont bien adaptées aux nouvelles réalités »[31].

Le bilan décevant[32] du recours à l'expérimentation-dérogation[33] – seulement quatre utilisations[34] –, laisse ouverte la question des limites de ce dispositif et du sens à donner à un éventuel assouplissement des règles qui l'encadrent. En d'autres termes, dans quelles conditions et quelles limites le droit à l'expérimentation ouvrirait-il des possibilités de différenciation plus étendues que celles permises

30. CE, *Rapport sur le principe d'égalité*, LDf, 1996, 509 p.

31. M. PIRON, *Rapport sur le projet de loi organique relatif à l'expérimentation par les collectivités territoriales*, Ass. nat., n° 955, 18 juin 2003, p. 7.

32. M. LONG, « L'expérimentation : un premier bilan décevant pour les collectivités territoriales », *AJDA* 2008, n° 30, p. 1625.

33. F. CROUZATIER-DURAND, « Le droit à l'expérimentation n'est pas très expérimenté par les collectivités », entretien pris par S. BLANC, *Gazette des communes* 11 janv. 2016 : *https://www.lagazettedescommunes.com/424826/le-droit-a-lexperimentation-nest-pas-tres-experimente-par-les-collectivites/* [consulté le 15 mai 2019].

34. J.-R. CAZENEUVE, C. DE COURSON, C. JERRETIE, A. VIALA, *Expérimentation et différenciation territoriale. Autonomie financière des collectivités territoriales*, Ass. nat., Rapport d'information n° 912, 2018, p. 11 ; CE, *Les expérimentations : comment innover dans la conduite des politiques publiques*, LDf, 2019, p. 30.

par le cadre constitutionnel, voire législatif en vigueur ? Pour donner davantage de corps au principe d'organisation décentralisée de la République[35], il faut certainement libérer la capacité d'initiative des collectivités territoriales[36], mais, est-ce que la consécration d'un droit à la différenciation non adossé à l'expérimentation est-elle la voie à emprunter ?

La rigidité de la procédure de mise en œuvre de l'expérimentation, de même que l'évaluation souvent frugale des résultats sur laquelle repose la décision d'abandon ou de généralisation de cette dernière sont devenues autant de freins à un usage régulier par les collectivités territoriales (I). Ce qui n'empêche toutefois pas de faire de l'expérimentation un tremplin pour la constitutionnalisation d'un droit à la différenciation, entre autres par la sacralisation d'une troisième finalité quant aux dérogations reconnues à l'égard des collectivités territoriales, la pérennisation (II).

I. Les freins à un usage dynamique de l'expérimentation

Le contrôle par l'État de la procédure de démarrage et de mise en œuvre d'une expérimentation a progressivement atténué l'enthousiasme qui a accompagné la consécration constitutionnelle de la possibilité, et non du droit, à expérimenter de nouvelles politiques publiques par dérogation à des règles normatives ou réglementaires à valeur nationale (A). Enthousiasme estompé également par la finalité réservée à l'expérimentation, soit l'abandon soit la généralisation, et ce, même lorsque les résultats obtenus pour les collectivités membres d'une expérimentation sont plus que satisfaisants. Le retour sur l'investissement des collectivités territoriales dans le cadre d'une expérimentation devient dès lors inintéressant (B).

35. V. AUBELLE et N. KADA, *Pour une nouvelle décentralisation de la République*, Fondation Jean Jaurès, 2019, 69 p.

36. J.-R. CAZENEUVE et A. VIALA, *Mission flash sur l'expérimentation et la différenciation territoriale*, Ass. nat., 2018, p. 19 et s. ; J.-R. CAZENEUVE, C. DE COURSON, C. JERRETIE et A. VIALA, *op. cit.*, p. 16 et s.

A. La centralisation de la procédure de mise en œuvre des expérimentations

Cherchant à « surmonter »[37] une jurisprudence contraire du Conseil constitutionnel[38], le constituant ne fait, par l'alinéa 4 de l'article 72 de la Constitution, qu'ouvrir aux collectivités territoriales la possibilité de demander à déroger sous certaines conditions, à titre expérimental et pour un objet et une durée limités, aux dispositions législatives ou réglementaires qui régissent l'exercice (et non le transfert !) de leurs compétences. Pour la mise en application, le constituant renvoie à une loi organique adoptée peu de temps après la publication au *Journal officiel* de la loi constitutionnelle de 2003.

La loi nº 2003-704 du 1er août 2003[39] a défini l'objet d'expérimentation et fixé sa durée – laquelle ne peut excéder cinq ans –, en même temps qu'elle a précisé la nature juridique et les caractéristiques des collectivités territoriales autorisées à participer à l'expérimentation et délimité les cas dans lesquels cette dernière est permise. Ladite loi indique le délai dans lequel les collectivités qui répondent aux conditions fixées par le législateur peuvent demander de participer à l'expérimentation[40]. Toute démarche de mise en œuvre, à titre expérimental, d'une politique publique nouvelle ou de moyens de gestion innovants, doit d'abord être autorisée par un texte législatif ou réglementaire, ce qui peut prendre plusieurs mois[41] pendant lesquels tant l'objet de l'expérimentation, que sa durée sont déterminés.

La possibilité, et non le droit à l'expérimentation, ressort de l'article LO 113-1 du CGCT, qui précise que la collectivité territoriale peut demander à l'État dans le délai déterminé par la loi ou le règlement précité l'autorisation de bénéficier d'un dispositif expérimental.

37. M. VERPEAUX et L. JANICOT, *Droit des collectivités territoriales*, PUF, 2e éd., 2017, p. 183.

38. Cons. const. 17 janv. 2002, nº 2001-454 DC, *Loi relative à la Corse*.

39. Relative à l'expérimentation par les collectivités territoriales.

40. Art. LO 1113-1 du CGCT.

41. J.-R. CAZENEUVE, C. DE COURSON, C. JERRETIE et A. VIALA, *op. cit.*, p. 22.

Le dernier mot revient donc à l'État du fait qu'il est doté, par le législateur, du pouvoir de décider si une collectivité peut ou non s'associer à une expérimentation. La collectivité doit dès lors transmettre au représentant de l'État en territoire une délibération motivée adoptée par son assemblée délibérante, ce qui rallonge encore la période nécessaire au démarrage effectif d'une expérimentation. Il doit ensuite transmettre la délibération en question, accompagnée de ses observations, au ministre chargé des Collectivités territoriales. Ce n'est qu'après avoir vérifié que la demande réponde à toutes les conditions légales posées par son « appel d'offres », que le gouvernement procède, enfin, à la publication, par décret, de la liste des collectivités territoriales autorisées à participer à l'expérimentation.

De ce contrôle excessif exercé par l'État à chaque étape de la procédure[42], résultent au moins trois moments de ralentissement[43].

Plusieurs mois sont nécessaires pour que l'idée de l'expérimentation mûrisse suffisamment afin de traduire son objet et évaluer sa durée de manière assez détaillée dans un texte normatif ou réglementaire. À cela, il faut ajouter des semaines, sinon des mois, le temps pour les collectivités territoriales de prendre connaissance de l'appel à candidatures, de procéder à une évaluation afin de savoir si la participation à ladite expérimentation sera ou non utile pour elles, et enfin, de la traduire dans une délibération. Pour ce dernier point, il faut prendre en considération un autre inconvénient, à savoir l'incompatibilité évidente entre un éventuel calendrier prévisionnel de la mise en œuvre, le suivi et les « calendriers politiques et électoraux »[44] qui ont des durées différentes. On ne peut que s'interroger sur la manière

42. Il faut compter plusieurs étapes entre le moment où l'idée d'une possible expérimentation d'une nouvelle politique publique est née et la publication de la liste des collectivités territoriales autorisées par l'État, à la suite de leurs candidatures.
43. J.-R. Cazeneuve, C. de Courson, C. Jerretie, A. Viala, *Expérimentation et différenciation territoriale. Autonomie financière des collectivités territoriales*, Ass. nat., Rapport d'information, n° 912, 2018, p. 22 et s.
44. *Ibid.*

dont les représentants d'une collectivité territoriale assumeraient leurs engagements pour mener à bien une expérimentation, quand ils se trouvent par exemple à mi-mandat[45] ?

Une fois la délibération adoptée et transmise au représentant de l'État, celui-ci doit prendre le temps de l'étudier, de formuler ses observations, favorables ou défavorables à la candidature, et enfin transmettre la candidature au ministre chargé des Collectivités territoriales. Un filtrage de plus est créé, car à ce niveau une nouvelle évaluation des pièces du dossier a lieu, y compris les observations du représentant de l'État. Quelques semaines, voire plusieurs mois seront donc encore nécessaires avant la publication du décret annonciateur de l'éligibilité (ou pas !) d'une collectivité à un projet d'expérimentation[46].

La longueur des délais entre le début de la procédure et la publication du décret qui indique la liste des collectivités admises à expérimenter une certaine politique publique justifie le manque d'enthousiasme des collectivités à s'engager sur la voie de l'expérimentation. Pour remédier à cet état de choses, la délégation aux

45. CE, *Les expérimentations : comment innover dans la conduite des politiques publiques*, LDf, 2019, p. 40.

46. Une fois admises à participer à l'expérimentation, les collectivités retenues peuvent ensuite prendre les actes réglementaires nécessaires à la mise en œuvre de l'expérimentation, qu'elles doivent toutefois transmettre au représentant de l'État en vue de leur publication au *Journal officiel*, sachant que la publication représente une condition *sine qua non* de leur entrée en vigueur. Le contrôle étatique de la procédure se poursuit donc par un filtrage permanent des actes adoptés par les collectivités membres de l'expérimentation, cela d'autant plus que le représentant de l'État est doté du pouvoir de formuler un recours contre tout acte adopté par la collectivité, et d'en demander la suspension. Tel qu'il ressort de l'article LO 113-4 du CGCT jusqu'à ce que le tribunal administratif statue sur la demande du représentant de l'État, l'acte suspendu cesse de produire ses effets juridiques. Sur ce dernier point, il faut ajouter qu'afin d'éviter une interruption trop importante de l'exécution de l'expérimentation, si le tribunal administratif ne statue pas dans un délai d'un mois suivant sa saisine, l'acte redevient exécutoire.

collectivités territoriales formulait plusieurs suggestions pour non seulement réduire la durée de démarrage d'une expérimentation, mais aussi pour en fluidifier la procédure[47].

Tout d'abord, la délégation propose d'inverser les moments de la publication de l'appel définitif à candidatures d'une expérimentation et d'adoption de la délibération de la collectivité demandant à participer à l'expérimentation. La seconde piste invite à déconcentrer[48] la décision permettant à une collectivité de participer à une expérimentation, qui devrait, d'après les représentants de la Délégation, être prise « au niveau des préfectures de département ou de région »[49]. Proposition intéressante à condition que l'obligation de présenter au gouvernement un rapport annuel, voire bisannuel des expérimentations en cours, soit maintenue. La possibilité de continuer à surveiller de près l'état d'avancement des expérimentations en cours, ainsi que leurs résultats permettront à l'État d'assurer sa politique de « cohésion des territoires »[50]. Enfin, l'obligation de la publication des actes pris par les collectivités, en dérogations des dispositions législatives, est jugée d'un formalisme excessif ne faisant qu'allonger davantage les délais de mise en œuvre effective de l'expérimentation. Une publication desdits actes dans le *Recueil des actes administratifs* de la préfecture de département ou de la région apparaît plus opportune.

---

47. J.-R. Cazeneuve, C. de Courson, C. Jerretie et A. Viala, *op. cit.*, 2018, p. 22 et s.
48. B. Acar et P. Reix, *Délégation de compétences et conférence territoriale d'action publique, de nouveaux outils au service de la coopération territoriale*, Inspection générale de l'Administration, Rapport, nº 16119-R, 2017, p. 7.
49. CE 17 juin 2019, *Les Amis de la Terre France*, req. nº 412.871, *AJDA* 2019, nº 22, p. 1253 ; O. Didriche et M. Guillon, « Une expérimentation sur le thème de l'expérimentation », *AJCT* 2018, nº 1, p. 3 ; E. Maupin, « Lancement d'une expérimentation permettant aux préfets de déroger à certaines normes réglementaires », *AJDA* 2018, nº 1, p. 16.
50. J.-M. Pontier, « L'État et la cohésion des territoires », *op. cit.*, p. 1439.

Quoi qu'il en soit, la finalité cornélienne réservée à l'accomplissement de l'expérimentation, soit la généralisation, soit l'abandon, ne contribue guère à dynamiser le recours à l'expérimentation.

B. Le retour sur l'investissement pour les collectivités à l'issue de l'expérimentation

Le constituant n'ayant pas apporté de précisions quant aux suites d'une expérimentation, c'est le législateur qui s'en est chargé. En vertu de l'article LO 1113-6 du CGCT, le législateur institue de prime abord une obligation d'évaluation de l'expérimentation. Évaluation effectuée par le Parlement sur la base d'un rapport des collectivités territoriales qui y ont participé et dont l'obligation de la transmission revient au gouvernement. Ledit rapport doit exposer les effets des mesures prises par les collectivités participantes à une expérimentation par rapport notamment « au coût et à la qualité des services rendus aux usagers, l'organisation des collectivités territoriales et des services de l'État, ainsi que leurs incidences financières et fiscales »[51].

Le recours plus que modeste à l'expérimentation – seulement quatre utilisations dont deux généralisations[52], un abandon et une expérimentation en cours – rend difficile l'évaluation de ce dispositif, d'autant plus que les deux expérimentations soi-disant finalisées ont été généralisées avant leur évaluation.

Prévue par la loi n° 2006-1666 du 21 décembre 2006 de finances pour 2007, commencée en mars 2008[53], l'expérimentation portant sur le revenu de solidarité active (RSA) a été généralisée en

51. Par ailleurs, en vertu de l'article précité du CGCT, le gouvernement doit transmettre annuellement au Parlement un rapport qui recense l'ensemble des propositions d'expérimentation et demandes formulées par les collectivités prêtes à s'associer à une expérimentation.

52. CE, *Les expérimentations : comment innover dans la conduite des politiques publiques*, LDf, 2019, p. 30-31.

53. Par 33 départements.

décembre 2008[54]. Intervenue sur la base d'un bilan d'étape remis en septembre 2008, la généralisation de ce dispositif « a été annoncée alors même que les expérimentations venaient tout juste de débuter »[55]. Période bien trop courte pour pouvoir effectuer une évaluation concluante. L'expérimentation portant sur l'extension de l'accès à l'apprentissage de 25 à 30 ans a aussi été finalisée avant terme, et ce, par l'article 13 de la loi du 5 septembre 2018 pour la liberté de choisir son avenir professionnel qui a ouvert l'accès à l'apprentissage jusqu'à l'âge de 29 ans[56]. Ayant aussi réformé la taxe d'apprentissage, l'adoption de la loi du 5 septembre a eu comme conséquence l'abandon de l'expérimentation portant sur la possibilité de dérogation aux modalités d'affectation des fonds de la taxe d'apprentissage[57].

Encore en cours, l'expérimentation sur la tarification sociale de l'eau compte une cinquantaine de membres, communes et EPCI, et devait s'étaler sur cinq ans (2013-2018). Comme les cinq ans réservés à cette expérimentation se sont avérés insuffisants pour effectuer une évaluation correcte, une prolongation de trois ans est apparue souhaitable.

---

54. B. Galtier, « Quel bilan peut-on tirer des expérimentations du revenu de solidarité active », *Revue française des affaires sociales* 2010, n° 1, p. 281-306 ; M. Long, « Revenu de solidarité active : l'expérimentation », *Revue du Droit Social* 2007, p. 1236.
55. M. Long, « L'expérimentation : un premier bilan décevant pour les collectivités territoriales », *AJDA* 2008, n° 30, p. 1625.
56. CE, *op. cit.*, 2019, p. 31.
57. Commencées au 1er janv. 2017, les expérimentations portant sur la possibilité de dérogation aux modalités d'affectation des fonds de la taxe d'apprentissage et sur l'extension de l'accès à l'apprentissage de 25 à 30 ans étaient censées prendre fin le 31 déc. 2019. Chaque collectivité participante (deux régions pour la première expérimentation, une dizaine pour la seconde) devra par conséquent présenter au préfet le bilan requis par l'article L O 1113-6 du CGCT.

Tout compte fait, « pour que les collectivités, comme l'État, en tirent un véritable bénéfice [les expérimentations] doivent être envisagées sur le long terme »[58]. D'où l'importance, considérant la durée dans le temps et les moyens investis par les membres participants, voire par l'État, de prévoir des études d'impact approfondies en amont du démarrage, de même que des évaluations détaillées à chaque étape, et surtout en fin d'expérimentation. Paradoxalement, c'est l'évaluation qui représente une des faiblesses de la mise en œuvre du dispositif d'expérimentation-dérogation, en particulier, et des politiques publiques en général[59]. Cette faiblesse est due principalement à l'« insuffisante formation des élites, notamment administratives et politiques, aux méthodes d'évaluation d'impact des politiques publiques »[60].

En l'absence d'une évaluation rigoureuse en amont et en aval, comment l'efficacité de l'expérimentation pourrait-elle être jugée à sa juste valeur? L'enjeu est dès lors d'autant plus important qu'en l'absence d'une évaluation pertinente et approfondie, il n'est pas impossible, en pratique, que des expérimentations soient abandonnées ou, au contraire, généralisées sur la base de données imprécises ou insuffisantes.

La finalité de l'expérimentation, sa généralisation ou son abandon[61], explique le peu d'entrain des collectivités territoriales et de leurs groupements à tenter l'expérience. Certains auteurs, comme

58. G. CHAVRIER, *op. cit.*

59. CE, *op. cit.*, 2019, p. 36.

60. P.-H. BONO, S. DEBU, R. DESPLATZ, M. HAYET, C. LACOUETTE-FOUGERE et A. TRANNOY, « Vingt ans d'évaluation d'impact en France et à l'étranger. Analyse quantitative de la production scientifique », *France Stratégie* 2008, p. 34 : *https://www.strategie.gouv.fr/sites/strategie.gouv.fr/files/atoms/files/fs-dt-impact-politiques-publiques-decembre-2018.pdf* [consulté le 12 août 2019].

61. D'après l'article LO 1113-6 du CGCT un texte normatif doit déterminer avant l'expiration du délai fixé pour l'expérimentation et au vu de son évaluation : soit les conditions de la prolongation ou de la modification de l'expérimentation pour une durée qui ne peut excéder trois ans, soit le maintien et la généralisation des mesures

la professeure Géraldine Chavrier, vont plus loin lorsqu'ils se demandent si les élus locaux n'ont pas « idéalisé » l'expérimentation-dérogation « en raison de l'impossibilité de la pratiquer jusqu'en 2003 »[62] ? Pour quelles raisons une collectivité investirait-elle du temps et des moyens, humains et financiers, pour concevoir, mettre en œuvre et évaluer une expérimentation qui risque d'être finalement abandonnée[63] ? L'abandon paraît justement d'autant plus frustrant pour les élus locaux qu'il peut survenir non pour des raisons d'incompatibilité de la politique publique expérimentée en leur territoire, mais au contraire, pour incompatibilité du point de vue national, même si la politique publique expérimentée convient parfaitement bien à ladite collectivité.

L'ensemble des limites de procédure et de finalité interrogent sur une potentielle pérennisation de l'expérimentation qui renforce l'autonomie des collectivités, voire la constitutionnalisation d'un droit à la différenciation territoriale des collectivités territoriales.

II. L'expérimentation, un tremplin incertain pour la constitutionnalisation d'un droit à la différenciation territoriale

Les limites relatives à la procédure de mise en œuvre et à la finalité de l'expérimentation ne diminuent nullement l'avancée importante que sa constitutionnalisation représente. Il s'impose à présent de prendre en considération les freins qui s'opposent à une utilisation efficace, afin de dégager les solutions qui permettraient non seulement d'assouplir les règles qui l'encadrent (A), mais aussi d'en faire un véritable outil de différenciation territoriale (B).

---

prises à titre expérimental, soit l'abandon de l'expérimentation.

62. J.-R. Cazeneuve, C. de Courson, C. Jerretie, A. Viala, *Expérimentation et différenciation territoriale. Autonomie financière des collectivités territoriales*, Ass. nat., Rapport d'information, n° 912, 2018, p.21.

63. *Ibid.*

A. Le désenclavement de l'expérimentation, condition sine qua non *d'un véritable début de différenciation territoriale*

Qu'elle soit inventée ou non pour « régler le problème de la Corse »[64], revendiquée ou pas par les collectivités territoriales[65], on observe que les universitaires comme les politiciens, ou encore les théoriciens, comme les praticiens s'accordent pour dire que désormais l'expérimentation n'est « plus une mode passagère, mais un mode de gouvernance »[66]. Il faut lever « le verrou constitutionnel de la généralisation » qui empêche l'expérimentation d'« atteindre son principal objectif [à savoir], être un outil de diversité »[67] pour les territoires[68].

En encourageant les collectivités à mieux exploiter leur capacité d'innovation dans l'élaboration de politiques différenciées, il faut veiller non seulement à éviter qu'une atteinte excessive au principe d'égalité ne soit portée, mais aussi que l'élargissement des possibilités de différenciation ne génère une nouvelle source de complexité[69]. Pour cela, il faut, d'une part, renforcer l'évaluation de l'impact des normes sur les collectivités territoriales, et d'autre part, s'assurer d'une meilleure prise en compte des spécificités des territoires dans les lois et les règlements.

Par suite, une évaluation de l'impact des normes sur les collectivités territoriales doit avoir lieu. À cet effet, même s'il ne concerne pas directement les collectivités territoriales, un cadre légal qui impose

64. B. DE FORMENT, « Pour relancer la décentralisation il faut clarifier les compétences et instaurer la péréquation », *AJDA* 2003, n° 2, p. 57.

65. *Ibid.*

66. G. DRAGO, « Expérimentation, la pire ou la meilleure des réformes », *AJDA* 2002, n° 15, p. 989.

67. « Expérimentons (vraiment) l'expérimentation », *Opinion* 27 mars 2018.

68. N. BOUILLANT et E. DURU, « Réformer le droit à l'expérimentation locale, un enjeu public majeur » : *https://jean-jaures.org/nos-productions/reformer-le-droit-a-l-experimentation-locale-un-enjeu-public-majeur* [consulté le 20 mars 2019].

69. J.-R. CAZENEUVE, C. DE COURSON, C. JERRETIE et A. VIALA, *op. cit.*, p. 8.

que tout projet de loi soit accompagné par une étude d'impact existe depuis 2009. Les dispositions de l'article 8 de la loi n° 2009-403 du 15 avril 2009 relative à l'application des articles 34-1, 39 et 44 de la Constitution[70] imposent par ailleurs d'indiquer « les conditions d'application des dispositions envisagées dans les collectivités régies par les articles 73 et 74 de la Constitution [...] en justifiant le cas échéant les adaptations proposées et l'absence d'application des dispositions à certaines de ces collectivités ». Étendre cette obligation d'évaluation à l'impact des règles législatives ou réglementaires, chaque fois qu'un acte normatif ou réglementaire présente une incidence quelconque sur les collectivités territoriales, contribuerait certainement à une meilleure prise en considération des spécificités territoriales dès l'élaboration d'un texte de loi ou d'un règlement, ainsi qu'à l'institution d'une culture progressive d'évaluation de l'impact des textes avant et après leur élaboration. D'après certains auteurs, le développement d'une « culture d'évaluation » dans les lois et les règlements, serait par ailleurs conditionné par son élévation au rang d'obligation constitutionnelle[71]. Ce qui renforcerait le réflexe de s'interroger sur la « limite de l'intervention du pouvoir normatif national », afin de « réhabiliter le pouvoir réglementaire local »[72], tel que le principe de subsidiarité consacré par le 2e alinéa de l'article 72 de la Constitution le permet. En vertu dudit alinéa, les collectivités territoriales « ont vocation à prendre les décisions pour l'ensemble des compétences qui peuvent le mieux être mises en œuvre à leur échelon ».

---

70. Cons. const. 9 avr. 2009, n° 2009-579 DC, *Loi organique relative à l'application des articles 34-1, 39 et 44 de la Constitution*.

71. J.-R. CAZENEUVE, C. DE COURSON, C. JERRETIE et A. VIALA, *op. cit.*, p. 16.

72. *Ibid.*

Un assouplissement du cadre constitutionnel, voire législatif actuel, s'il présente certes des avantages, tel que le Conseil d'État le souligne, il n'en présenterait pas moins des désavantages[73]. Les avantages évoqués par le Conseil d'État sont parmi d'autres le renforcement de la démocratie locale qui figure en tête de liste, suivi par une effectivité accrue du principe de subsidiarité énoncé au 2e alinéa de l'article 72 de la Constitution. Un autre avantage serait l'amélioration, à la suite des expérimentations menées par les élus locaux dans leurs collectivités, de l'élaboration de lois régissant l'exercice des compétences des collectivités territoriales.

Les désavantages, quant à eux, concernent le risque de transferts de compétences sur des « considérations contingentes ou de circonstances, voire purement politiques », ou encore, le risque de la complexité des compétences des collectivités territoriales. D'autant plus important que, comme le Conseil d'État le souligne dans son avis du 7 décembre 2017, « à la complexité des compétences entre catégories de collectivités territoriales s'ajouteraient celle tenant à l'existence de compétences différenciées entre collectivités relevant d'une même catégorie ». D'où, un risque accru d'enchevêtrement des compétences générant des inconvénients tant pour les électeurs, que pour les élus et pour le « public ». De fait, si les électeurs peuvent avoir des difficultés à identifier « le responsable » d'une action publique en cours, les élus quant à eux, auraient à souffrir d'un manque de visibilité, si leurs actions s'inscrivent dans des organisations peu déchiffrables, alors que pour le « public » l'inconvénient se situerait dans la difficulté que rencontrerait un particulier, une entreprise ou un associé, à entrer en contact avec le bon interlocuteur[74]. Sans pour autant évoquer les coûts potentiels, ainsi que l'insécurité juridique, voire les rigidités qui surviendraient en l'absence d'« effort [engagé

73. Tel que le Conseil d'État le met en évidence dans son avis du 7 déc. 2017, *Avis sur la différenciation des compétences des collectivités territoriales relevant d'une même catégorie et des règles relatives à l'exercice de ces compétences*, req. n° 393651.
74. CE Ass. 7 déc. 2017, *ibid.*

en amont] de clarification des compétences » entre l'État et les collectivités territoriales, ainsi qu'entre les différents échelons de collectivités territoriales[75].

Reste à savoir, si l'État est doté de moyens humains et financiers nécessaires à la réalisation d'études approfondies de l'impact des normes à l'égard des collectivités territoriales et des évaluations périodiques pendant et après la mise en œuvre d'une expérimentation. Si par la suite, les collectivités territoriales sont prêtes à assumer leur responsabilité quant à la qualité et à la rigueur des conclusions retenues par les études d'impact. Et si elles sont prêtes, *quid* des moyens humains et financiers indispensables pour se prêter à un tel exercice ? Faut-il rappeler qu'un nombre important des collectivités françaises sont de petite taille, et par conséquent sont « inégalement dotées, inégalement riches, inégalement capable d'intervenir »[76], et de ce fait de se prévaloir du pouvoir que l'État leur concède « généreusement » à petites doses. L'État doit donc inventer des mécanismes de compensation financière entre les collectivités territoriales qui non seulement atténuent, mais aussi suppriment, les effets inégalitaires

---

75. J.-F. BRISSON, « Les nouvelles clés constitutionnelles de répartition matérielle des compétences entre l'État et les collectivités locales », *AJDA* 2003, n° 11, p. 529 ; S. BRONDEM, « Les principaux axes du futur projet de loi de décentralisation », *AJDA* 2012, n° 34, p. 1876 ; G. CHAVRIER, « Quel avenir pour la région dans l'organisation territoriale française ? », *AJDA* 2008, n° 30, p. 1657 ; O. DIDRICHE, « L'adaptation locale des compétences », *AJCT* 2018, n° 1, p. 27 ; B. DE FROMENT, « Pour relancer la décentralisation, il faut clarifier les compétences et instaurer la péréquation », *AJDA* 2003, n° 1, p. 57 ; O. GOHIN, « La nouvelle décentralisation et la réforme de l'État en France », *AJDA* 2003, n° 11, p. 522 ; Y. JEGOUZO, « Un État décentralisé », *AJDA* 2003, n° 11, p. 513 ; O. LANDEL, « Réforme territoriale : point de vue de l'Association des communautés urbaines de France », *AJCT* 2015, n° 4, p. 186 ; J.-M. PONTIER, « Une décennie de décentralisation vue par le Conseil d'État », *Rev. adm.*, 1994, n° 281, p. 504-510.

76. J.-M. PONTIER, « L'État et la cohésion des territoires », *op. cit.*, p. 1439.

de telles évolutions. Ceci afin de garantir un état de cohésion territoriale[77], tout en continuant à favoriser la territorialisation progressive du droit.

Ces mesures de prévention contribueront à ce qu'une troisième finalité puisse être libérée du poids de la généralisation ou de l'abandon, car c'est une des sources (supposée) de découragement des collectivités territoriales à y avoir recours. Cela parce que ce n'est pas tant le nombre d'expérimentations-dérogation entamé qui compte, mais plutôt le fait de savoir combien d'entre elles s'avèrent réellement utiles pour les territoires, sujets de l'expérimentation. L'expérimentation-dérogation pourrait donc devenir une véritable source de différenciation territoriale, non par sa généralisation ou son abandon, mais par sa pérennisation.

B. L'expérimentation, fondement incontournable d'un droit réfléchi à la différenciation territoriale

La consécration d'un droit à la différenciation territoriale a fait partie des réflexions prioritaires engagées pour l'élaboration du projet de loi constitutionnelle pour une démocratie plus représentative, responsable et efficace soumis au débat public en 2018 et abandonné quelques mois plus tard. Son rangement dans le « tiroir des projets en attente de l'Exécutif[78], et non en abandon » comme le projet de loi constitutionnelle pour un renouveau de la vie démocratique du 28 août 2019 en témoigne, maintient les débats autour d'une éventuelle constitutionnalisation du droit à la différenciation territoriale. Effectivement, l'article 10 du projet de loi constitutionnelle du 28 août 2019 propose l'introduction, à l'article 72 de la Constitution, d'un véritable droit à la différenciation entre collectivités territoriales. Ce droit reposerait sur deux dispositifs insérés aux alinéas 2 et 4 de l'article 72. Les points communs de ces deux dispositifs consistent

77. *Ibid.*

78. M.-C. DE MONTECLER, « Institutions et décentralisation : les annonces d'Édouard Philippe », *AJDA* 2019, n° 21, p. 1189.

à l'encadrement de la procédure par une loi organique d'une part, et d'autre part à la condition de ne porter atteinte ni aux conditions d'exercice d'une liberté publique, ni à un droit constitutionnellement garanti.

Le premier dispositif, inséré au 2e alinéa de l'article 72 de la Constitution, permettrait à la loi d'attribuer à certaines collectivités des compétences, en nombre limité, dont ne disposent pas toutes les collectivités de la même catégorie. Le second est censé atténuer considérablement les rigidités qui se sont soldées par un recours modeste à l'expérimentation, et lorsque la loi ou le règlement le prévoirait, permettre aux collectivités territoriales et leurs groupements de déroger, pour un objet limité, aux dispositions législatives ou réglementaires qui régissent leurs compétences. Cette dérogation surviendrait « éventuellement après une expérimentation » autorisée dans les mêmes conditions.

Dans son avis du 3 mai 2018 sur le projet de loi constitutionnelle de 2018[79], le Conseil d'État considère le dispositif qu'il est envisagé d'ajouter au 2e alinéa de l'article 72 comme « une souplesse de nature à donner son effectivité au principe de subsidiarité [consacré par le même article], et que la limitation du nombre de compétences qui peuvent être attribuées à une collectivité préserve la cohérence de l'article 72 de la Constitution et de son titre XII ». Le Conseil d'État formule aussi quelques recommandations par rapport au contenu de la loi organique qui devrait détailler la procédure du transfert

79. Abandonné et remplacé par le projet de loi constitutionnelle pour un renouveau de la vie démocratique qui se trouve actuellement sur le bureau de l'Assemblée nationale.

des compétences[80]. Afin que cette dernière reste cohérente avec le principe de subsidiarité et l'effort de clarification des compétences engagé par le législateur ces dernières années[81].

Pour cela, lorsque le transfert des compétences n'est pas prévu par la loi, il devrait reposer sur l'accord des collectivités concernées. Dans le cas contraire, il ne s'agirait plus d'un droit à l'égard des collectivités, mais d'une obligation. D'après le Conseil d'État, la loi organique devra non seulement fixer des critères objectifs[82] et utiles, mais prévoir l'obligation pour le représentant de l'État (dans la collectivité concernée) de donner son avis sur la portée d'intérêt général du transfert et la préservation des intérêts nationaux. Il faut noter ici que la vision du Conseil d'État renvoie à une déconcentration de la décision d'approbation du transfert.

---

80. Cela si le projet de loi constitutionnelle pour un renouveau de la vie démocratique était finalement adopté.

81. En effet, la réforme constitutionnelle de 2003 a ouvert la voie à une reconfiguration du paysage de l'action publique locale, et ce, tout d'abord par la loi organique nº 2003-704 du 1er août 2003 relative à l'expérimentation par les collectivités territoriales, ensuite par les lois MAPTAM du 27 janv. 2014 de modernisation de l'action publique territoriale et d'affirmation des métropoles, et la loi NOTRe du 7 août 2015 portant nouvelle organisation territoriale de la République. Parmi les dispositions les plus importantes figurent la suppression de la clause générale de compétences, laquelle fut ressentie par « beaucoup comme une remise en cause symbolique des libertés locales », sachant que la suppression de la clause générale de compétences concerne seulement les régions et les départements ; ensuite, par la réorganisation des compétences entre collectivités territoriales, la promotion de la coopération entre les collectivités territoriales et entre ces dernières et l'État, en passant « par une nouvelle géographie des établissements publics de coopération intercommunale (EPCI) ». B. ACAR et P. REIX, *Délégation de compétences et conférence territoriale d'action publique, de nouveaux outils au service de la coopération territoriale*, Inspection générale de l'administration, Rapport, nº 16119-R, 2017, p. 13.

82. Voir à titre d'exemple « celui de l'échelon propre à permettre une plus grande efficacité, au meilleur coût de l'action des collectivités territoriales ».

Dans le second dispositif, le constituant ne fait que laisser cours aux recommandations du Conseil d'État[83] par rapport à l'introduction d'une troisième finalité possible à l'issue d'une expérimentation : la pérennisation. Qui permettrait aux collectivités territoriales « d'exercer leurs compétences avec une plus grande efficacité [...] [voire] adapter leur action aux réalités des territoires ainsi qu'aux besoins de la population et de l'économie »[84]. Cette modification est de nature à renforcer la démocratie locale.

La formulation retenue par le constituant, pour la pérennisation de la dérogation des collectivités territoriales d'une loi ou d'un règlement, suscite néanmoins certains questionnements, car cette dernière pourrait survenir « éventuellement » après une expérimentation. Par éventualité de l'expérimentation faut-il comprendre qu'une collectivité territoriale pourrait bénéficier d'un transfert de compétences et/ou déroger à l'application de certaines dispositions normatives ou réglementaires, sans passer par l'étape intermédiaire et prospective qui est l'expérimentation ?

L'essence de l'expérimentation réside tout autant dans une période d'essai, d'apprentissage, d'adaptation et d'évaluation, pour mieux tester l'opinion publique à l'égard de la politique publique envisagée, tout comme dans le potentiel humain, financier et logistique de la collectivité pour gérer une certaine politique publique, et cela avant de décider ou non sa pérennisation. Ramener l'expérimentation à une simple éventualité risque de conduire à long terme à une complexité juridique par une redistribution inefficace de compétences et de dérogations.

---

83. CE Ass. 7 déc. 2017, *Avis sur la différenciation des compétences des collectivités territoriales relevant d'une même catégorie et des règles relatives à l'exercice de ces compétences*, n° 393651.
84. CE Ass. 3 mai 2018, *Avis sur un projet de loi constitutionnelle pour une démocratie plus représentative, responsable et efficace*, n° 394658.

Par suite, qu'il s'agisse de la coopération intercommunale, de la création d'une collectivité territoriale à statut particulier, ou encore, de la délégation des compétences, il est important de rappeler que non seulement des outils de différenciation territoriale existent[85], mais que de nouveaux continuent à être créés[86].

Développée vers la fin des années 1990[87], la création des établissements publics de coopération intercommunale (EPCI) a permis une attribution différenciée des compétences qui n'est pas la même « selon la catégorie de l'EPCI qu'elles rejoignent et selon le choix de l'EPCI dans l'exercice des compétences facultatives »[88]. Il apparaît entre autres du mot « coopération » que l'intercommunalité ne représente pas en elle-même un transfert de compétences d'une collectivité territoriale à une autre appartenant au même échelon et/ou à des échelons distincts, mais une possibilité de mise en commun des compétences en vue de leur exercice temporaire par l'EPCI créé[89]. Tout comme la coopération intercommunale, la création d'une collectivité territoriale à statut particulier représente une autre modalité de différenciation territoriale, qui ne va pas dans le sens recherché par le constituant, de transfert, mais d'exercice de compétences. Comme l'exemple de la création de la Métropole de Lyon l'illustre bien, la

85. Cons. const. 6 mai 1991, n° 91-291 DC; Cons. const. 18 janv. 1985, n° 84-185 DC.
86. Voir à titre d'exemple la création de la Collectivité européenne d'Alsace.
87. Loi n° 99-586 du 12 juill. 1999 relative au renforcement et à la simplification de la coopération intercommunale.
88. Différences d'organisation permises résultant des différentes lois adoptées depuis le début des années 2000 et admises par la jurisprudence du Conseil constitutionnel : Cons. const. 9 déc. 2010, n° 2010-618 DC sur la loi de modernisation des collectivités territoriales; Cons. const. 23 janv. 2014 n° 2013-687 DC du 23 janv. 2014 sur la loi MAPTAM; R. FERRAND, Y. BRAUN-PIVET, M. FESNEAU, *Rapport sur le projet de loi constitutionnelle pour une démocratie plus représentative, responsable et efficace*, Ass. nat., n° 1137, tome I, p. 197.
89. *Ibid.*

création d'une collectivité territoriale à statut particulier[90] n'a pas engagé un transfert de compétences, mais une fusion d'une partie considérable des compétences communales et départementales. Il s'agit d'une simple réorganisation infranationale qui ne se constitue pas par un renforcement de la décentralisation des collectivités.

Enfin, si la délégation des compétences représente également un moyen de différenciation territoriale, non seulement il n'est que temporaire, mais de surcroît il ne s'agit pas d'un transfert puisque l'effet est de « régir l'exercice d'une compétence et non son attribution »[91]. Les délégations entre les collectivités territoriales sont donc perçues plutôt comme « un mécanisme de sujétion d'une autorité sur l'autre, même si le droit ne le comprend pas comme tel [...] »[92] Tout comme pour l'expérimentation, le « cadre contraignant des délégations entre collectivités assimilé à une tutelle [de même que] la lourdeur et la longueur de la procédure », ou le sentiment que cet outil n'est qu'une « forme d'évitement et *a minima* de retardement de transferts des compétences »[93], explique largement le peu d'intérêt des collectivités locales pour la délégation des compétences.

Reste que même s'ils impliquent plutôt une mise en commun de l'exercice, voire une délégation temporaire de certaines de leurs compétences, et non un véritable transfert de compétences, il faut convenir non seulement que ces outils de différenciation existent, mais surtout qu'ils demeurent insuffisamment explorés, voire « expérimentés ». Les auteurs du projet de loi constitutionnelle ont envisagé, s'il est adopté, la possibilité pour certaines collectivités d'exercer des compétences, certes en nombre limité, sans être détenues par toutes les collectivités territoriales d'une même catégorie.

90. Cons. const. 25 févr. 1982, n° 82-138 DC, *Loi portant statut particulier de la région de Corse*.

91. R. FERRAND, Y. BRAUN-PIVET et M. FESNEAU, *op. cit.*, p. 198

92. B. ACAR et P. REIX, *op. cit.*, p. 35.

93. B. ACAR et P. REIX, *op. cit.*, p. 15.

L'irréversible évolution vers « une territorialisation du droit », marqué par les lois Defferre au début des années 1980, n'aura jamais été aussi évidente, compte tenu des nouvelles dynamiques territoriales qui favorisent la création non plus d'un modèle d'organisation territoriale, mais d'« organisations différenciées et des formes de gouvernances territoriales complexes et évolutives »[94]. Autrement dit, une décentralisation à géométrie variable…

***
*

Tel qu'il ressort de l'étude d'impact de la loi MAPTAM, le dialogue entre les collectivités territoriales, ou entre ces dernières et l'État – condition *sine qua non* d'une action publique efficiente –, doit être renforcé. D'autant plus, si l'on souhaite aboutir à « une articulation plus efficace, plus claire et moins coûteuse des compétences des différents niveaux de collectivités [laquelle ne peut passer que] par des modalités d'organisation négociées entre les collectivités et davantage adaptées à la diversité des territoires […] »[95] Par conséquent, et compte tenu des arguments déjà évoqués, voire des outils déjà existants et/ou en cours d'adoption[96] ou de réflexion[97], ce n'est pas la constitutionnalisation d'un droit à différenciation territoriale qui renforcera, à elle seule, le recours à l'expérimentation ou favorisera une meilleure valorisation des outils de différenciation déjà existants, mais bien le désenclavement progressif du cadre légal déjà existant.

94. *Ibid.*

95. « Étude d'impact du projet de loi de modernisation de l'action publique territoriale et d'affirmation des métropoles », 9 avr. 2013, p. 7.

96. Projet de loi relatif à l'engagement dans la vie locale et à la proximité de l'action publique.

97. Projet de loi « 3D » : décentralisation, différenciation, déconcentration.

Partant du principe que « ce qu'une loi fait, une autre peut le défaire »[98], le législateur doit faire davantage confiance aux collectivités territoriales et à leurs groupements, non seulement par un assouplissement du cadre légal existant, mais aussi par un accompagnement étatique sur mesure[99].

98. *Ibid.*
99. CE, *Les expérimentations : comment innover dans la conduite des politiques publiques*, LDf, 2019, p. 61-81.

DE L'EXPÉRIMENTATION TERRITORIALE RÉCENTE D'UN DROIT DE DÉROGATION RECONNU AU PRÉFET

Jean-Michel BRICAULT

Maître de conférences
URCA-CRDT, Université de Reims Champagne-Ardenne

Depuis plusieurs années maintenant, la simplification administrative est devenue une politique à part entière. Entre 2007 et 2012, pas moins de quatre lois visant à « la simplification du droit et à l'allégement des démarches administratives »[1] ont été votées. Par la suite, la mise en place d'un « choc de simplification » en 2013 se concrétise par toute une série de mesures (programme « Dites-le nous une fois », principe selon lequel le silence gardé par l'administration vaut désormais accord, etc.)[2]. Dans un rapport daté de 2016, le Conseil d'État salue des « efforts indéniables menés depuis dix ans », mais « le bilan est globalement mitigé »[3]. Plus récemment, en septembre 2018 paraît

1. Loi n° 2007-1787 du 20 déc. 2007 relative à la simplification du droit; loi n° 2009-526 du 12 mai 2009 de simplification et de clarification du droit et d'allégement des procédures; loi n° 2011-525 du 17 mai 2011 de simplification et d'amélioration de la qualité du droit; loi n° 2012-387 du 22 mars 2012 relative à la simplification du droit et à l'allégement des démarches administratives.
2. Loi n° 2013-1005 du 12 nov. 2013 habilitant le Gouvernement à simplifier les relations entre l'administration et les citoyens, NOR:RDFX1309049L.
3. CE, Étude annuelle, *Simplification et qualité du droit*, 2016.

le rapport Boulard-Lambert qui mène une charge contre l'inflation normative dans le cadre de la « Mission pour la simplification des normes applicables aux collectivités territoriales »[4]. La loi du 10 août 2018 « pour un État au service d'une société de confiance »[5] a elle aussi pour fil conducteur la problématique de la simplification des normes. Malgré tout cet arsenal, il apparaît une forme d'impuissance à juguler la source et la complexité normatives. Lors du 102e Congrès de l'Association des Maires de France, le 20 novembre 2019, le chef de l'État déclarait « simplifier, c'est complexe » suscitant sans doute bien des silences interrogatifs !

En conséquence, si « en amont », il apparaît que la situation est trop compliquée pour obtenir des résultats tangibles en matière de simplification, le gouvernement a été conduit à se reporter vers le préfet situé en « aval ». D'où cette idée émise par le décret nº 2017-845 du 29 décembre 2017[6] de lui conférer, à titre expérimental un droit de dérogation. Selon le commentaire qui l'accompagne au *Journal Officiel*, le décret vise

> « à évaluer, par la voie d'une expérimentation conduite pendant deux ans l'intérêt de reconnaître au préfet la faculté de déroger à certaines dispositions réglementaires pour un motif d'intérêt général et à apprécier la pertinence de celles-ci. À cet effet, il autorise, dans certaines matières, le représentant de l'État à prendre des décisions dérogeant à la réglementation, afin de tenir compte des circonstances locales et dans le but d'alléger les démarches administratives, de réduire les délais de procédure ou de favoriser l'accès aux aides publiques ».

4. J.-C. Boulard et A. Lambert, *Rapport de la « mission pour la simplification des normes applicables aux collectivités territoriales »*, 13 sept. 2018, 117 p.

5. Loi nº 2018-727 du 10 août 2018 pour un État au service d'une société de confiance, *JO* 11 août 2018, NOR:CPAX1730519L.

6. Décret nº 2017-1845 du 29 déc. 2017 relatif à l'expérimentation territoriale d'un droit de dérogation reconnu au préfet, *JO* 31 déc. 2017, NOR:INTA1731553D.

Ce « droit de dérogation reconnu au préfet » est triplement limité : dans le temps, car il est expérimental pendant deux ans, du 31 décembre 2017 au 31 décembre 2019 ; dans l'espace, car il ne concerne qu'une vingtaine de territoires limitativement énumérés et enfin il est limité dans le champ d'intervention, car réservé à certaines matières.

Ce texte ne constitue pas une initiative isolée dans la période récente. En effet, plusieurs décrets ont ouvert la possibilité, pour différentes autorités déconcentrées de l'État de déroger localement à des normes réglementaires à titre expérimental ou pas[7]. Il apparaît que la faculté de déroger des directeurs d'ARS notamment est beaucoup plus encadrée et ne concerne que des procédures très précisément identifiées, contrairement à celle des préfets qui disposent d'un pouvoir de dérogation plus large concernant des matières. En conséquence, nous allons concentrer notre étude sur le seul décret du 29 décembre 2017 relatif au droit de dérogation reconnu au préfet.

7. Un premier décret n° 2017-1108 du 27 juin 2017 (NOR:MENE1716127D) a modifié l'article D. 521-12 du Code de l'éducation et a prévu que le directeur académique des services de l'Éducation nationale, saisi d'une proposition conjointe d'une commune ou d'un EPCI et de conseils d'école, pouvait autoriser des adaptations à l'organisation de la semaine scolaire définie par l'article D. 521-10. À noter, il ne s'agit pas ici d'une expérimentation, mais bien d'une faculté permanente – très encadrée – de dérogation étendue à l'ensemble du territoire national. Un autre décret n° 2017-1862 du 29 déc. 2017 (NOR: SSAZ1731677D) prévoit, de manière similaire, une expérimentation permettant aux directeurs d'ARS de quatre régions de déroger à certaines normes réglementaires par exemple en matière d'avis de la commission d'information et de sélection relatifs aux projets d'extension d'établissements ou de services sociaux et médico-sociaux, ou de définition des indicateurs et des seuils permettant de déterminer des zones caractérisées par une offre de soins insuffisante ou par des difficultés dans l'accès aux soins, ou encore en matière de référentiel des compétences requises pour dispenser l'éducation thérapeutique du patient… Voir aussi J.-M. BOCKEL et M. DARNAUD, Rapport d'information, Sénat, n° 560, *Réduire le poids des normes en aval de leur production : interprétation facilitatrice et pouvoir de dérogation aux normes*, 11 juin 2019, 93 p., p. 17 ; Voir aussi *Les expérimentations. Comment innover dans la conduite des politiques publiques ?*, Études du Conseil d'État, LDf, 2019, 149 p., p. 34.

Son ampleur et sa nouveauté le justifient. On notera d'ailleurs que dès le 1er mars 2018, l'association « Les Amis de la Terre » a formé un recours gracieux auprès du Premier ministre, afin d'obtenir le retrait de ce texte. La circulaire du 9 avril 2018[8] qui accompagne la mise en œuvre du décret semble représenter une réponse tardive, mais « ferme à ce recours » et illustre « une volonté gouvernementale d'aller au bout de cette mesure »[9]. Depuis, le Conseil d'État a eu l'occasion de valider la légalité du décret du 29 décembre 2017[10], nous y reviendrons.

Sur la base de ce texte expérimental, 140 arrêtés de dérogation ont été signés en novembre 2019[11]. La plupart ont semble-t-il visé à autoriser des subventions, en cherchant soit à gommer des effets de seuil, soit à assouplir des dates butoirs[12].

Cette innovation juridique suscite question. Le « préfet expérimentateur » est désormais armé de la faculté nouvelle de déroger à la norme réglementaire lorsque cela est nécessaire. Cette expérimentation est-elle à même de créer les conditions juridiques d'une plus grande efficacité d'action de l'État au niveau territorial ?

Il apparaît que le droit de dérogation reconnu au préfet constitue une expérimentation innovante qui se situe au cœur du processus de modernisation de l'action publique territoriale de l'État (I). Il est très encadré et ne s'exerce qu'à l'occasion de l'instruction d'une demande individuelle, et ce dans une démarche casuistique (II).

---

8. Circulaire n° 6007/SG du 9 avr. 2018 expérimentation d'un droit de dérogation reconnu au préfet.

9. J.-C. Boulard, A. Lambert, *Rapport pour la simplification des normes*, 13 sept. 2018, p. 24, *op. cit.*

10. CE 17 juin 2019, *Les Amis de la Terre France*, req. n° 421871, publié au *Lebon*.

11. Sénat, avis n° 146 sur le projet de loi de finances adopté par l'Ass. nat., pour 2020, *Administration générale et territoriale de l'État*, Rapp. P.-Y. Collombat, 21 nov. 2019, 28 p., p. 16.

12. Audition du 31 janv. 2019 d'A. Espinasse, DMAT du ministère de l'Intérieur, *in* Annexe V, Rapport d'information, Sénat, n° 560, 11 juin 2019, 93 p., p. 78, *op. cit.*

I. Le droit de dérogation reconnu au préfet : une expérimentation innovante

C'est bien la recherche de simplification administrative qui motive la mise en place d'un tel outil juridique novateur (A) qui s'inscrit dans la logique même de l'évolution de la déconcentration de ces dernières années à travers le principe de subsidiarité (B).

A. La recherche de simplification administrative par des méthodes novatrices

Si « la meilleure solution pour ne pas avoir à déroger aux normes serait d'en réduire le nombre et la complexité » rappelle très récemment la délégation aux collectivités territoriales du Sénat, elle précise aussitôt qu'il ne « faut pas bouder des méthodes novatrices [...] qui consistent à en réduire les effets négatifs en termes de rigidité, de coût et de délais »[13]. Il en est ainsi de deux circulaires de 2013 et 2016 que l'on peut considérer comme les prémices du droit de dérogation et qui tentent de mettre en œuvre une « interprétation facilitatrice des normes » (IFN) issue des préconisations du rapport de la mission de lutte contre l'inflation normative d'A. Lambert et J.-Cl. Boulard publié le 26 mars 2013.

1. Les prémices des outils utilisés pour l'expérimentation du droit de dérogation

Une circulaire n° 5646/SG du 2 avril 2013 demande aux préfets qu'à

> « l'exception des normes touchant à la sécurité, il vous est demandé désormais de veiller personnellement à ce que vos services utilisent toutes les marges de manœuvre autorisées par les textes et en délivrent une interprétation facilitatrice pour simplifier et accélérer la mise en œuvre des projets publics ou privés ».

13. Rapport d'information, Sénat, n° 560, 11 juin 2019, 93 p., p. 9.

Par la suite, une circulaire nº 5837/SG du 18 janvier 2016 relative elle aussi à « l'interprétation facilitatrice des normes applicables aux collectivités territoriales et à l'accompagnement des élus pour leur mise en œuvre » insiste auprès des préfets pour qu'ils utilisent « toutes les marges de manœuvre, dans le respect des textes législatifs et réglementaires en vigueur, pour privilégier une interprétation facilitatrice des normes et permettre ainsi une mise en œuvre adaptée aux spécificités locales ».

Certes, l'action facilitatrice des préfets n'est pas une nouveauté et elle est même « bien ancrée » comme le souligne le directeur de la modernisation et de l'action territoriale (DMAT) du ministère de l'Intérieur. En effet, « avant même les circulaires, la relation entre les élus et les préfets permettait des échanges étroits pour favoriser une application intelligente d'un certain nombre de réglementations [...] »[14]. Toutefois, l'avantage des instructions de 2013 et de 2016 fut de remettre de manière presque symbolique cette capacité de souplesse et d'accompagnement des préfets au cœur de leur action. On peut toutefois s'interroger sur l'impact juridique réel de ces deux textes. « L'interprétation facilitatrice des normes » est difficile à évaluer, compte tenu de son flou juridique (rédactions laconiques, notions sujettes à interprétation, perplexité des services, etc.) et de l'absence totale de processus de suivi[15].

Il reste que ces méthodes d'interprétation facilitatrice ainsi mises en œuvre constituent sans doute les « prémices de ce que va être l'expérimentation du droit de dérogation »[16]. La logique semble similaire en effet en partant du terrain dans les deux cas. Qu'il s'agisse d'IFN ou de droit de dérogation, le principe est en fait le même,

---

14. *Id.*

15. Voir Rapport d'information, Sénat, nº 560, 11 juin 2019, 93 p., p. 10 et s. Voir aussi, C. GROULIER, « À propos de l'interprétation facilitatrice des normes », *Revue du droit public*, nº 1, janv. 2015.

16. M. DAVERTON, « L'expérimentation territoriale d'un droit de dérogation reconnu au préfet », RIEX, CHEMI, juin 2018, 76 p., p. 14.

« jouer avec une norme existante et qui demeure, pour essayer de la contourner ou d'en exploiter les imprécisions »[17] pour mieux tenir compte des « circonstances locales »[18]. Avec le droit de dérogation, le préfet peut aller plus loin toutefois et il dispose d'une base légale claire pour agir désormais.

2. Le projet de décret d'un droit de dérogation

Le projet de décret d'un droit de dérogation reconnu au préfet trouve son origine dans le projet de loi relatif au droit à l'erreur et à la simplification, devenu loi du 10 août 2018 pour un État au service d'une société de confiance (ESSOC)[19]. Le droit de dérogation figurait alors dans le titre III originel « Expérimentation » sur le fondement de l'article 37-1 de la Constitution créé par l'article 3 de la loi constitutionnelle n° 2003-276 du 28 mars 2003. Cet article dispose que « la loi et le règlement peuvent comporter, pour un objet et une durée limités, des dispositions à caractère expérimental ». C'est ainsi que l'article 10 du projet de loi prévoyait que plusieurs préfets de région et de département pourraient, à titre expérimental, déroger, lorsqu'ils statueraient sur une demande individuelle, à certaines dispositions réglementaires, dont la liste était renvoyée à un décret en Conseil d'État[20]. Ce fut un « faux départ »[21]. Le Conseil d'État a estimé que les dispositions de l'article 37-1 de la Constitution, qui permettent une expérimentation, « ne dérogent pas aux règles normales de compétence et que l'autorité compétente pour fixer les règles applicables à un domaine particulier est également compétente pour y organiser une expérimentation ». En l'espèce, le projet prévoyait qu'il pût être dérogé, par cette expérimentation à des normes réglementaires dont

17. Avant-propos du Rapport d'information Sénat n° 560, 11 juin 2019, *op. cit.*

18. Décret n° 2017-1845 du 29 déc. 2017, *op. cit.*

19. Loi n° 2018-727 du 10 août 2018 pour un État au service d'une société de confiance, *JO* 11 août 2018, NOR:CPAX1730519L.

20. Voir J. REILLER, conseiller d'État, « Journée d'études et de réflexion (JER) », CHEMI, 5 avr. 2019.

21. J. REILLER, *idem.*

la liste devait être fixée par décret en Conseil d'État et, d'autre part, que les préfets concernés ne pouvaient méconnaître les objectifs poursuivis ni déroger à aucune disposition législative en vigueur. Il relevait donc de la compétence du pouvoir réglementaire et non législatif : « [...] le Conseil d'État considère que ces mesures, qui n'ont vocation à déroger à aucune disposition législative en vigueur, ne relèvent pas du domaine législatif et peuvent dès lors être adoptées sans délai par la voie réglementaire[22]. » Suite à cette disjonction de l'article par le Conseil d'État, les travaux ont été poursuivis par le ministère de l'Intérieur, à l'origine du projet, dans l'objectif de mettre en place ce dispositif par voie réglementaire[23]. Ce dispositif novateur s'inscrit pleinement dans le cadre d'un renforcement du droit de la déconcentration.

B. Une illustration du principe de subsidiarité dans le droit de la déconcentration en dérogeant à l'application uniforme de normes réglementaires

L'idée pour les services du ministère de l'Intérieur était de donner un outil de déconcentration dont les préfets pourraient s'emparer au nom de « l'intérêt général », au cas par cas et pour répondre à des incohérences de réglementation constatées au niveau local[24].

L'article 1er de la Charte de la déconcentration dans sa version issue du décret du 7 mai 2015 donne une définition « officielle » de la déconcentration en précisant que cette dernière consiste « à confier aux échelons territoriaux des administrations civiles de l'État le pouvoir, les moyens et la capacité d'initiative pour animer, coordonner et mettre en œuvre les politiques publiques définies au niveau national et européen, dans un objectif d'efficience, de modernisation,

22. Cité par M. Daverton, RIEX, CHEMI, juin 2018, 76 p., p. 26.
23. Audition du 31 janv. 2019 d'A. Espinasse, SGA, DMAT du ministère de l'Intérieur, Annexe V, Rapport d'information, Sénat, nº 560, 11 juin 2019, 93 p., p. 77.
24. A. Espinasse, préfet, DMAT, « Journée d'études et de réflexion (JER) », CHEMI, 5 avr. 2019.

de simplification, d'équité des territoires et de proximité avec les usagers et les acteurs locaux »[25]. L'expérimentation issue du décret du 29 décembre 2017 s'insère pleinement dans cette logique de « simplification » et de « proximité ». Elle part de l'hypothèse que « la vraie simplification serait peut-être de pouvoir déroger directement à des normes réglementaires quand l'intérêt général et les circonstances locales le commandent »[26]. L'idée finalement étant de permettre une adaptation de ces textes en fonction des réalités locales en rendant plus « effective » l'application du principe de subsidiarité évoqué à l'article 1er de la charte de 2015 précitée qui affirme que la déconcentration « constitue la règle générale de répartition des attributions et des moyens entre les échelons centraux et territoriaux des administrations civiles de l'État ». Autrement dit, « si la mise en œuvre des dispositifs légaux et réglementaires doit, conformément, aux règles de la déconcentration, être adaptée aux réalités locales, cette adaptation demande désormais selon une logique de subsidiarité que cette règle normative soit interprétée »[27]. La circulaire du 9 avril 2018 exprime clairement cette idée en énonçant que « face à la profusion des normes applicables aux usagers du service public, aux collectivités territoriales, aux entreprises et aux porteurs de projets, le gouvernement souhaite renforcer, à titre expérimental à ce stade, les marges de manœuvre des préfets dans la mise en œuvre des réglementations nationales »[28]. En somme, le décret du 29 décembre 2017 appelle à l'intégration d'une véritable culture administrative de la simplification. L'idée sous-jacente de cette réforme est « que l'application stricte de normes réglementaires […] peut conduire à des situations paradoxales »[29] dans le contexte

---

25. Décret n° 2015-510 du 7 mai 2015 portant charte de la déconcentration, *JO* 8 mai 2015, NOR : INTX1506835D.
26. M. DAVERTON, *op. cit*, p. 22.
27. *Idem*, p. 23.
28. Circulaire /SG du 9 avr. 2018, *op. cit.*
29. J. REILLER, conseiller d'État, « Journée d'études et de réflexion (JER) », CHEMI, 5 avr. 2019.

local entravant la réalisation de certains projets de développement. Des dispositions réglementaires parfois trop rigides, voire inadaptées, peuvent se révéler contre-productives et avoir des effets contraires aux objectifs initialement poursuivis. Pour remédier à cela, il s'agit donc de « pouvoir moduler l'application des normes sur le terrain »[30] dans le but « d'alléger les démarches administratives, de réduire les délais de procédure ou de favoriser l'accès aux aides publiques »[31]. La démarche renforce le droit de la déconcentration et conforte la mission des préfets en les dotant d'outils juridiques nouveaux les autorisant à « déroger à des dispositions réglementaires, relevant de matières limitativement définies, dans l'objectif d'accompagner et de faciliter la réalisation de projets publics ou privés »[32]. Certains textes législatifs ou réglementaires prévoyaient déjà la faculté, pour des autorités déconcentrées, de déroger aux procédures issues de ces textes. Toutefois, c'est bien la première fois qu'est confié au préfet un droit de dérogation qui n'est pas prévu par le texte dont relève la procédure à laquelle il va être dérogé[33] ! Il faut souligner ce caractère innovant. L'État consent par là à « un changement de paradigme complet »[34]. L'expérimentation marque l'avènement d'un droit plus « modulaire » « dérogeant à l'application uniforme de normes réglementaires »[35].

En ce sens, ce décret du 29 décembre 2017 inaugure en droit administratif un nouveau chapitre relatif aux décisions dérogatoires.

---

30. Audition du 31 janv. 2019 d'A. ESPINASSE, DMAT du min. de l'Intérieur, *in* Annexe V, Rapport Sénat, n° 560, *op. cit.*,11 juin 2019, p. 77.

31. Décret n° 2017-1845 du 29 déc. 2017, *op. cit.*, et circulaire n° 6007/SG du 9 avr. 2018 expérimentation d'un droit de dérogation reconnu au préfet, *op. cit.*

32. Circulaire n° 6007/SG du 9 avr. 2018, *op. cit.*

33. M. DAVERTON, *op. cit*, RIEX, CHEMI, juin 2018, 76 p., p. 76.

34. Discours du Président de la République prononcé lors de la 1re conférence nationale des territoires organisée le 17 juill. 2017, voir site du CGET : *https://www.cget.gouv.fr/actualites/premiere-conference-nationale-des-territoires*.

35. J. REILLER, « Journée d'études et de réflexion (JER) », CHEMI, 5 avr. 2019.

Précisons en sus que la mise en œuvre de ce droit de dérogation est aussi une occasion, pour l'administration centrale, de moderniser le *corpus juridique* réglementaire en identifiant les normes qui posent problème et qui mériteraient d'être modifiées, voire abrogées. Le principe de subsidiarité vient ici au secours de la simplification et de l'amélioration de la qualité du droit.

Examinons maintenant, l'étendue de ce droit de dérogation. Il s'exerce à l'occasion de l'instruction d'une demande individuelle, et ce au cas par cas.

II. Un droit de dérogation s'exerçant à l'occasion de l'instruction d'une demande individuelle

Le dispositif expérimental mis en place par le décret du 29 décembre 2017 doit permettre aux préfets de déroger à l'application uniforme de normes réglementaires. Des garanties juridiques sont donc nécessaires pour respecter le principe d'égalité devant la loi (A). Ce droit de dérogation est source d'apports, mais aussi d'incertitudes. En cela, il s'agit d'une expérimentation test à fort enjeu (B).

A. Des garanties juridiques face au principe d'égalité devant la loi

Comme déjà indiqué, c'est la première fois qu'est confié au préfet un droit de dérogation qui n'est pas prévu par le texte dont relève la procédure à laquelle il va être dérogé. L'inquiétude que ce droit de dérogation ne se transforme en pouvoir arbitraire confié dans les mains du préfet qui pourrait s'affranchir de toutes les règles était palpable lors de la parution du décret[36]. Il pouvait effrayer « du fait

36. Dès le 1er mars 2018, l'association « Les Amis de la Terre » a formé un recours gracieux auprès du Premier ministre, afin d'obtenir le retrait du décret du 29 déc. 2017. L'avocat, Ch. Huglo, évoque « un décret inquiétant » (12 févr. 2018, *Actu-Environnement.com*).

de la brèche qu'il semblait ouvrir dans le principe d'égalité »[37]. Ce caractère innovant et ces risques expliquent les précautions prises pour encadrer ce droit de dérogation.

De la nécessité d'un « encadrement précis des normes entrant dans le champ de l'expérimentation »

Rappelons que l'expérimentation est organisée sur le fondement de l'article 37-1 de la Constitution en vertu duquel « la loi et le règlement peuvent comporter, pour un objet et une durée limités, des dispositions à caractère expérimental ». Dans son avis du 19 décembre 2017, le Conseil d'État (sect. admin.) rappelait « qu'il y a lieu d'apprécier la légalité de dispositifs expérimentaux dérogeant au principe d'égalité devant la loi au regard des mêmes critères que ceux retenus par la jurisprudence du Conseil constitutionnel pour les expérimentations législatives (décision nº 2004-503 DC du 12 août 2004) »[38]. En vertu de cette décision, le Conseil constitutionnel a jugé que

> « [...] l'article 37-1 de la Constitution [...], qui permet au Parlement d'autoriser, dans la perspective de leur éventuelle généralisation, des expérimentations dérogeant, pour un objet et une durée limités, au principe d'égalité devant la loi ; que, toutefois, le législateur doit en définir de façon suffisamment précise l'objet et les conditions et ne pas méconnaître les autres exigences de valeur constitutionnelle »[39].

Ainsi, le CE précise, à propos du futur décret du 29 décembre 2017, que

> « de telles expérimentations doivent ainsi présenter un objet et une durée limités et définir de façon suffisamment précise et circonscrite les conditions de leur mise en œuvre »[40].

37. Voir Rapport d'information, Sénat, nº 560, 11 juin 2019, 93 p., p. 23-24.
38. CE avis 19 déc. 2017, *Avis relatif au dispositif expérimental permettant des dérogations à des normes réglementaires*, nº 393922.
39. Décision nº 2004-503 DC du 12 août 2004, *Loi relative aux libertés et responsabilités locales*.
40. CE avis 19 déc. 2017, nº 393922, *op. cit.*

Le Conseil d'État a été, dans son avis, très vigilant sur la nécessité de mettre en place un encadrement juridique précis de l'expérimentation. Il ne s'agissait surtout pas de déléguer aux préfets le pouvoir réglementaire qui appartient, sauf dispositions législatives spéciales, au seul Premier ministre, ou par délégation à ses ministres. En revanche, l'expérimentation devait pouvoir permettre que les normes concernées fussent paralysées, au moins partiellement, par l'expérimentation, c'est-à-dire privées d'effets.

À cet égard,

> « le Conseil d'État considère que s'il est possible, comme il l'a admis lors de l'examen d'un projet de décret concernant les directeurs généraux des ARS, de concevoir une expérimentation ouvrant la possibilité de déroger à une norme réglementaire sans déterminer *a priori* le contenu de la norme alternative qui pourra être retenue, la définition de l'objet de l'expérimentation rend nécessaire d'identifier de manière suffisamment précise les normes auxquelles il pourra être dérogé, soit par la fixation d'une liste de normes dans le texte même de l'expérimentation, soit par la détermination de secteurs d'activité et d'objectifs précis »[41].

Il estime en outre

> « que l'encadrement précis des normes entrant dans le champ de l'expérimentation est nécessaire afin de garantir que la reconnaissance d'un pouvoir de dérogation à des normes réglementaires n'emporte pas délégation du pouvoir réglementaire aux préfets »[42].

Les articles 1 et 2 du décret n° 2017-1845 du 29 décembre 2017 précisent que le préfet concerné peut « déroger à des normes arrêtées par l'administration de l'État » pour prendre

41. *Id.*
42. *Ibid.*

> « des décisions non réglementaires relevant de sa compétence dans les matières suivantes : 1° Subventions, concours financiers et dispositifs de soutien en faveur des acteurs économiques, des associations et des collectivités territoriales; 2° Aménagement du territoire et politique de la ville; 3° Environnement, agriculture et forêts; 4° Construction, logement et urbanisme; 5° Emploi et activité économique; 6° Protection et mise en valeur du patrimoine culturel; 7° Activités sportives, socio-éducatives et associatives ».

On peut constater qu'il s'agit tout de même d'une liste de sept domaines assez large, mais qui ne couvre pas l'ensemble des matières dans lesquelles les préfets sont compétents.

Dans son avis précité n° 393922 du 19 décembre 2017, le CE a validé cette version du décret[43] dès lors qu'il y avait une liste plus précise de matières et que certaines garanties juridiques étaient apportées :

> « En l'espèce, le Conseil d'État relève que le projet de texte prévoit un encadrement de l'expérimentation dans le temps et dans l'espace et restreint son champ d'application de façon négative »[44], notamment.

En effet, l'article 3 du décret soumet cette faculté de dérogation à quatre conditions de sorte qu'une dérogation ne peut légalement intervenir que lorsqu'elle est « 1° [...] justifié par un motif d'intérêt général et l'existence de circonstances locales », qu'elle a « 2° [...] pour effet d'alléger les démarches administratives, de réduire les délais de procédure ou de favoriser l'accès aux aides publiques », qu'elle est « 3° [...] compatible avec les engagements européens

---

43. Par rapport à une précédente version du ministère de l'Intérieur. Le pouvoir de dérogation accordé au préfet avait été analysé par le CE comme trop vaste par son objet et trop imprécis pour pouvoir respecter les critères de la jurisprudence du Conseil constitutionnel. Voir J. REILLER, « Journée d'études et de réflexion », CHEMI, 5 avr. 2019.

44. CE avis 19 déc. 2017, *Avis relatif au dispositif expérimental permettant des dérogations à des normes réglementaires*, n° 393922.

et internationaux de la France », et qu'elle ne porte pas « 4° [...] atteinte aux intérêts de la défense ou à la sécurité des personnes et des biens, ni une atteinte disproportionnée aux objectifs poursuivis par les dispositions auxquelles il est dérogé ».

En somme, le décret n'autorise, dans le respect des normes supérieures, que des dérogations dont l'objet est limité et dont les conditions de mise en œuvre sont définies de façon précise. C'est cela que le Conseil d'État reprendra avec minutie au contentieux cette fois dans une décision du 17 juin 2019, *Les Amis de la Terre France*[45], pour valider la légalité du décret du 29 décembre 2017.

Dans cette jurisprudence, le Conseil d'État livre « un mode d'emploi » de l'expérimentation dans le domaine réglementaire[46]. Il considère qu'il ressort des dispositions de l'article 37-1 de la Constitution que

> « le pouvoir réglementaire peut, dans le respect des normes supérieures, autoriser des expérimentations permettant de déroger à des normes à caractère réglementaire sans méconnaître le principe d'égalité devant la loi dès lors que ces expérimentations présentent un objet et une durée limités et que leurs conditions de mise en œuvre sont définies de façon suffisamment précise. À cet égard, s'il peut ne pas préciser d'emblée les normes réglementaires susceptibles de faire l'objet d'une dérogation, ni, le cas échéant, les règles ayant vocation à s'y substituer, il est nécessaire qu'il identifie précisément les matières dans le champ desquelles cette dérogation est possible ainsi que les objectifs auxquels celle-ci doit répondre et les conditions auxquelles elle est soumise ».

45. CE 17 juin 2019, *Les Amis de la Terre France*, req. nº 421871, publié au *Lebon*. Craignant un contournement des règles de protection de l'environnement *via* ce nouveau droit de dérogation offert au préfet, l'association Les Amis de la Terre en a demandé l'annulation au Conseil d'État. L'association soutenait que les dispositions du décret attaqué méconnaissent le principe de non-régression posé par le II de l'article L. 110-1 du Code de l'environnement.

46. M.-Ch. DE MONTECLER, « L'expérimentation, mode d'emploi », *AJDA* 2019, p. 1253.

De cet encadrement juridique, le Conseil d'État précise que « le décret attaqué autorise les préfets concernés à déroger de façon ponctuelle, pour la prise d'une décision non réglementaire relevant de leur compétence, aux normes réglementaires applicables dans certaines matières limitativement énumérées ». Ces dérogations « ne peuvent être accordées que dans le respect des normes supérieures applicables » constitutionnelles, conventionnelles ou législatives[47].

Des quatre conditions cumulatives posées par l'article 3 du décret

Selon l'article 3 du décret du 29 décembre 2017, la « dérogation doit répondre à quatre conditions »[48] que le Conseil d'État dans l'arrêt précité considère comme « cumulatives... »[49]

La dérogation doit tout d'abord être comme déjà indiqué « justifiée par un motif d'intérêt général et l'existence de circonstances locales ». Selon la circulaire du 9 avril 2018 en effet, il apparaît que « la dérogation doit impérativement être justifiée par ces deux conditions

47. Le Conseil d'État poursuit son raisonnement ainsi. Si comme le souligne la requérante, « le décret attaqué ne désigne pas précisément les normes réglementaires auxquelles il permet de déroger, il limite ces dérogations, d'une part, aux règles qui régissent l'octroi des aides publiques afin d'en faciliter l'accès, d'autre part, aux seules règles de forme et de procédure applicables dans les matières énumérées afin d'alléger les démarches administratives et d'accélérer les procédures. Enfin, il ne permet une dérogation que sous condition qu'elle réponde à un motif d'intérêt général, qu'elle soit justifiée par les circonstances locales, qu'elle ne porte pas atteinte aux intérêts de la défense ou à la sécurité des personnes et des biens et qu'elle ne porte pas une atteinte disproportionnée aux objectifs poursuivis par les dispositions auxquelles il est dérogé ». CE 17 juin 2019, *Les Amis de la Terre France*, req. n° 421871, publié au *Lebon*.

48. « 1° Être justifiée par un motif d'intérêt général et l'existence de circonstances locales ; 2° Avoir pour effet d'alléger les démarches administratives, de réduire les délais de procédure ou de favoriser l'accès aux aides publiques ; 3° Être compatible avec les engagements européens et internationaux de la France ; 4° Ne pas porter atteinte aux intérêts de la défense ou à la sécurité des personnes et des biens, ni une atteinte disproportionnée aux objectifs poursuivis par les dispositions auxquelles il est dérogé ».

49. CE 17 juin 2019, *Les Amis de la Terre France*, req. n° 421871, *op. cit.*

cumulatives »[50]. Il en résulte qu'une mesure de dérogation générale à tout le territoire du département ou de la région pourrait être hors du champ du décret[51]. Le rapport sénatorial précité de juin 2019 critique cette approche restrictive de la dérogation basée sur la notion d'existence de « circonstances locales » aux contours parfois imprécis[52]. Elle semble pourtant fondamentale pour ne pas travestir le droit de dérogation et se situe au cœur de la dynamique ainsi enclenchée. La circulaire du 9 avril 2018 prend un soin particulier à préciser que « la mise en œuvre du droit de dérogation ne se traduit pas par l'édiction d'une nouvelle norme générale en lieu et place de la norme à laquelle » le préfet décide de « déroger »[53]. Il ne s'agit pas « d'une délégation du pouvoir réglementaire… permettant d'adapter ou de simplifier localement des normes réglementaires nationales »[54]. En effet, le « pouvoir de dérogation s'exerce à l'occasion de l'instruction d'une demande individuelle et se traduit par la prise d'une décision au cas par cas. Il n'a pas pour objectif d'exonérer de manière durable de règles procédurales, ni de généraliser des mesures de simplification de normes ou d'accorder de manière générale et non individualisée des dérogations »[55]. Dans son avis du 19 décembre 2017, le Conseil d'État est très explicite sur ce point en écrivant « que l'encadrement précis des normes entrant dans le champ de l'expérimentation est nécessaire afin de garantir que la reconnaissance d'un pouvoir de dérogation à des normes réglementaires n'emporte pas délégation

50. Circulaire n° 6007/SG du 9 avr. 2018 expérimentation d'un droit de dérogation reconnu au préfet, *op. cit.*

51. Rapport d'information, Sénat, n° 560, 11 juin 2019, 93 p., p. 31-32.

52. *Idem.* On notera d'ailleurs que le Sénat a adopté une résolution préconisant la suppression des conditions relatives à l'existence de « circonstances locales ». Résolution du Sénat n° 15 relative à la consolidation du pouvoir de dérogation aux normes attribué aux préfets, 24 oct. 2019.

53. Circulaire n° 6007/SG du 9 avr. 2018 expérimentation d'un droit de dérogation reconnu au préfet, *op. cit.*

54. *Id.*

55. *Ibid.*

du pouvoir réglementaire aux préfets »[56]. Dans la décision précitée du 17 juin 2019, le Conseil d'État précise, s'il en était besoin, que le décret « autorise les préfets concernés à déroger de façon ponctuelle, pour la prise d'une décision non réglementaire [...] »[57]. En somme, la mise en œuvre du pouvoir de dérogation ne saurait avoir pour finalité, même accessoire, d'adapter de manière pérenne la réglementation ou niveau local en recourant trop fréquemment à la dérogation dans des conditions similaires[58]. Clairement, le préfet ne dispose pas de la faculté d'écarter de manière générale un acte réglementaire. Il en résulte qu'il ne peut prévoir une dérogation générale et permanente. Le cadre réglementaire de la décision demeure. En revanche, il permet au préfet, comme le précise la circulaire du 9 avril 2018, « de décider de ne pas appliquer une disposition réglementaire à un cas d'espèce, ce qui la plupart du temps devrait conduire à exonérer un particulier, une entreprise ou une collectivité territoriale d'une obligation administrative »[59].

Le recours au droit de dérogation, fondé sur ces deux motifs, intérêt général et existence de circonstances locales, doit « avoir pour effet d'alléger les démarches administratives, de réduire les délais de procédure ou de favoriser l'accès aux aides publiques »[60]. Ces trois conditions ne sont pas cumulatives, pour autant, elles encadrent strictement le droit de dérogation et ce n'est que s'il est démontré que cette dérogation va mener à l'une de ces trois situations qu'il peut être mis en place[61]. D'autant que le Conseil d'État, dans sa

56. CE avis 19 déc. 2017, *Avis relatif au dispositif expérimental permettant des dérogations à des normes réglementaires*, n° 393922.

57. CE 17 juin 2019, *Les Amis de la Terre France*, req. n° 421871, publié au *Lebon*.

58. Ceci a d'ailleurs fait débat lors de réunions entre la DMAT et les préfectures en janv. 2018, certaines préfectures ayant tendance à vouloir « glisser vers une dérogation systématique ». Voir M. DAVERTON, *L'expérimentation territoriale d'un droit de dérogation reconnu au préfet*, RIEX, CHEMI, juin 2018, 76 p., p. 51 et s.

59. Circulaire n° 6007/SG du 9 avr. 2018, *op. cit.*

60. Décret n° 2017-1845 du 29 déc. 2017, *op. cit.*

61. M. DAVERTON, p. 47 (*op. cit.*).

jurisprudence précitée du 17 juin 2019, limite les dérogations « aux seules règles de forme et de procédure applicables dans les matières énumérées » afin « d'alléger les démarches administratives et d'accélérer les procédures ». On notera qu'il s'agit de « conditions » pour exercer ce droit de dérogation en même temps que des « apports » mêmes de la dérogation.

En sus, le recours au droit de dérogation ne saurait contrevenir aux « engagements européens et internationaux de la France »[62], « ni contrevenir à des normes de niveau législatif ou constitutionnel »[63]. En vertu de la hiérarchie des normes, le préfet ne peut déroger aux normes qui sont supérieures au règlement. Il est naturel que les préfets ne puissent déroger à des normes législatives. La difficulté en la matière vient cependant du fait que les lois comportent de très nombreuses dispositions de détail qui parfois paralysent, semble-t-il, le pouvoir de dérogation[64]. Raison pour laquelle, le Sénat, dans une résolution adoptée le 24 oct. 2019 préconise « d'envisager la possibilité pour le représentant de l'État de déroger à des décisions relevant de la compétence des autorités supérieures »[65]. Gare au détricotage des normes !

S'agissant de la compatibilité « avec les engagements européens et internationaux de la France », il apparaît que cette condition peut être conséquente, car des matières dans lesquelles le préfet peut exercer son droit de dérogation comme l'aménagement du territoire (divers

62. Décret nº 2017-1845 du 29 déc. 2017, *op. cit.*

63. Circulaire nº 6007/SG du 9 avr. 2018, *op. cit.*

64. Voir sur ce point, le préfet du Haut-Rhin qui cite à titre d'exemples : les règles de dépôt d'un « AD'AP » (agendas d'accessibilité programmée) ; Art. L. 111-7-5 du Code de la construction et de l'habitation à propos des règles de défrichement ; Art. L. 181-30 du Code de l'environnement selon laquelle le permis de construire ne peut pas être exécuté avant l'obtention de l'autorisation environnementale ; ouvertures dominicales des commerces régies par l'article L. 3134-4 du Code du travail, etc., *in* Rapport d'information, Sénat, nº 560, 11 juin 2019, p. 29-30, *op. cit.*

65. Résolution du Sénat nº 15 relative à la consolidation du pouvoir de dérogation aux normes attribué aux préfets, 24 oct. 2019.

zonages, etc.), l'environnement, l'agriculture (aides agricoles, etc.) sont fortement réglementées par le droit européen. Derrière cette notion de compatibilité avec les « engagements européens » se situe en particulier la problématique du droit européen dérivé et de ses transpositions nationales. Or, en ce domaine, une marge d'appréciation peut sans doute exister, dans la mesure où un règlement national peut par exemple sur-transposer une directive européenne. Pour autant, les deux préfets auditionnés par le Sénat semblent avoir une vision différente de cette question[66]. La circulaire du 9 avril 2018 appelle à la vigilance en précisant « qu'une attention particulière doit être portée à l'analyse de la compatibilité de la dérogation envisagée avec le droit européen »[67]. On voit bien en effet sur cette problématique la source de contentieux futurs si l'expérimentation venait à être généralisée notamment en matière environnementale.

66. Le préfet du Haut-Rhin a choisi ainsi « de refuser de déroger à tout texte transposant une directive ». De son côté, le préfet de Vendée semble « avoir une vision plus souple puisqu'il a accordé des dérogations à des dispositions du Code de l'environnement fondées sur des directives ». C'est le cas, par exemple, de l'article R. 122-2 du Code de l'environnement qui fixe la nomenclature de travaux soumis à étude d'impact. Ces dispositions constituent des déclinaisons de directives européennes qui exigent que les ouvrages, travaux ou aménagements ayant des incidences significatives sur l'environnement fassent l'objet d'études d'impact. L'analyse du préfet et de ses services est, en premier lieu, que les textes européens ne vont pas jusqu'à préciser la nature des travaux concernés ni ne fixent précisément de seuils permettant de déterminer quels sont les travaux à soumettre ou non à étude d'impact. Ces seuils sont fixés par le droit national et, en l'espèce par la nomenclature de l'article R. 122-2. La dérogation s'inscrit donc dans la logique des textes européens et nationaux, même si l'on peut considérer qu'elle s'appuie sur des dispositions réglementaires nationales qui font, en quelque sorte, « écran ». Par ailleurs, le préfet souligne qu'il s'agissait de faire face à une situation d'urgence, une dune de sable de plusieurs centaines de mètres qui protégeait une partie du littoral d'une commune ayant disparu au cours de l'hiver 2017-2018. Voir Rapport d'information, Sénat, n° 560, 11 juin 2019, 93 p., p. 30-31.

67. Circulaire n° 6007/SG du 9 avr. 2018, *op. cit.*

Enfin, comme précisé dans l'article 3 du décret, le recours au droit de dérogation ne saurait par ailleurs « porter atteinte aux intérêts de la défense ou à la sécurité des personnes et des biens, ni une atteinte disproportionnée aux objectifs poursuivis par les dispositions auxquelles il est dérogé ». On retrouve sur ce dernier point « la formulation » de l'arrêt *Ville de Limoges* (CE 18 juill. 1973, n° 86275)[68] relatif aux motifs d'intérêt général justifiant l'octroi de dérogations au RNU[69]. Comme le résume M. Daverton, il s'agit de ne pas remettre en cause le principe même porté par la réglementation à laquelle il est dérogé. Par exemple, il est possible de déroger à une procédure relative aux espèces protégées pour accélérer les délais, mais pas de déroger au principe même de protection de l'espèce en cause[70].

On notera par ailleurs que sont expressément exclus de l'expérimentation les domaines régaliens ou sensibles. Comme le précise la circulaire du 9 avr. 2018, « c'est bien la portée de la dérogation elle-même qui est ici visée, non le fait que la réglementation en cause ait ou non une incidence sur la défense ou la sécurité ». D'ailleurs, elle poursuit qu'il peut « arriver qu'une procédure réglementaire soit rattachable indifféremment tant à l'une des matières entrant dans le champ d'application de l'expérimentation qu'à une matière qui en est exclue ». Ainsi, la notion de « sécurité », très vaste, se retrouve en matière environnementale (la sécurité de l'environnement, mais aussi des personnes, voire des biens quand il y a risque d'incendie ou d'explosion), dans l'urbanisme (protection contre les inondations), dans la construction (beaucoup de normes de construction ont pour fondement la sécurité, y compris pour l'accessibilité aux handicapés,

68. Cité par L. SANTONI, « Droit de dérogation préfectoral », *Constr.-urb.* 2018, n° 6, comm. 83.

69. « Considérant qu'une dérogation aux règles prescrites par un règlement d'urbanisme ne peut légalement être autorisée que si les atteintes qu'elle porte à l'intérêt général que les prescriptions du règlement pour objet de protéger ne sont pas excessives eu égard à l'intérêt général que présente la dérogation. »

70. M. DAVERTON, RIEX, CHEMI, juin 2018, 76 p., p. 48.

car il est important non seulement qu'ils puissent aisément accéder à un bâtiment, mais aussi qu'ils puissent rapidement en sortir...). Cependant, « ce n'est pas parce qu'une réglementation a une incidence sur la sécurité que la dérogation n'est pas envisageable : c'est la dérogation elle-même qui ne doit pas porter atteinte à la sécurité ». Sur ce point, il est demandé aux préfets expérimentateurs de porter une « appréciation des risques et avantages »[71].

Enfin, la décision de dérogation peut faire l'objet d'un arrêté spécifique, mais il est également possible qu'il en soit fait mention au sein de la décision prise au terme de la procédure réglementaire appliquée. Ces deux options dépendent des conditions dans lesquelles la dérogation intervient[72].

Sur la base du décret du 29 décembre 2017, 140 arrêtés de dérogation ont été signés entre avril 2018 et novembre 2019[73]. Selon le DMAT, le dispositif expérimental courait deux risques extrêmes : que le préfet n'utilise pas suffisamment ce nouveau pouvoir de dérogation, rendant l'expérimentation peu concluante ou qu'il soit à l'inverse trop mis en œuvre et s'exposer à des risques de contentieux et de rejet des ministères techniques souvent très concernés[74]. En cela, l'expérimentation était à fort enjeu.

B. Une expérimentation test à fort enjeu : apports et incertitudes

Le décret n° 2017-1845 du 29 décembre 2017 constitue une base légale claire pour agir. En cela, il constitue un outil de sécurisation juridique et offre en outre à tous davantage de transparence, *via*

71. Circulaire n° 6007/SG du 9 avr. 2018, *op. cit.*

72. Voir sur ce point circulaire n° 6007/SG du 9 avr. 2018 expérimentation d'un droit de dérogation reconnu au préfet.

73. Sénat n° 146, *Avis sur le projet de loi de finances*, Rapp. P.-Y. Collombat, 21 nov. 2019, p. 16, *op. cit.*

74. A. Espinasse, préfet, DMAT, « Journée d'études et de réflexion (JER) », CHEMI, 5 avr. 2019.

notamment la publication systématique de tous les arrêtés de dérogation (voir *infra*). Cela permet de limiter les recours éventuels qui pourraient être intentés par ceux qui n'auraient pas bénéficié de ces mesures de faveur les exonérant d'une obligation administrative. On notera d'ailleurs qu'aucun contentieux n'est en cours concernant les 140 arrêtés de dérogation évoqués, ce qui est encourageant.

Pour parer le risque contentieux, la circulaire du 9 avril 2018 procède à un véritable *coaching* juridique. Il est ainsi recommandé aux préfets concernés de « procéder à une analyse juridique approfondie » de la décision de dérogation. En cas d'interrogation quant à « la légalité de la décision », il est « conseillé » aux préfets expérimentateurs « d'établir un bilan coût/avantage de la mesure de dérogation, de réaliser une estimation des risques juridiques (risque contentieux, risque financier, etc.) et d'évaluer ses conséquences en termes de cohérence de l'action publique locale »[75]. Annexés à la circulaire du Premier ministre d'avril 2018, des « arbres de décisions » représentent autant de verrous à lever pour aboutir à une décision. Le préfet doit se poser dix questions et avoir répondu positivement à toutes avant d'envisager user de son pouvoir de dérogation. Les conditions sont celles posées par le décret lui-même et que nous venons d'examiner[76].

---

75. Circulaire n° 6007/SG du 9 avr. 2018, *op. cit.*

76. La circulaire du 9 avr. 2018 prend soin de présenter en annexe, divers exemples de procédures ou de dispositifs auxquels le préfet pourrait déroger ponctuellement. En matière d'emploi et d'activité économique, de subventions, concours financiers et dispositifs de soutien en faveur des acteurs économiques, des associations et des collectivités territoriales, il peut s'agir de déroger au taux de 5 % régissant le versement des avances de subventions d'investissement ou même à l'obligation de complétude d'un dossier de demande de subventions. Dans le domaine de l'urbanisme, la décision de dérogation peut ainsi avoir pour objet de déroger à la durée d'instruction des permis de construire délivrés par l'État et relevant de sa compétence ou dispenser des constructions de toute formalité en termes de seuils de taille (ex. les panneaux photovoltaïques installés sur des constructions) ; dans le domaine de l'environnement, agriculture et forêts, il peut s'agir de déroger aux seuils d'autorisation de la nomenclature « loi sur l'eau » pour certains projets de renaturation des

En vertu de l'article 4 du décret, la décision de déroger prend la forme « d'un arrêté motivé » en droit et par les circonstances particulières du cas d'espèce publié au recueil des actes administratifs de la préfecture. Il est demandé aux préfets, dans l'instruction de 2018 « d'apporter une attention toute particulière à la motivation » des décisions de dérogation, d'apprécier au cas par cas si une demande de dérogation est justifiée et, lors de la publication, d'occulter toute mention de nature à porter atteinte à la protection de la vie privée, au secret médical ou au secret des affaires.

S'agissant du choix géographique des préfets expérimentateurs, il n'a pas été fait au hasard (contexte de revitalisation de départements ruraux, articulation de ce droit de dérogation avec le droit local alsacien dans un contexte marqué par des changements institutionnels, gestion d'une situation post-crise après la tempête Irma, etc.)[77]. Au total, 21 territoires ont été retenus en raison de leurs caractéristiques et contraintes particulières : 2 régions, 17 départements métropolitains, 2 territoires ultramarins. L'expérimentation menée à ce jour dans ces territoires est porteuse d'un certain nombre d'apports, mais aussi d'incertitudes.

---

cours d'eau ; en aménagement du territoire et politique de la ville, la circulaire évoque la possibilité d'étendre en dehors des territoires concernés l'éligibilité à certains dispositifs de soutien de niveau réglementaire assis sur ces zonages, sans toutefois déroger aux zonages de la politique de la ville ou de territoires fragilisés (ZRR, déserts médicaux, etc.) qui pour la plupart relèvent d'une disposition législative ou européenne.

77. En vertu de l'article 1er du décret n° 2017-1845 du 29 déc. 2017, il apparaît qu'à « titre expérimental […], les préfets des régions et des départements de Pays de la Loire, de Bourgogne-Franche-Comté et de Mayotte, les préfets de département du Lot, du Bas-Rhin, du Haut-Rhin et de la Creuse ainsi que le représentant de l'État à Saint-Barthélemy et à Saint-Martin et, par délégation, le préfet délégué dans les collectivités de Saint-Barthélemy et de Saint-Martin peuvent déroger… » Voir Audition du 31 janv. 2019 d'A. ESPINASSE, DMAT du min. de l'Intérieur, *in* Annexe V, Rapport d'information, Sénat, n° 560, p. 78, *op. cit.*, et M. DAVERTON, *op. cit.*, CHEMI, juin 2018, p. 32.

Des apports du droit de dérogation

Le premier apport notable de ce droit de dérogation semble concerner la réduction des délais. Le préfet de Vendée note ainsi que la dérogation est apparue « comme un antidote indispensable »[78] lors de la construction d'une digue pour gagner dix-huit mois d'instruction. Ce dispositif a permis aussi d'anticiper un certain nombre d'orientations ultérieures clairement identifiées. Ainsi l'exemple, dans l'Yonne d'une installation industrielle (usine de méthanisation) qui a pu être installée en zone bleue d'inondation par anticipation de la modification du PPRI grâce à une étude (modélisation du risque d'inondation) qui pouvait justifier le changement de zonage du terrain concerné[79]. Parfois, le fait même qu'une dérogation soit envisagée a pu pousser l'administration centrale compétente à accélérer ses propres processus de décision (voir pour des ex. concrets)[80].

Le second apport du droit de dérogation paraît résider dans la capacité du préfet désormais à « sauver » des dossiers qui risquaient d'échouer pour des raisons formelles (dépassement de délais par ex.). Cet apport est en lien direct avec la problématique de l'allégement des « démarches administratives » ou le fait de « favoriser l'accès aux aides publiques ». La plupart des décisions de dérogation semblent d'ailleurs concerner l'attribution de subventions ou de concours de l'État pour corriger des effets de seuil ou des questions de calendrier marginales *via* l'assouplissement de dates butoirs[81]. Selon L. Touvet,

78. Rapport d'information, Sénat, n° 560, 11 juin 2019, 93 p., p. 24-25, *op. cit.*
79. Voir Rapport d'information, Sénat, n° 560, 11 juin 2019, 93 p., p. 26.
80. Comptes rendus de la délégation aux collectivités territoriales, Sénat, 21 févr. 2019. Audition de B. BROCART, préfet de Vendée, et L. TOUVET, préfet du Haut-Rhin, sur l'impact, pour les collectivités territoriales, du décret n° 2017-1845 du 29 déc. 2017 relatif au pouvoir de dérogation aux normes des préfets et Rapport d'information, Sénat, n° 560, 11 juin 2019, 93 p., p. 24-25.
81. Audition du 31 janv. 2019 d'A. ESPINASSE, DMAT du ministère de l'Intérieur, *in* Annexe V, Rapport Sénat, n° 560, 11 juin 2019, p. 78, *op. cit.* Le préfet de Vendée a été amené à utiliser ce droit de dérogation pour un projet de parc éolien à la demande d'une SEM pour lui permettre d'être au rendez-vous des réponses aux appels d'offres

« c'est dans le domaine des subventions que l'apport du décret a été le plus significatif et le plus aisé à mettre en œuvre »[82]. Dans le Haut-Rhin par exemple, deux dérogations ont été accordées pour conserver le bénéfice d'une subvention. Il s'agissait de déroger au délai d'achèvement des travaux fixé à quatre ans et prorogé déjà de deux ans (huit mois supplémentaires), dans un cas en raison d'un contentieux qui avait empêché la réalisation de l'opération en temps utile et dans l'autre cas en raison de démarches ralenties par la nécessité de renoncer au premier terrain envisagé pour bâtir une nouvelle gendarmerie[83]. Le droit de dérogation semble également souvent concerner l'assouplissement des conditions dans lesquelles les subventions sont versées[84] (avance consentie à une commune au titre du FNADT, octroi de la DETR en dérogeant par exemple à l'interdiction de commencement d'une opération avant déclaration de complétude du dossier[85], etc.).

Au titre de la simplification des démarches administratives, on peut citer par exemple la dérogation au périmètre départemental d'intervention d'une association de sécurité civile agréée du département du

---

de la CRE. Voir comptes rendus de la délégation aux collectivités territoriales, Sénat, 21 févr. 2019. Audition de B. Brocart, préfet de Vendée, et L. Touvet, préfet du Haut-Rhin, sur l'impact, pour les collectivités territoriales, du décret nº 2017-1845 du 29 déc. 2017 relatif au pouvoir de dérogation aux normes des préfets.

82. Rapport d'information, Sénat, nº 560, 11 juin 2019, 93 p., p. 26. Voir aussi M. Daverton, p. 47, *op. cit.* La condition relative à l'accès aux aides publiques est centrale. « Tout préfet ou sous-préfet a connu dans sa carrière le cas d'une structure, quelle qu'elle soit, qui s'installait à 50 m d'une zone réglementée (quartiers prioritaires de la ville, ZRR, etc.) et qui ne pouvait donc pas bénéficier d'une aide publique alors même que son "rayon d'action" touchait ladite zone : situation absurde à laquelle il pourrait être remédié. »

83. Voir préfecture du Haut-Rhin, 5 sept. 2019.

84. Comptes rendus de la délégation aux collectivités territoriales, Sénat, 21 févr. 2019. Audition de B. Brocart, préfet de Vendée, et L. Touvet, préfet du Haut-Rhin, sur l'impact, pour les collectivités territoriales, du décret nº 2017-1845 du 29 déc. 2017 relatif au pouvoir de dérogation aux normes des préfets.

85. Voir préfecture du Haut-Rhin, 5 sept. 2019.

Bas-Rhin l'autorisant à intervenir dans le département du Haut-Rhin pour pallier les manques lors d'une manifestation sportive et qui a permis à l'événement en question de se tenir[86].

Réduction des délais, assouplissement des dossiers pour les porteurs de projets, mobilisation des administrations, etc. les apports du droit de dérogation sur le terrain sont là. Pourtant, cette nouvelle faculté offerte aux préfets révèle aussi des risques et des incertitudes.

Des incertitudes entourant le droit de dérogation

La circulaire d'application du décret n'a été publiée que le 9 avril 2018, soit avec plus de trois mois de retard. Un tel décalage est évidemment regrettable, surtout pour une expérimentation qui ne dure en principe que vingt-quatre mois. Il traduit sans doute une forme « d'embarras » des pouvoirs publics à « imaginer les modalités de mise en œuvre »[87] de ce texte.

Le droit de dérogation peut, par la brèche qu'il semble ouvrir dans le principe d'égalité, risquer de donner l'impression d'un « État arbitraire » prenant des décisions différentes en fonction des demandeurs et des collectivités territoriales concernées[88]. Cette impression est à même de nuire à la relation de confiance entre les services de l'État et les porteurs de projet. Précisons toutefois qu'il s'agit bien d'une « impression » seulement. En effet, le droit de dérogation est strictement encadré sur un plan juridique comme précédemment évoqué. La faculté de déroger à une norme réglementaire relève du « pouvoir discrétionnaire » de chaque préfet expérimentateur comme le précise la circulaire d'application du 9 avril 2018. Aussi, en cas de saisine du préfet d'une demande de dérogation, c'est bien à ce dernier qu'il

86. Audition du 31 janv. 2019 d'A. ESPINASSE, DMAT du ministère de l'Intérieur, *in* Annexe V, Rapport d'information, Sénat, n° 560, 11 juin 2019, p. 78, *op. cit.* Voir aussi Rapport Sénat, n° 560, p. 26.

87. Rapport d'information, Sénat, n° 560, 11 juin 2019, 93 p., p. 24.

88. L. TOUVET, préfet du Haut-Rhin, *Comptes rendus de la délégation aux collectivités territoriales*, Sénat, 21 févr. 2019, NOR:INPX1900294X.

appartient « d'apprécier au cas par cas si elle est justifiée »[89]. Il s'agit de consentir une faveur individuelle, relevant du pouvoir discrétionnaire du préfet. Or, le pouvoir discrétionnaire est la « liberté d'action de l'administration ménagée par les règles de droit » et ne doit pas être confondu avec le pouvoir arbitraire qui est lui « fondamentalement hors la loi »[90]. Le pouvoir discrétionnaire repose bien sur des bases légales et non un quelconque pouvoir arbitraire. Il n'autorise en aucun cas de permettre la commission d'illégalités tant il est vrai que le principe de légalité et le pouvoir discrétionnaire coexistent « et ne sont pas incompatibles dès lors que les règles de l'utilisation de ce pouvoir sont limitativement définies »[91] (voir *supra*).

Pour autant, cette crainte d'un « arbitraire de l'État » couplé à un risque de « détricotage de certaines normes jugées importantes »[92] a été exprimée par les destinataires potentiels des dérogations. Le recours précédemment évoqué effectué par l'association « Les Amis de la terre » contre le décret du 29 décembre 2017 lui-même est pour une large part inspiré par ce risque[93].

Surtout, les services de l'État et les destinataires se sont inquiétés des risques d'insécurité et d'incertitude juridiques pesant sur des projets ayant fait l'objet d'une dérogation[94] tant il apparaît « qu'une décision prise sur dérogation s'avère plus fragile juridiquement »[95].

---

89. Circulaire n° 6007/SG du 9 avr. 2018, *op. cit.*
90. G. LEBRETON, *Droit administratif général*, Dalloz, 10e éd., 2019, 611 p., p. 77.
91. M. DAVERTON, RIEX, CHEMI, juin 2018, p. 56, *op. cit.*
92. Rapport d'information, Sénat, n° 560, 11 juin 2019, 93 p., p. 24.
93. Le Conseil d'État a jugé que le dispositif expérimental de dérogation ne méconnaît pas le « principe de non-régression en matière d'environnement » énoncé à l'article L. 110-1, 9° du Code de l'environnement. En effet, le décret ne permet pas de déroger à des normes réglementaires ayant pour objet de garantir le respect de principes consacrés par la loi, tel que le principe de non-régression.
94. Rapport d'information, Sénat, n° 560, 11 juin 2019, 93 p., p. 24.
95. L. TOUVET, préfet du Haut-Rhin, *Comptes rendus de la délégation aux collectivités territoriales*, Sénat, 21 févr. 2019, NOR:INPX1900294X.

Cette nouveauté juridique marque l'avènement d'un droit réglementaire à géométrie variable, source, en dépit des précautions prises, d'incertitude juridique. L'idée même de dérogation n'est-elle à même de limiter la lisibilité des normes et sa compréhension par les usagers, les collectivités, etc. ? Après tout, fixer une règle contraignante, permet aussi à chacun de connaître avec certitude sa situation. En permettant de déroger dans les domaines les plus complexes sur un plan normatif, il existe un risque d'ajouter des normes implicites aux règlements explicites, déjà difficilement compréhensibles. En d'autres termes, la détermination de la norme applicable devient source d'incertitudes.

Il apparaît à certains que cette « innovation » apparaît « assez terrifiante pour la sécurité juridique, déjà bien malmenée par l'inflation législative […] »[96] L'avocat Ch. Huglo évoque « un décret inquiétant » et une « expérimentation qui fragilise le droit et les autorisations qui seront prises sur cette base »[97]. *Quid* par exemple de la responsabilité de l'État dans le cadre d'une décision prise sur dérogation et qu'un dommage se réalise ?

En ce sens, le pouvoir de dérogation peut être lui-même « source d'incertitude juridique »[98]. L. Touvet poursuit en précisant que « déroger crée […] de l'insécurité juridique ». Conditionner la possibilité d'un projet ou celle de l'accélérer à la dérogation du préfet crée un risque. Personne ne peut prédire « d'éventuels contentieux ni leurs résultats »[99]. Certains préfets, inquiets des risques d'insécurité juridique pesant sur des projets qui auraient pu faire l'objet d'une dérogation ont ainsi pu indiquer lors d'une audition au Sénat « qu'ils avaient renoncé à certaines dérogations de crainte qu'elles ne

---

96. F. DE LA VAISSIÈRE, « Chantiers pour la justice : réforme ou illusions », *AJDI* 2018, p. 241.

97. Ch. HUGLO, *Actu-Environnement.com*, 12 févr. 2018.

98. M. DAVERTON, RIEX, CHEMI, juin 2018, 76 p., p. 55, *op. cit.*

99. L. TOUVET, préfet du Haut-Rhin, *Comptes rendus de la délégation aux collectivités territoriales*, Sénat, 21 févr. 2019, NOR: INPX1900294X.

subissent un contentieux qui, en définitive, aurait provoqué un allongement des délais applicables au projet »[100]. On peut s'interroger de savoir si « le véritable révélateur de la pertinence et de la solidité du dispositif » ne sera pas justement sa « résistance au contentieux »[101] ?

Enfin, si l'expérimentation venait à être généralisée, il apparaît également plusieurs interrogations que nous évoquerons brièvement.

La première interrogation concerne le risque de l'allongement de la durée des procédures d'instruction des décisions administratives. Cela peut sembler paradoxal qu'un outil « facilitateur » puisse précisément comporter le risque de ralentir l'instruction des dossiers ! Pourtant, il est vrai qu'une décision de dérogation suppose un arbitrage au cas par cas du préfet et donc une analyse juridique approfondie. Elle oblige les services à s'interroger, voire à procéder à des recherches juridiques là où l'application mécanique de la réglementation irait beaucoup plus vite, pour aboutir à un refus. Comme le souligne le préfet du Haut-Rhin, si les cas devenaient nombreux, cela pourrait nécessiter un temps d'examen significatif par le préfet, qui doit décider lui-même des dérogations éventuelles[102]. Il en résulterait aussi une pression nouvelle en termes de charge de travail sur les services instructeurs.

Ceci nous conduit à une seconde interrogation. La montée en charge du dispositif (augmentation de dossiers concernés, complexité toujours croissante des textes, etc.) ne pourrait-elle pas mettre en difficulté certaines préfectures dont les effectifs sont faibles et où les compétences juridiques deviennent « fragiles et rares »[103] ?

---

100. C'est le cas du préfet du Haut-Rhin, qui n'a pas fait usage de la dérogation pour l'implantation d'un centre pénitentiaire dans le département, compte tenu de la forte opposition locale qui risquait, *in fine*, de se traduire par un lourd et long contentieux, Rapport d'information, Sénat, n° 560, 11 juin 2019, 93, p. 24.

101. Rapport d'information, Sénat, n° 560, 11 juin 2019, 93 p., p. 34.

102. *Id.*, p. 24-25.

103. *Ibid.*, p. 28.

Concrètement, la situation pourrait aboutir soit à l'utilisation minimale du dispositif de dérogation, soit à des dossiers mal ficelés qui pourraient ensuite être fragilisés en contentieux.

Enfin, troisième interrogation, ce droit de dérogation n'est-il pas porteur de risque pour le préfet lui-même ? Tout d'abord, il convient de ne pas sous-estimer le risque lié à l'attitude de certains ministères techniques (transition écologique, agriculture, etc.) qui sont, semble-t-il, assez peu favorables à la mise en place de ce pouvoir de dérogation[104]. Comme déjà évoqué, la circulaire d'application du décret n'a été publiée que le 9 avril 2018, soit avec plus de trois mois de retard. Un tel décalage « illustre probablement les difficultés, voire les dissensions internes à l'administration pour mettre en œuvre un pouvoir dérogatoire qui peut se révéler complexe »[105]. La crainte pour ces ministères réside dans le fait d'être « mis sur le côté », à savoir non seulement de ne pas être au courant de ce qui pourrait se décider en local, mais aussi de n'avoir aucun contrôle sur les décisions de dérogation des préfets[106]. Il risque d'en résulter que « les éternelles suspicions des administrations centrales vis-à-vis des préfets », voire leur « animosité » pour cause « de laxisme, de complaisance vis-à-vis des élus et des intérêts économiques »[107] vont reprendre de la vigueur !

Ensuite, cette nouvelle possibilité offerte aux préfets, même très encadrée, juridiquement, risque de les placer en situation délicate. La question du choix et des arbitrages va se poser avec acuité sur les demandes de dérogation exprimées auprès des préfets qui, par définition, sont situés au cœur de réalités locales complexes et d'intérêts généraux parfois divergents (création d'emploi *vs* protection de

104. Voir M. DAVERTON, « L'expérimentation territoriale d'un droit de dérogation reconnu au préfet », RIEX, CHEMI, juin 2018, 76 p., p. 34.

105. Rapport d'information, Sénat, nº 560, 11 juin 2019, p. 23.

106. M. DAVERTON, p. 63, *op. cit.*

107. J. REILLER, conseiller d'État, « Journée d'études et de réflexion (JER) », CHEMI, 5 avr. 2019.

l'environnement par ex.). Enfin, et c'est lié à la remarque précédente, une possible « prise en otage du préfet »[108] notamment par les élus locaux constitue un autre risque d'autant que l'attente des élus locaux est parfois forte pour desserrer le carcan administratif[109]. En un mot, ce droit de dérogation n'est-il pas à même de constituer un « cadeau empoisonné » offert au préfet ?

***
*

En conclusion, il apparaît, malgré ces dernières remarques, que les possibilités offertes par ce droit de dérogation sont, sous bien des aspects, innovantes et utiles pour mieux adapter les politiques publiques aux circonstances locales. Il concrétise une volonté réelle de simplification administrative en changeant de paradigme pour plus de modularité. Il ne s'agit plus d'intervenir en amont au moment de l'élaboration de la norme pour la simplifier, mais au moment de son application sur le terrain pour faciliter la mise en œuvre des projets. Le grand avantage de cette méthode est qu'elle est simple et rapide, car entièrement d'exécution[110]. En même temps, on peut remarquer aussi qu'un pouvoir de dérogation aux normes illustre autant la situation actuelle si ce n'est plus, qu'il n'y remédie ! Faute de revoir la cause et de réduire « l'incontinence » normative, il est simplement cherché à en atténuer les effets avec le mécanisme des dérogations. Ce recours plus intense au droit de dérogation est un symptôme de la complexité et de la rigidité de notre système normatif.

108. « Journée d'études et de réflexion (JER) », CHEMI, 5 avr. 2019.
109. Les sénateurs ont adopté une proposition de résolution relative « à la consolidation du pouvoir de dérogation aux normes attribué aux préfets » le 24 oct. 2019 (attente des élus locaux ; élargir cette possibilité, pas de liste de matières précises ; supprimer les conditions relatives à l'existence de « circonstances locales »). Résolution du Sénat n° 15 relative à la consolidation du pouvoir de dérogation aux normes attribué aux préfets, 24 oct. 2019.
110. Rapport d'information, Sénat, n° 560, 11 juin 2019, 93 p., p. 8.

Enfin, il apparaît que ce droit de dérogation offert au préfet conjugué avec une probable future différenciation territoriale offerte cette fois-ci aux collectivités territoriales mettrait en place un dispositif complet tout à fait nouveau pour élargir les marges de manœuvre au plus près des territoires. Pour autant, ces évolutions doivent interroger sur trois points majeurs, les risques de fragilisation de notre ordonnancement juridique, la lisibilité de l'action publique et plus globalement l'affaiblissement de la cohésion nationale.

LA DIFFÉRENCIATION DES DROITS APPLICABLES AU REGARD DES DÉLÉGATIONS ET TRANSFERTS DE COMPÉTENCES ENTRE COLLECTIVITÉS TERRITORIALES ET EPCI À FISCALITÉ PROPRE

Sabine AUBEL

Docteure en droit public
Université de Lorraine

La question relative à l'organisation des compétences locales est très souvent envisagée sous différents aspects. Leur exercice est synonyme de complexité, les différentes interventions du législateur n'ont en effet pas permis d'instituer un système de répartition des compétences locales qui puisse être à la fois lisible par le citoyen et suffisamment efficace. Un grand nombre de rapports ont d'ailleurs fait état de la mauvaise distribution de ces compétences, ce constat n'est plus un secret pour personne, il est par conséquent très intéressant d'aborder une étude relative aux transferts et délégations des compétences sous un angle quelque peu différent : celui de la différenciation des droits applicables au regard des délégations et transferts de compétences entre les collectivités territoriales et EPCI à fiscalité propre.

L'essor considérable qu'a connu l'intercommunalité à fiscalité propre depuis ces dernières années atteste d'un changement profond, la décentralisation est aujourd'hui envisagée différemment puisqu'elle intègre les groupements intercommunaux à fiscalité propre qui exercent aujourd'hui la réalité des compétences locales. Les réformes territoriales menées depuis ces dernières années ont poursuivi le même objectif : permettre une lecture plus rationnelle de l'intervention des différents acteurs locaux et assurer une répartition des compétences locales plus cohérente et moins coûteuse. La question de la différenciation des droits applicables aux délégations et transferts de compétences peut parfaitement être rattachée à ces problématiques parce que le législateur a progressivement permis aux collectivités territoriales et aux EPCI à fiscalité propre de s'adapter aux besoins de leurs territoires en instituant un certain nombre d'outils juridiques : une nouvelle façon de concevoir la décentralisation en permettant des ajustements au cas par cas.

La loi RCT du 16 décembre 2010[1] a en quelque sorte ouvert la voie à la différenciation en donnant la possibilité aux structures de s'adapter à la diversité du territoire. Ceci a été concrétisé par la création de nouvelles structures intercommunales telles que les métropoles ou par la création des communes nouvelles, mais également en autorisant le regroupement de départements ou de régions. Il s'agissait déjà à cette époque de prendre davantage en considération le territoire et ses particularités.

Les réformes territoriales qui suivirent : les lois MAPTAM et NOTRe[2] s'inscrivent dans une démarche similaire et nous pouvons d'ailleurs penser que les moyens utilisés par le législateur dans le but de poursuivre la décentralisation, tout en rationalisant la répartition des compétences locales, mettent en œuvre une différenciation des droits applicables aux collectivités territoriales et à leurs groupements, cette différenciation peut très aisément être perçue comme l'avenir d'une décentralisation capable de mieux prendre en compte les réalités locales. Ceci a été concrétisé notamment dans

1. Loi n° 2010-1563 du 16 déc. 2010 de réforme des collectivités territoriales, *JORF*, n° 0292 du 17 déc. 2010, p. 22146.
2. Loi n° 2014-58 du 27 janv. 2014 de modernisation de l'action publique territoriale et d'affirmation des métropoles, *JORF*, n° 0023 du 28 janv. 2014, p. 1562; Loi n° 2015-991 du 7 août 2015 portant nouvelle organisation territoriale de la République, *JORF*, n° 0182, du 8 août 2015, p. 13705.

cette réforme par l'approfondissement du chef de file ou encore avec la création des conventions territoriales d'exercices concertés des compétences et des conférences territoriales de l'action publique.

La prochaine révision constitutionnelle semble abonder dans ce sens puisqu'elle prévoit de consacrer un droit à la différenciation. En effet, le rapport Cazeneuve-Viala qui fait suite à la réunion du groupe de travail sur les possibilités ouvertes par l'inscription dans la Constitution d'un droit à la différenciation précise que la différenciation sera « l'outil qui permettra un nouvel approfondissement de la décentralisation dans notre pays ».

Admettre la nécessité de consacrer un droit à la différenciation revient aussi à recentrer la vie locale et la vie des territoires autour de la démocratie locale, ceci permettant davantage aux élus locaux de fonder leur action sur ce qu'ils estiment correspondre aux besoins réels de leur territoire et éventuellement la constitution d'une nouvelle collectivité comme c'est le cas pour la collectivité alsacienne. Les règles applicables actuellement en matière de transferts et de délégations de compétences attestent à la fois d'une certaine homogénéité qui doit cependant être parfois relativisée, notamment en ce qui concerne les compétences transférées aux EPCI à fiscalité propre, en revanche les délégations de compétences et les compétences métropolitaines permettent une plus grande adaptation aux réalités locales et favorisent par conséquent une adaptation des règles applicables aux spécificités territoriales.

Une analyse de la différenciation des droits applicables aux délégations et transferts de compétences des collectivités territoriales aux EPCI à fiscalité propre revient à envisager si la répartition des compétences locales sur l'ensemble du territoire et surtout leur contenu est homogène. Ceci nous conduit par conséquent à envisager une homogénéité des droits applicables assurée par le législateur dans le cadre des transferts de compétences intercommunales (I), puis une absence d'homogénéité assumée par le législateur comme solution aux dysfonctionnements dans la répartition des compétences locales (II).

I. Une homogénéité des droits applicables assurée dans le cadre des transferts de compétences intercommunales

Les compétences communales transférées aux EPCI à fiscalité propre sont de deux types : les compétences obligatoires d'une part (A), les compétences optionnelles et facultatives d'autre part (B).

A. Les compétences obligatoires : une uniformité imposée

La notion de compétence obligatoire est inhérente à la notion d'intercommunalité, parce qu'elle permet une application du principe de spécialité. Mais il est important de souligner ici que la compétence obligatoire institue une hiérarchie entre l'ensemble des compétences transférées exercées par les structures intercommunales à fiscalité propre. L'obligation d'exercer certaines compétences et pas d'autres revient à envisager une différenciation entre les compétences comme le moyen de construire un projet commun de développement et de permettre aux élus communautaires de répondre aux demandes de leur territoire.

Cette hiérarchie opère par conséquent une différenciation des droits applicables au regard de la nature même de la compétence transférée à l'EPCI à fiscalité propre. Le terme « obligatoire » nous invite à envisager les compétences intercommunales sous des angles différents, puisque cette terminologie implique la présence de l'État dans la détermination des compétences obligatoires, puisque les EPCI à fiscalité propre se voient imposer l'exercice de ces compétences obligatoires dont la liste est déterminée par le législateur en fonction du type de groupement intercommunal à fiscalité propre. Toutefois, il existe aussi une différenciation en fonction des types de structures à fiscalité propre, par ailleurs chaque groupement à l'obligation de transférer toutes les compétences obligatoires attribuées à son groupement intercommunal.

Le nombre et la nature des compétences obligatoires constituent en quelque sorte « la feuille de route » des EPCI à fiscalité propre, elles représentent un véritable indicateur d'intégration, mais elles permettent aussi d'effectuer une comparaison entre les différentes structures.

Le législateur a entrepris un large mouvement d'intégration, qui, jusqu'à présent, était réservé aux communautés urbaines et aux métropoles, deux structures dotées d'un impressionnant arsenal de compétences obligatoires. La loi du 7 août 2015 est venue renforcer considérablement les compétences obligatoires des communautés de communes bouleversant totalement la logique poursuivie jusqu'à présent par le législateur.

En effet, le Code général des collectivités territoriales, à travers l'article L. 5214-16, oriente l'action des communautés de communes sur le modèle de la communauté d'agglomération. Si auparavant, les communautés de communes, bénéficiaient d'une assez grande marge de manœuvre concernant le choix de leurs compétences obligatoires, les communes pouvant conserver dans ce cas, la maîtrise des domaines de compétences qui n'étaient pas considérées comme d'intérêt communautaire, ce n'est plus réellement le cas aujourd'hui puisque le législateur a restreint la liste des compétences susceptibles d'être soumises à un intérêt communautaire. Le législateur a commencé par étendre progressivement le contenu de ces compétences obligatoires par la loi ALUR[3], puis a poursuivi par la loi NOTRe. La nouvelle rédaction de l'article L. 5214-16 du CGCT comporte une liste de compétences, parmi lesquelles, hormis l'aménagement du territoire qui a été conservé ainsi que le développement économique, figurent, par exemple, la gestion des déchets, et depuis 2018, l'eau, et à partir de 2020 l'assainissement, des compétences qui relevaient auparavant du groupe de compétences optionnelles. Il faut y voir ici un signe en

3. Loi nº 2014-366, du 24 mars 2014, pour l'accès au logement et un urbanisme rénové. Le législateur a notamment inséré au titre des compétences obligatoires des communautés de communes, l'élaboration des plans locaux d'urbanisme.

faveur d'une intercommunalité ayant vocation à devenir plus efficace, cette efficacité ne peut aboutir qu'avec un panel de compétences suffisamment large. Le libellé de certaines compétences donne la possibilité aux élus locaux de pouvoir mettre en œuvre une politique locale spécifique, mais adaptée à leur périmètre, ce qui permet de déterminer un projet commun de développement. Toutefois, il faut admettre que les libellés de ces compétences, qui sont d'ailleurs parfois identiques d'un type de groupement à l'autre, ont été définis par un législateur qui n'a pas toujours su prendre conscience des réalités locales et de la difficile mise en œuvre de certaines d'entre elles. Il convient alors de s'interroger sur l'opportunité de tels transferts, l'homogénéité imposée par le législateur est-elle satisfaisante ?

Il est parfois difficile d'évoquer une différenciation dans l'étude des compétences obligatoires, car chaque groupement de même catégorie est titulaire de compétences similaires. En revanche, un déséquilibre va s'opérer entre les différentes structures intercommunales. Les plus petites d'entre elles devront parfois solliciter un rattachement à un autre groupement doté de compétences plus étendues afin de pouvoir porter un projet de développement plus efficace.

Mais c'est une sorte de standardisation et d'automatisation des compétences transférées qui a été mise en place, il n'y a pas dans ce système de prise en compte des spécificités territoriales, y compris financières, ou encore de la difficulté pour certains élus de mettre en œuvre l'exercice de certaines compétences. Le difficile transfert de la compétence eau/assainissement en est un parfait exemple. L'exécutif semble conscient de ces difficultés et propose notamment d'y remédier par la loi relative à l'engagement dans la vie locale et à la proximité de l'action publique du 27 décembre 2019[4] qui a pour but « d'ajuster les équilibres au sein du bloc local entre communes et intercommunalités sur le plan des périmètres, de la gouvernance

---

4. Loi n° 2019-1461 du 27 décembre 2019 relative à l'engagement dans la vie locale et à la proximité de l'action publique, *JORF* 28 décembre 2019, n° 0301.

et des compétences »[5]. La consécration d'un droit à la différenciation apparaît aussi comme la résultante d'une forte demande des élus locaux qui ne disposent pas non plus d'une grande marge de manœuvre dans le choix des autres compétences intercommunales.

B. La restriction des compétences facultatives, optionnelles et de l'intérêt communautaire

L'intérêt d'une réflexion sur la différenciation des droits applicables aux collectivités locales passe par une analyse des transferts de compétences pour lesquels le législateur laisse un choix aux élus locaux. La possibilité d'exercer ou non certaines compétences permet aux élus communautaires d'adapter l'exercice de compétences aux besoins réels de leur territoire. Il s'agit dans ce cas de choisir des compétences parmi une liste établie par le législateur, le groupement intercommunal devant alors se soumettre obligatoirement à un choix minimal de compétences optionnelles. Les élus bénéficient d'une liberté de choix, mais restent contraints par les compétences préalablement définies par le législateur. Ce panel de compétences tout comme les compétences obligatoires revêtent une importance particulière, car elles correspondent à des domaines variés assurant la mise en œuvre d'une intercommunalité de gestion et d'une intercommunalité de service. L'objectif étant normalement de permettre la construction et l'élaboration d'un projet de territoire.

Par exemple, les communautés d'agglomération doivent exercer au moins trois compétences parmi une liste de sept compétences[6], une liste qui sera restreinte à cinq à partir de 2020 puisque l'eau et l'assainissement deviendront des compétences obligatoires. La loi MAPTAM du 27 janvier 2014 a également facilité l'exercice de compétences optionnelles par la communauté de communes, elles doivent exercer aujourd'hui trois compétences optionnelles

5. Extrait du compte rendu en conseil des ministres du 17 juill. 2019, projet de loi relatif à l'engagement dans la vie locale et à la proximité de l'action publique.
6. Art. L. 5216-5, II du CGCT.

au lieu d'une parmi une liste de neuf compétences[7]. La liste des compétences optionnelles est presque identique pour ces deux types de groupements, la loi MAPTAM ayant souhaité intégrer davantage la communauté de communes. Cependant, les compétences optionnelles de cette dernière restent soumises à la détermination d'un intérêt communautaire.

Les élus intercommunaux peuvent également exercer des compétences facultatives à condition que ces dernières « concourent à l'élaboration d'un projet commun de développement et d'aménagement de l'espace »[8]. Il s'agit généralement de compétences qui se trouvent sur la liste des compétences optionnelles. S'agissant des transferts de compétences des communes aux EPCI à fiscalité propre, le législateur exerce une emprise certaine, la marge de manœuvre laissée aux élus intercommunaux étant assez restreinte. Comme pour les compétences obligatoires, la loi assure à chaque type de groupement l'exercice d'un certain nombre de compétences dont le contenu est très encadré. Le même constat sur la définition et la standardisation des transferts des compétences peut être effectué ici, le législateur conserve la maîtrise des transferts, le choix laissé aux élus est assez restreint, comment dans ce cas construire un projet de territoire adapté aux besoins locaux ?

Le panel de compétences proposé est certes similaire, toutefois la définition assez large de certaines compétences permet aux élus d'intervenir dans des domaines variés. C'est le cas notamment en matière de politique de la ville, ou en matière de protection de l'environnement.

Il convient également d'envisager l'évolution de l'intérêt communautaire qui constitue un indicateur intéressant dans le cadre de cette réflexion. Cette notion se définit comme « la ligne de partage, au sein d'une compétence, entre les domaines d'actions transférés à

7. Art. L. 5214-16, II, du CGCT.
8. CE 9 mai 2005, *Communauté d'agglomération orléanaise*, req. n° 258441.

la communauté et ceux qui demeurent au niveau des communes. C'est le moyen de laisser au niveau communal des compétences de proximité et de transférer à l'EPCI les missions qui par leur coût, leur technicité, leur ampleur ou leur caractère structurant, s'inscrivent dans une logique intercommunale »[9]. Depuis la dernière réforme territoriale de nombreuses compétences ne sont aujourd'hui plus divisibles, elles doivent par conséquent être totalement transférées à la communauté de communes. La loi NOTRe supprime de l'article L. 5214-16 du CGCT la formulation « d'actions d'intérêt communautaire ». Le régime juridique antérieur des communautés de communes laissait davantage subsister l'opportunité pour les élus locaux de déterminer eux-mêmes un projet de territoire à travers deux compétences obligatoires : l'aménagement de l'espace et l'action de développement économique intéressant l'ensemble de la communauté[10]. La compétence relative au développement économique a d'ailleurs été directement concernée, elle n'est plus soumise à la détermination d'un intérêt communautaire[11].

Enfin, pourquoi ne pas s'interroger sur l'avenir des groupements intercommunaux à fiscalité propre qui exercent des compétences dans le but de mettre en œuvre un projet de développement, ils sont concernés au premier plan par cette question de la différenciation des droits applicables ?

Une différenciation plus poussée ne devrait-elle pas conduire à la transformation des EPCI à fiscalité propre qui en font la demande en collectivités territoriales, ce qui serait finalement en adéquation avec la consécration future d'un droit à la différenciation, ils disposeraient

9. Réponse de Mme la ministre Marylise Lebranchu suite à la question écrite n° 19597 de M. Vincent Capo-Canella sénateur, au ministre de la Décentralisation et des Territoires, *JO* 14 janv. 2016.

10. Art. L. 5214-16 du CGCT dans sa rédaction avant la loi du 13 août 2015.

11. Les actions relatives à la politique locale du commerce, ainsi que le soutien aux activités commerciales demeurent toujours soumises à la détermination d'un intérêt communautaire.

en outre de la compétence générale ? Par la création de la Métropole de Lyon, le législateur a permis d'instituer des régimes juridiques différents aux collectivités territoriales et aux groupements intercommunaux à fiscalité propre qui en font la demande, laissant ainsi la voie ouverte aux initiatives locales.

II. Un manque d'homogénéité assumé par le législateur : une solution aux dysfonctionnements dans la répartition des compétences locales

L'accentuation d'une différenciation dans l'application des compétences locales revient à trouver des solutions aux problèmes d'enchevêtrements, c'est le cas des délégations de compétences qui constituent des ajustements au cas par cas (A), mais également des métropoles, exemples concrets de différenciation (B).

A. Les délégations de compétences : un ajustement au cas par cas

Les délégations de compétences par la voie contractuelle occupent aujourd'hui une place importante dans la répartition des compétences entre les collectivités locales et les EPCI à fiscalité propre. La délégation conventionnelle de compétences peut être envisagée comme un moyen de remédier aux dysfonctionnements liés à l'enchevêtrement des compétences locales, mais elle permet également aux élus communautaires d'adapter l'exercice de ces compétences.

La loi du 13 août 2004 a donné la possibilité aux collectivités territoriales de déléguer leurs compétences, un EPCI peut également demander à exercer au nom et pour le compte du département ou de la région[12] des compétences qui ont été attribuées par le législateur à ces collectivités.

12. Art. L. 1111-8 du CGCT.

Les conventions de délégations de compétences locales et leur utilisation opèrent indiscutablement une différenciation des droits applicables aux collectivités ainsi qu'à leurs groupements. Cela tient essentiellement à la nature juridique de ce contrat puisque ce dernier doit d'une part mentionner la durée de la délégation, la nature de la compétence déléguée, les objectifs à atteindre ainsi que les modalités de renouvellement[13]. La nature même du contrat et la protection de la liberté contractuelle des collectivités locales permettent à chaque collectivité ou à chaque EPCI à fiscalité propre d'élaborer un contrat fondé sur une véritable autonomie de volonté, une démarche qui ne peut pas se comparer aux transferts des compétences aux EPCI à fiscalité propre qui sont, pour l'essentiel, imposés par le législateur. La différenciation des droits applicables est donc facilitée par la voie contractuelle même si les compétences délégables sont également listées dans le Code général des collectivités territoriales.

En revanche, il convient de préciser que les obligations qui découlent du contrat n'ont pas la même valeur juridique qu'un transfert de compétences qui implique un dessaisissement total de la collectivité, ce qui n'est pas du tout le cas dans le cadre d'un contrat. Même si les groupements intercommunaux demandent à exercer une compétence par la voie contractuelle, la collectivité concernée peut tout à fait refuser. Le délégant reste le réel titulaire de la compétence qu'il peut récupérer à la fin de la durée de la convention ou en cas de rupture de cette dernière puisque la délégation est un acte réversible[14]. La convention de délégation est en quelque sorte une « sous-traitance » mise en œuvre par l'EPCI à fiscalité propre, la collectivité délégante assurant tout de même une sorte de contrôle conformément au principe de libre administration qui ne s'applique d'ailleurs pas aux EPCI à fiscalité propre.

13. Art. L. 1111-1 du CGCT.
14. Cons. const. 30 nov. 2006, *Loi relative au secteur de l'énergie*, n° 2006-543 DC.

Les compétences déléguées apparaissent dans le CGCT en dessous de l'énoncé des compétences des groupements intercommunaux à fiscalité propre. Le législateur semble considérer que les délégations doivent faire partie intégrante de la répartition des compétences communales et intercommunales. Les groupements intercommunaux à fiscalité propre sont aussi considérés comme les plus à même d'exercer ces compétences.

Les compétences délégables sont assez réduites, mais sont aussi définies de façon assez large par le législateur ce qui permet d'intervenir de multiples façons. Par exemple, la communauté de communes peut exercer par convention passée avec le département, « tout ou partie des compétences qui, dans le domaine de l'action sociale, sont attribuées au département en vertu des articles L. 121-1 et L. 121-2 du Code de l'action sociale et des familles »[15]. La différenciation entre les EPCI à fiscalité propre sera facilement identifiable, puisque chaque groupement délégataire va conclure des contrats dont les conditions s'adapteront parfaitement aux besoins locaux, ce qui exclut totalement une mise en œuvre homogène des compétences locales sur l'ensemble du territoire. La lecture des compétences pouvant être déléguées aux métropoles ne fait que confirmer ce constat. La différenciation qui s'opère ici est plutôt flagrante, nous pouvons également constater que le législateur, en favorisant ce type de délégation, reconnaissait l'intérêt de permettre à chaque collectivité de pouvoir déterminer elle-même ses besoins et les moyens de parvenir à leur satisfaction, ce qui peut être perçu comme une rupture avec l'homogénéité imposée que nous avons évoquée auparavant. L'intercommunalité est devenue un échelon pertinent dans la mise en œuvre d'un éventuel droit à la différenciation. Par exemple, l'article

15. Art. L. 5214-16, VII du CGCT. Ces compétences sont assez étendues comme par exemple des actions d'animation socio-éducatives dans les quartiers prioritaires, ou encore plus largement des politiques d'actions sociales.

L. 5217-2 du CGCT dresse une liste très conséquente des compétences pouvant être déléguées par le département et par la région aux métropoles de droit commun[16].

Le législateur a entendu permettre l'application de régimes juridiques différents en fonction des territoires.

B. La métropole : exemple concret de différenciation

Le législateur a volontairement opéré une distinction statutaire entre les structures intercommunales à fiscalité propre. La création des métropoles en est une illustration parfaite. Il y a bien une différenciation des droits applicables entre deux types de structures intercommunales : les groupements dits classiques et les métropoles dont le rayonnement est totalement différent.

Les métropoles disposent de compétences très intégrées, qui ne sont pas identiques pour toutes les métropoles et répondent concrètement aux besoins d'un territoire, car les grandes métropoles françaises disposent toutes de compétences différentes, mais aussi de régimes juridiques distincts. Le rapport Balladur avait émis l'idée de constituer onze métropoles, sous la forme de collectivités à statuts particuliers pouvant détenir des compétences départementales. Cette solution aurait eu pour effet d'assurer une certaine homogénéité parce que les métropoles constituées auraient bénéficié d'un régime juridique identique. C'est au contraire une différenciation des droits applicables qui s'opère sur le territoire *via* la métropole, car plusieurs régimes juridiques peuvent être appliqués à une même catégorie d'EPCI à fiscalité propre. Les métropoles de droit commun, les métropoles à statut particulier n'exercent pas les mêmes compétences, même si ces dernières sont très intégrées, le professeur Bertrand Faure dira d'ailleurs à ce sujet que « l'uniformité de régime de la métropole a été jugée inadéquate »[17] pour les métropoles du Grand Paris et d'Aix Marseille Provence, l'uniformité des compétences transférées qui

16. Art. L. 5217-2, III, IV, V du CGCT.

17. B. FAURE, *Droit des collectivités territoriales*, 3e éd., Paris, Dalloz, 2014, p. 404.

s'applique pour l'intercommunalité traditionnelle a donc trouvé ses limites, l'exercice de compétences standards ne pouvait pas convenir à des périmètres aussi particuliers.

Certaines métropoles ont été créées par la loi à la demande des élus locaux, d'autres résultent de la transformation d'une communauté urbaine. Par ailleurs, il convient d'évoquer le cas très particulier de la Métropole de Lyon devenue une collectivité territoriale à statut particulier qui est toujours connue sous la dénomination de « métropole » alors que son statut juridique ne correspond plus du tout à celui d'un EPCI à fiscalité propre. Elle constitue aujourd'hui une collectivité très aboutie puisqu'elle exerce en plus des compétences communales d'attribution très étendues qui touchent « plusieurs niveaux d'administration territoriaux »[18], elle dispose de la compétence générale et exerce également les compétences départementales ainsi que celles des EPCI qu'elle englobe dans son périmètre.

Les compétences métropolitaines sont particulièrement étendues et très intégrées ce qui permet de les démarquer des simples structures intercommunales à fiscalité propre. C'est donc un régime bien différent qui s'opère, creusant un écart considérable entre les territoires couverts par des EPCI à fiscalité propre dits traditionnels et les métropoles. Il s'agit dans ce cas de donner les moyens juridiques adéquats aux grandes aires urbaines qui le souhaitent et de favoriser leur expansion, les plus petites structures étant dotées de compétences plus standardisées.

C'est une différenciation des droits applicables aux territoires qui a été choisie et assumée par le législateur qui a institué lui-même neuf métropoles par la loi du 27 janvier 2014 : Bordeaux, Lille, Grenoble, Nantes, Nice, Rennes, Rouen, Strasbourg et Toulouse. Toute autre métropole pouvant être créée à la demande des communes intéressées, et par décret, dans les agglomérations de plus de 400 000 habitants. Les pouvoirs publics ont eux-mêmes établi un plan de structuration

18. B. FAURE, *op. cit.*, p. 342.

des aires urbaines, ce qui ne peut être réalisé avec les autres groupements intercommunaux dont la constitution tient davantage des décisions des communes membres et des réalités locales[19].

***

*

Pour conclure, nous pouvons simplement évoquer le manque d'homogénéité qui caractérise la répartition des compétences locales aujourd'hui. Même si ce système reste très encadré par le législateur qui contrôle toujours assez étroitement les transferts et délégations de compétences, il semble toutefois bien conscient que la prise en compte des réalités locales est absolument nécessaire.

19. Périmètres d'un seul tenant et sans enclave.

CONCLUSION

Nadine DANTONEL-COR

Maître de conférences HDR en droit public
Faculté de droit de Metz, IRENEE
Université de Lorraine

La toute première discussion de la matinée a consisté à cerner la notion de différenciation territoriale par l'étude de ses termes, dont le territoire, et de savoir sur quels territoires la différenciation territoriale pouvait être appliquée. Jean-Marie Pontier a démontré que la notion de différenciation territoriale constitue une notion aux composantes plurielles, la composante « compétence » et la composante « normative », ce qui explique la grande diversité des interventions de ce colloque.

De l'ensemble des communications de ce jour, nous avons pu établir trois constats :

– la diversité de la différenciation territoriale ;
– l'effectivité de la différenciation territoriale ;
– les limites de la différenciation territoriale.

I. La diversité de la différenciation territoriale

Inès Steinmetz a démontré que *« La diversité des statuts constitutionnels de l'outre-mer »* constituait un véritable laboratoire d'idées pour la différenciation territoriale. Les évolutions induisent des modèles plus ou moins spécifiques, qui vont de l'assimilation-adaptation à l'autonomie-indépendance. Le droit à la différence se traduit par la reconnaissance de populations d'outre-mer au sein du peuple français et par la mise en place d'un éclatement juridique induit par les lois du pays.

La diversité a également été présentée par Jochen Sonhle dans l'étude de *« La différenciation des collectivités territoriales dans une perspective de droit comparé »*. Il existe différentes causes possibles de la différenciation territoriale : certaines sont liées aux particularités géographiques des collectivités territoriales, d'autres sont en corrélation avec leur degré d'urbanisation ou s'expriment dans un contexte politique particulier : rôle dominateur (capitales) ou isolationniste (villes-État et villes-régions) de certaines collectivités territoriales, diversité démocratique « à la carte » provenant de la demande des citoyens.

Céline Vintzel s'est ensuite penchée sur la question suivante : *« La différenciation relative au pouvoir réglementaire local a-t-elle atteint un stade avancé en France ? »* Il a été démontré que la différenciation s'opère par le pouvoir réglementaire local, tant d'un point de vue théorique que pratique. Le pouvoir réglementaire local n'est en aucun cas autonome. De plus, une véritable différenciation du pouvoir réglementaire local est perceptible, dont il importe de mesurer l'impact. Il existe une réelle diversité relative à la différenciation, que ce soit au niveau des organes ou des normes. Un des exemples donnés est celui des communes qui sont dotées de la clause de compétence générale et qui peuvent exercer plus largement leur pouvoir réglementaire dans cette hypothèse particulière.

La diversité de la différenciation a également été présentée par Jean-Michel Bricault dans son intervention sur *« L'expérimentation territoriale récente relative à un droit de dérogation reconnu au préfet »*. Le droit de dérogation reconnu au préfet constitue une expérimentation innovante au cœur du processus de modernisation de l'action territoriale de l'État. Cette nouvelle faculté s'inscrit dans les objectifs de simplification administrative, d'adaptation renforcée aux circonstances locales et de renforcement de la déconcentration.

Si l'on peut aisément constater une véritable diversité de la différenciation territoriale, on peut également relever l'effectivité de la différenciation territoriale.

II. L'effectivité de la différenciation territoriale

Olivier Dupéron l'a développé de manière très nette dans sa communication sur « *La différenciation des statuts législatifs des collectivités territoriales : le choix de la plasticité de l'organisation décentralisée de la République* ». D'une part, la différenciation est réellement assumée dans le statut des collectivités à statut particulier, dont la liste est en augmentation constante. La métropole du Grand Lyon, ainsi que la ville de Paris constituent des exemples révélateurs de cette plasticité. D'autre part, la différenciation est également visible en dehors de l'existence des collectivités à statut particulier. L'organisation locale différenciée est particulièrement visible en matière d'intercommunalité, de constitution de communes nouvelles, de communes-communautés ou de départements à statut particulier tel que la Collectivité européenne d'Alsace. Il s'agit là de la construction d'une « indivisibilité » souple de la République.

La communication présentée par Sabine Aubel sur « *La différenciation des droits applicables au regard des délégations et des transferts de compétences entre collectivités territoriales et EPCI à fiscalité propre* » montre, quant à elle, l'effectivité de la différenciation territoriale des compétences. La différenciation des droits se fonde sur la nature des compétences transférées puisqu'il s'agit de relever la particularité des compétences obligatoires où il est possible de noter l'existence d'une hiérarchie dans les compétences intercommunales, la différenciation territoriale étant plus ou moins visible en fonction des catégories d'EPCI et de leur intégration. Les compétences facultatives et optionnelles, liées à la notion d'intérêt communautaire, attestent également de l'effectivité de la différenciation, ce qui peut rendre le projet communautaire plus cohérent.

S'agissant plus particulièrement du préfet dans la mise en œuvre de l'expérimentation déconcentrée, le droit de dérogation s'exerce à l'occasion de l'instruction d'une demande individuelle, et l'effectivité s'opère dans la prise de décision *in concreto*.

La différenciation territoriale est également effective en droit comparé. Celle-ci peut prendre diverses formes. Des différences sont notables, que ce soit par rapport aux compétences transférées (regroupement, absorption, dissociation, perte ou manque) ou aux organes générés par la différenciation (éclatement de la fonction délibérante, spécificités de la fonction exécutive).

Concernant plus précisément l'exemple allemand, Jérôme Germain, qui est intervenu sur « *La différenciation des compétences financières des collectivités infraétatiques en Allemagne* », relève quatre principaux domaines de différenciation : la connexité financière, le référendum budgétaire, la fiscalité locale (avec la possibilité, entre autres, d'instaurer un impôt sur les chiens pour réguler la population canine) et les expérimentations comptables. Il en résulte une différenciation corrective de la liberté de dépenser, qui peut induire un fédéralisme financier asymétrique et qui nécessite une décentralisation budgétaire hétérogène.

Il existe une certaine valorisation de la différenciation territoriale dans le droit de l'UE selon Laurence Potvin-Solis dans la communication sur *« Les différenciations infraétatiques et le droit de l'Union européenne »* Le traité de Lisbonne fait expressément mention de l'autonomie régionale et locale et il est impératif de conserver la cohésion de l'Union au regard de ses principes (subsidiarité), de ses valeurs et de ses objectifs qui ont considérablement évolué (il est question de cohésion économique, sociale et territoriale). Les différenciations territoriales diffèrent en fonction du champ d'intervention des politiques de l'Union, par exemple dans l'appréciation de la sélectivité des aides d'États, où il est tenu compte des territoires des collectivités et de l'autonomie régionale et locale.

Les différenciations territoriales diffèrent également en fonction de la qualification des territoires (on peut citer le cas des pays et territoires d'outre-mer et des régions ultrapériphériques), qui vont permettre aux territoires concernés de bénéficier ou non des fonds structurels. L'Union est également de plus en plus confrontée à des territoires qui revendiquent leur indépendance.

La différenciation territoriale diversifiée et effective comporte tout de même des limites qui ont été relevées à plusieurs reprises au cours de cette journée.

III. Les limites de la différenciation territoriale

Il existe tout d'abord des *limites conceptuelles*. La différenciation territoriale est une notion ambiguë, car tantôt certaines notions freinent l'idée de différenciation, tantôt d'autres notions la confortent. Les implications de la notion sont incontestablement incertaines au regard du principe d'égalité entre collectivités territoriales, ainsi qu'au niveau des relations entre les collectivités territoriales elles-mêmes (notion de collectivités « chefs de file ») ou entre ces dernières et l'État (confrontation entre l'intérêt général et l'intérêt local).

Il est possible de relever ensuite l'existence de *limites au niveau du contenu* de la différenciation territoriale, liées à l'influence du droit de l'outre-mer sur la différenciation métropolitaine, qui se traduit par des considérations de rationalité économique et de légitimation démocratique, ainsi que par la prise en compte des particularismes locaux. Dans le même sens, la différenciation des compétences se traduit par un manque d'homogénéité, ce qui conduit à la nécessité d'un ajustement au cas par cas des délégations conventionnelles de compétences et par la mise en place d'une supra-communalité métropolitaine.

La différenciation connaît également un certain nombre de *limites financières* en raison de l'uniformisation restrictive du droit à des ressources en Allemagne. La faible autonomie des recettes, ainsi que le strict encadrement des emprunts ne favorisent guère la différenciation territoriale.

La différenciation territoriale peut aussi porter atteinte à la *sécurité juridique*, ce qui a conduit à circonscrire les hypothèses de différenciation et à les encadrer. Même limité, le droit de dérogation déconcentré peut constituer un « cadeau empoisonné » pour les préfets qui peuvent utiliser leur pouvoir discrétionnaire afin de favoriser telle ou telle situation en raison des circonstances locales et de l'intérêt général. Et de même, la participation des préfets à la mise en œuvre de la différenciation territoriale peut porter atteinte à l'égalité territoriale.

Enfin, et la liste des limites n'est pas exhaustive, les contraintes peuvent aussi être *d'ordre procédural*. Gabriela Condurache a traité de *« La possibilité d'expérimentation des collectivités territoriales : des freins procéduraux à l'ouverture vers la constitutionnalisation d'un droit à la différenciation territoriale »*. On constate que la rigidité de la procédure de mise en œuvre de l'expérimentation avec l'intervention décisionnelle de l'État, de même que la lenteur de l'aboutissement à l'expérimentation et l'évaluation souvent limitée de ses résultats (abandon ou généralisation) constituent des freins pour les collectivités territoriales.

Toutefois, les limites n'empêchent pas de faire de l'expérimentation un tremplin pour la constitutionnalisation d'un droit à la différenciation territoriale. Pour y parvenir, il importe de désenclaver l'expérimentation afin que celle-ci puisse atteindre son principal objectif : constituer un outil au service des territoires et de leurs besoins.

À la lumière de l'ensemble des interventions, on peut constater qu'il n'existe donc pas qu'un modèle de différenciation, mais plusieurs modèles de différenciation territoriale qui doivent être abordés de manière « différenciée ». La différenciation permet une variété normative, qui pourrait être renforcée par les propositions de révision constitutionnelle. Il faudra néanmoins veiller à ce que la mise en œuvre de la différenciation ne conduise pas à la fragmentation des territoires, en les affaiblissant.

Merci à tous les intervenants et participants à ce colloque, ainsi qu'à l'université de Reims Champagne-Ardenne pour la parfaite organisation de cette journée.

Table des matières

Partie II

DIFFÉRENCIATION DES NORMES ET DES COMPÉTENCES DES COLLECTIVITÉS TERRITORIALES

Structures éditoriales du groupe L'Harmattan

L'Harmattan Italie
Via degli Artisti, 15
10124 Torino
harmattan.italia@gmail.com

L'Harmattan Hongrie
Kossuth l. u. 14-16.
1053 Budapest
harmattan@harmattan.hu

L'Harmattan Sénégal
10 VDN en face Mermoz
BP 45034 Dakar-Fann
senharmattan@gmail.com

L'Harmattan Cameroun
TSINGA/FECAFOOT
BP 11486 Yaoundé
inkoukam@gmail.com

L'Harmattan Burkina Faso
Achille Somé – tengnule@hotmail.fr

L'Harmattan Guinée
Almamya, rue KA 028 OKB Agency
BP 3470 Conakry
harmattanguinee@yahoo.fr

L'Harmattan RDC
185, avenue Nyangwe
Commune de Lingwala – Kinshasa
matangilamusadila@yahoo.fr

L'Harmattan Congo
67, boulevard Denis-Sassou-N'Guesso
BP 2874 Brazzaville
harmattan.congo@yahoo.fr

L'Harmattan Mali
Sirakoro-Meguetana V31
Bamako
syllaka@yahoo.fr

L'Harmattan Togo
Djidjole – Lomé
Maison Amela
face EPP BATOME
ddamela@aol.com

L'Harmattan Côte d'Ivoire
Résidence Karl – Cité des Arts
Abidjan-Cocody
03 BP 1588 Abidjan
espace_harmattan.ci@hotmail.fr

L'Harmattan Algérie
22, rue Moulay-Mohamed
31000 Oran
info2@harmattan-algerie.com

L'Harmattan Maroc
5, rue Ferrane-Kouicha, Talaâ-Elkbira
Chrableyine, Fès-Médine
30000 Fès
harmattan.maroc@gmail.com

Nos librairies en France

Librairie internationale
16, rue des Écoles – 75005 Paris
librairie.internationale@harmattan.fr
01 40 46 79 11
www.librairieharmattan.com

Lib. sciences humaines & histoire
21, rue des Écoles – 75005 Paris
librairie.sh@harmattan.fr
01 46 34 13 71
www.librairieharmattansh.com

Librairie l'Espace Harmattan
21 bis, rue des Écoles – 75005 Paris
librairie.espace@harmattan.fr
01 43 29 49 42

Lib. Méditerranée & Moyen-Orient
7, rue des Carmes – 75005 Paris
librairie.mediterranee@harmattan.fr
01 43 29 71 15

Librairie Le Lucernaire
53, rue Notre-Dame-des-Champs – 75006 Paris
librairie@lucernaire.fr
01 42 22 67 13

www.ingramcontent.com/pod-product-compliance
Lightning Source LLC
LaVergne TN
LVHW011309061026
849535LV00005B/1468
9782343204086